We chat

 谭贤 编著

全微时代：
TIME
微营销实战攻略

中国铁道出版社有限公司
CHINA RAILWAY PUBLISHING HOUSE CO., LTD.

内 容 简 介

本书紧扣"全微"与"营销"，从两条线专业、深层地讲解微营销，一条是横向工具技巧线，主要介绍微模式、微思维、微博、微信、二维码、社交分享、LBS、微视频、微电影、QQ、大数据、微O2O、微APP等微营销技巧；另一条是纵向行业案例线，深入剖析微营销的行业应用，如移动支付、微店、微官网、微电商、微商城、微客服、微团购、微房产、微汽车、微酒店、微餐饮、微外卖、微拍、微家居、微动漫、微旅游、微社区、微教育、微政务、微医疗、微婚庆等，从而帮助读者彻底认识和应用全微营销。

本书结构清晰，案例丰富，实战性强，不仅适合移动互联网微营销从业者，对移动互联网微营销感兴趣的人士，还适用于希望通过微营销这个新领域获得第一桶金的投资者、创业者，各类企业的营销经理、品牌经理、广告策划人员、产品经理、APP开发部门经理、企业的决策者，以及营销专业的初学者或具有一定传统营销经验，以期在移动互联网时代提升自己的微营销能力的人员。

图书在版编目（CIP）数据

全微时代：微营销实战攻略 / 谭贤编著. — 北京：中国铁道出版社，2015.5（2022.1重印）
ISBN 978-7-113-20002-2

Ⅰ.①全… Ⅱ.①谭… Ⅲ.①网络营销 Ⅳ.①F713.36

中国版本图书馆CIP数据核字（2015）第036892号

书　　名：全微时代：微营销实战攻略
作　　者：谭　贤

责任编辑：张亚慧　　　编辑部电话：（010）51873035　　　邮箱：lampard@vip.163.com
编辑助理：刘建玮
封面设计：多宝格
责任印制：赵星辰

出版发行：中国铁道出版社有限公司（100054，北京市西城区右安门西街8号）
印　　刷：佳兴达印刷（天津）有限公司
版　　次：2015年5月第1版　2022年1月第3次印刷
开　　本：700 mm×1 000 mm　1/16　印张：20.25　字数：307千
书　　号：ISBN 978-7-113-20002-2
定　　价：58.00元

前言 Foreword

写作驱动

近年来随着移动互联网的普及，网民数量急速增长，其中蕴含着巨大的经济能量。手机网民规模的持续增长促进了手机端各类应用的发展，并成为2014年中国互联网发展的一大亮点。其中有不少企业都注意到了此现象，纷纷把自己的市场业务拓展到这一领域，开通移动互联网电子商务，希望在移动互联网市场占据一定的份额。

本书由资深广告人、媒介从业者倾力撰写，从"全微"观世界入手，用翔实的内容和丰富的案例详细解析了如何利用微博、微信、微视频、二维码等新媒体平台在企业和个人的微营销中发挥巨大作用。全书紧扣"全微"与"营销"，从两条线专业、深层讲解全微营销，从而帮助读者彻底认识和掌握全微营销的方法。

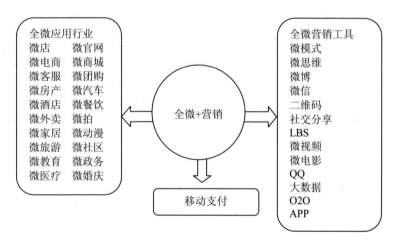

内容特色

内容翔实，结构完整：本书通过11章专题内容详解，70多个行业专家指点，书中涉及多种微营销工具，全面讲解了移动互联网时代的微营销实战策略。

【清晰直观，全程图解】全书通过300多张图片，展示了每一个微营销技巧的重点之处，使您能够轻松上手。

【最新最热，成功案例】精选20多个时下最新最热的行业应用，结合最具创意的营销案例，紧跟市场趋势，第一时间搜罗移动互联网微营销事件。

适合读者

（1）移动互联网微营销从业者；

（2）对移动互联网微营销感兴趣的人士；

（3）希望通过微营销这个新领域获得第一桶金的投资者、创业者；

（4）各类企业的营销经理、品牌经理、广告策划人员、产品经理、APP开发部门经理、企业的决策者；

（5）营销专业的初学者或具有一定传统营销经验，以期在移动互联网时代提升自己的微营销能力的人员。

作者售后

本书由龙飞策划，谭贤编著。由于作者知识水平有限，书中难免有错误和疏漏之处，恳请广大读者批评、指正，联系邮箱：itsir@qq.com。

作　者

2015年2月

目录 Contents

第3章 左手微博，微营销的主要力量

第7章 LBS营销，精准定位推送

第8章 微视短片，热点内容营销

第9章 全微营销，热门工具一网打尽

第10章 移动支付，微营销成交的节点

第11章 全微应用，行业营销案例分享

第1章

微模式，移动营销模式创新

随着基于Internet的电子商务模式被广为应用，移动技术也取得了极大的发展，移动商务模式也随之兴起。基于无线方式的移动商务凭借其技术上的优势，开始成为传统电子商务的有益补充。其几倍于互联网的用户群使得移动营销模式成为产业竞争的焦点。

◇ 移动互联网改变营销方向
◇ 移动互联网带来全新的商业变革
◇ 微营销，一个全新的营销模式
◇ 微创新，全微营销时代来临

1.1 移动互联网改变营销方向

随着智能手机的普及，大家使用手机的时间将会超过使用计算机的时间。随着移动互联网的发展，移动营销将成为主流。移动营销不仅意味着营销模式的变革，更意味着一种全新的生活方式和商业时代的到来。

1.1.1 移动互联网的现状

智能手机的普及带动了移动互联网的发展，移动互联网的发展推动了移动电商进程。随着智能手机的异军突起和迅速普及，它已经成为人们日常生活中须臾不可离身的沟通交流平台，可以真正做到24小时与用户形影相随。

1. 用户群体的发展

工信部公布的数据显示，2014年移动互联网用户总数达到8.38亿户，在移动电话用户中的渗透率达到67.8%；移动互联网接入流量1.33亿GB，同比增长46.9%，户均移动互联网接入流量达到165.1MB，其中手机上网流量占比提升至80.8%，月户人均手机上网流量达到139.3MB。国内移动互联网用户规模如图1-1所示。

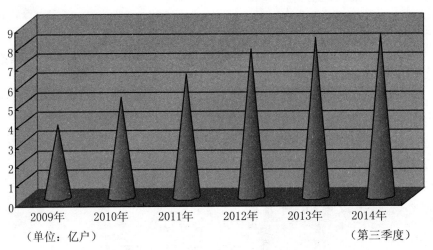

图1-1 2009-2014年国内移动互联网用户规模

2. 智能终端的发展

进入21世纪，互联网和移动终端成为发展最为迅速的科技产品技术。随着规模的扩大、产品的普及和中间平台的推广，互联网和智能终端逐渐成为改变世界的力量，从根本上影响着人们生活、工作、休闲、沟通的方式。同时，智能终端的快速普及促进了互联网内容和应用的发展，同时也为移动支付的快速发展提供了规模性的终端基础。

根据IDC的报告，2013年全球智能手机出货量达到了10.042亿部，第一次突破了10亿这个里程碑数字，比2012年的7.17亿部增加了38.4%，如图1-2所示。2014年9月，智能手机出货量为3 014.9万部，同比下降7.3%，环比增长25.4%，市场占有率为83.9%；其中Android手机出货量2 862.4万部，同比下降3.5%，环比增长25.0%，占同期智能手机出货量的94.9%。

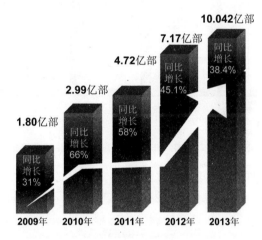

图1-2　智能手机出货量增长情况

3. 移动电子商务的发展

移动电子商务就是利用手机、PDA及掌上电脑等无线终端进行的B2B、B2C、C2C或O2O的电子商务。它将因特网、移动通信技术、短距离通信技术及其他信息处理技术完美地结合，使人们可以在任何时间、任何地点进行各种商贸活动，实现随时随地、线上线下的购物与交易、在线电子支付以及各种交易活动、商务活动、金融活动和相关的综合服务活动等。

移动互联网的发展以及用户规模的激增，为企业移动电子商务提供了用户基础，必将创造出巨大的市场。据悉，2014年第二季度中国移动互联网市场规模为444.9亿元，同比增长104.1%，环比增长接近25.0%。移动购物的迅速增长及移动营销的回升，推动了移动互联网整体规模的增长，如图1-3所示。2014年下半年移动互联网将加速渗透传统产业，将不仅助力传统产业的发展，也将拓宽移动互联网的覆盖范围和应用场景，推动移动互联网市场规模进一步增长。

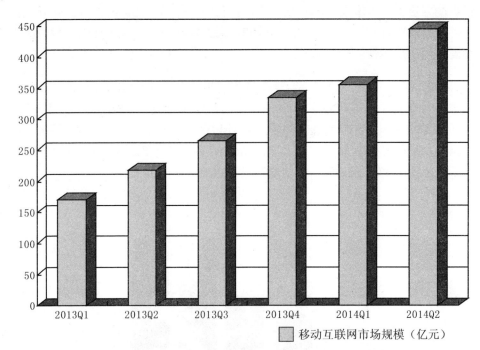

图1-3 2013年至2014年上半年的移动互联网市场规模

　　在移动互联网时代，众多行业打开了一扇全新的发展之路，在国家大力支持移动互联网发展、加快转变经济发展方式的大背景下，移动互联网是大趋所势已成各行各业的共识，在这样快速变化的移动互联网时代，商机不需要等待和观看，需要的是把握和执行，移动互联网市场更是如此。

　　因此，世界500强的企业纷纷开通属于自己的手机APP，力求从线下乃至手机上把顾客捕获，诸如麦当劳、肯德基等餐饮巨头尤甚。在智能手机迅猛普及的情况下，当移动互联网影响着人们的衣食住行的时候，人们将毫无疑问地习惯指尖之下的订餐、购物、娱乐、社交等活动。

！TIPS：

　　2014年移动互联网市场规模的增长主要得益于各大电商频繁进行的店庆以及世界杯等促销活动。其中移动购物显著增长，移动市场亦开始回温。移动互联网市场呈现快速发展的态势，互联网公司、创业型公司加速移动端布局，进一步探索新的盈利模式，商业化进程加速，O2O带动传统企业积极参与，移动产业链进一步丰富和完善。智能穿戴设备、"车联网"概念的兴起，拓展了移动终端的范围，为移动互联网提供了更为广阔的市场空间。

1.1.2　移动生活已成常态

如今的朋友圈中流行着这样一句话："世界上最远的距离不是生和死的距离，而是我在你身边，你却在玩手机。"可以说，移动互联网已经将那些"低头族"进行了彻底地"进化"，如图1-4所示。

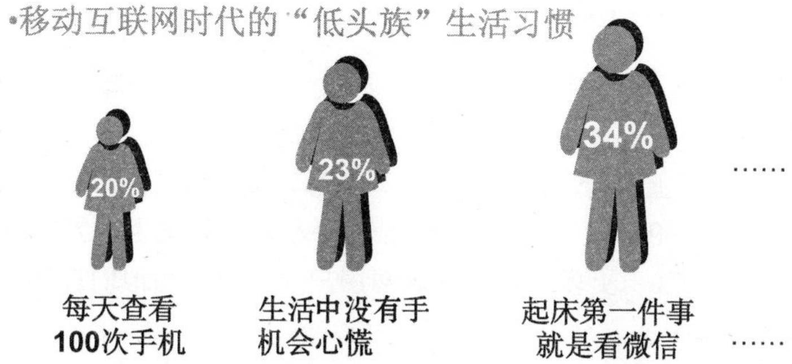

图1-4　移动生活已成常态

近年来，用户的移动互联网流量消费大幅提升，手机和平板电脑的接触频率及使用时长明显增加，并已渗透到用户生活的各种情境中，如图1-5所示。手机成为人体器官的延伸，成为身体不可分割的一部分。移动互联网让媒介、内容、传播和消费变得随时随地，"移动"就是你的生活。

应用领域	娱乐	信息获取	沟通	购买
电脑	38%	38%	24%	55%
手机	37%	43%	60%	24%
平板	15%	10%	8%	9%

★从有效使用时间上可以看出，移动互联网已经在娱乐、信息获取和沟通这三大应用领域超越了传统互联网。

图1-5　移动互联网与传统互联网应用领域数据对比

根据工业和信息化部统计的数据显示，2013年我国移动互联网流量达到132 138.1万GB，同比增长71.3%。艾瑞咨询通过对移动端用户行为跟踪监测发现，近年来PC端人均单日使用时长略有下降，而移动端使用时长大幅增加，由2012年的0.96小时增长到2013年的1.65小时。其中，90%的用户在过去一周内每天都使用移动设备上网，66%的用户每天使用移动设备上网4次以上。有近一半的用户表示宁可放弃电视或台式计算机，也不会放弃手机或平板电脑等移动设备。移动互联网已经渗透到24小时中的各个时段和家庭、工作场所、交通工具、公共场所、户外、学校等各种场景中。

1.1.3 多屏互动行为明显

继2012年手机成为中国网民第一大上网终端后，2014年手机网民规模保持稳定增长态势，手机作为上网首选终端地位进一步巩固。在近两年来新增的网民中，使用手机上网所占比重为73.3%，远超使用台式计算机（28.7%）和笔记本计算机（16.9%）上网的用户。使用手机接入移动互联网的流量占移动互联网流量的71.7%，更多的移动互联网用户将手机作为他们首选或唯一的上网工具，如图1-6所示。

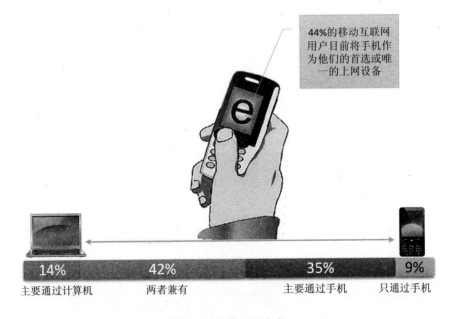

图1-6 网民的上网方式

从PC端与移动端月度互联网使用时长来看，2014年2月到5月，移动端的月度有效浏览时长总体呈缓慢增长趋势。自2014年1月移动端月度使用时长占比首次超过PC网页端后，移动端使用时长占比稳定保持在56.0%左右。艾瑞分析认为，随着Wi-Fi覆盖范围的扩大，微信、QQ、旺信等即时通信类以及在线视频类移动APP的使用率快速上升，用户由PC端向移动端分流明显。

移动互联网用户的多屏互动行为已经十分明显，如图1-7所示。INMOBI通过对中国移动互联网用户行为调查发现，64%的移动互联网用户在看电视的同时玩手机。Ader移动广告平台对中国移动互联网消费者的调查显示，92%的用户在使用移动设备的同时会听音乐、看电影、看电视、看书等。

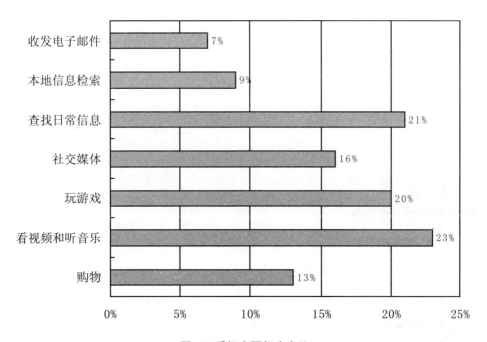

图1-7　手机主要行为占比

另外，艾瑞咨询通过对平板电脑用户的研究也发现，平板电脑与电视、手机之间的跨屏融合现象显著，36.4%的用户在使用平板电脑的同时看电视，28.9%的用户同时玩平板电脑和手机。移动互联网用户在看电视同时用平板电脑玩游戏、看视频，用手机与好友互动已成常态。

移动设备的发展将成为改变传统计算的一个根本趋势，移动设备不仅仅是智能手机和传统的音乐播放器，更重要的是平板电脑以及一些今天看来依然还不那么具有移动性的设备。移动设备的数量将超过我们今天所看到的所有台式机处理器，甚至超过互联网用户数。未来，手机将会超越电脑，成为我们的信息处理中心，而其他设备可能会成为手机之外的辅助设备。

除了硬件和操作系统上的重要性之外，更重要的是智能化运用。移动APP在不断地增加，无论是开源的Android系统，还是完全封闭的IOS系统，以及Windows Phone系统，每个系统都有很多实用的APP。如今，这些APP正从早期的浏览器和输入法等简单初级工具型应用、机组型应用，升级至阅读、游戏、社交网络和证券银行支付等更高级应用。另外，手机用户都有自己固定的使用习惯，可能使用APP查天气、在网上查资料、看书、购物、找廉价物品、看视频等。每个人都生活在自己的移动世界里，且独一无二。

今后几年，在PC端所呈现的所有应用程序，都将在移动平台上呈现，其呈现方式将更多元化，更贴近用户需求，更方便用户随时调用。为什么中国每个运营商都有自己的应用商店，每个制造商也有，甚至像阿里巴巴和百度这些传统互联网公司也希望拥有自己的应用商店，因为从根本上来看，谁控制了应用商店的入口，谁就控制了未来移动互联网的窗口。

> **❗ TIPS:**
> 随着全球移动化的到来，人们观察事物的视角也产生了全新的变化。因为智能手机高度个性化，每个人都可以从自身视角判断市场。想赢取大移动营销预算的营销者，需要意识到当前这种大众化传播向个性化传播的转变，因为控制预算的广告主会基于他自己使用手机的体验来判断营销者的提案。他们对消费者未来如何使用手机的看法往往会被自身的使用经验所左右。

1.1.4 个性化的移动用户

移动设备除了功能强大之外，还因不同的使用者而具有个性化的特点。由于世界上没有完全一样的两个人，因此也就没有完全一样的智能手机，当然笔者指的是正在使用中的智能手机。可以说，每一部手机都是高度个性化的，它们的通讯录、APP及APP在屏幕上的排放都不一样。每部智能手机都下载了个性化的APP，放在了用户喜欢的位置。

由于智能终端屏幕大小及便携程度的差异，移动互联网用户在不同终端上的使用习惯大不相同。平板电脑突破了智能手机屏幕大小的局限，为用户提供了视频观看、移动游戏时更好的体验，休闲娱乐成为平板电脑用户移动互联网使用的主要特点。

在移动时代，移动用户掌握了更多的主动权，他们可以随时随地查询价格，货比三家，同时查看他人的评论和推荐，如图1-8所示。他们通过智能手机找到所需，并通过各种方式与其他人取得联系。在移动设备的武装下，用户们成为无所不能的一群人，他们游走四方，无所限制，通过移动设备获得超强的行动力。

图1-8 使用手机购物时可以查看他人的评论和推荐

　　手机把移动用户从电脑的束缚中解放出来，可以随时获取信息。通过移动数字设备，他们总能与任何人在任何时间、任何地点自由联系。手机屏幕赋予了不受限的移动用户无论走到哪里都可拥有计算机运算能力的超能力。

　　移动用户无论何时何地都能使用智能手机消遣，例如，等公交车时可以看电影片段，观看孩子的球赛时可以查看邮件，可以继续读没读完的书或杂志，或者下载朋友通过短信推荐的APP。

　　随着移动互联网的兴起，越来越多的互联网企业、电商平台将APP作为销售的主战场之一。数据表明，目前APP手机客户端给电商带来的流量远远超过了传统互联网（PC端）的流量，通过APP盈利也是各大电商平台的发展方向。事实表明，各大电商平台向移动APP的倾斜也是十分明显的，原因是每天增加的流量，重要的是由于手机移动终端的便捷，为企业积累了更多的用户，为企业的创收和未来的发展起到了关键性的作用。

1.1.5　探索移动互联网市场

　　当互联网进入移动互联网时代，众多企业与个人开发者希望从中掘金。2014年整个APP生态圈中占比较重的开发市场规模将超过500亿元，全国数百万企业网站潜在的APP开发需求呈爆发式的增长，而目前国内APP开发年营收综合不到20亿元。由此可见，企业级APP定制开发将是移动互联网中孕育着巨大商机的新兴项目之一，如图1-9所示。

　　2014年，伴随终端价格的持续降低，移动网民的快速渗透和网络基础设施的日益完善，移动互联网市场将向内陆城市深度辐射，"移动互联"应用形态丰富性大大提升，移动端产品在创新中寻求差异。移动互联网加速渗透传统企业，移动互联网凭借移动终端本身的移动性、便捷性快速融入诸多实体产业，将带动实体产业的发展。

各种新型应用将不断出现

云计算产品的不断推出将推动"云时代"的到来

移动互联网用户入口竞争将更加激烈

图1-9 各大企业争先进入移动互联网市场

> **!TIPS:**
>
> 以移动支付为例，当前移动支付通过各类应用与生活服务业广泛结合，在公共交通、零售、餐饮等行业都得到了普及，为这些行业的发展提供了新的动力。未来，移动互联网将进一步拓宽应用范围与深度，通过零售业、餐饮业、交通业、传媒业的不断渗透，改变小商品制造、汽车生产等更多传统企业。

而在三、四线城市，移动互联网市场将加速发展，本地化服务与"移动互联"呈现创新结合。这种在不同地域之间的多元发展态势也将为移动互联网的市场参与者提供更多的发展机遇。

与此同时，尽管在过去的一年，各大巨头在各自专注领域已基本完成入口的抢占，但其消费闭环的营造尚未完结。未来的一年，深化差异化创新，争夺用户，提升移动端用户活跃，挖掘移动端流量价值将是移动互联网行业的主体基调。

另外，移动互联网还将进一步整合，移动终端的爆发增长，将推动移动互联网同物联网技术不断深度融合。移动智能终端将向可穿戴设备、智能家居、车联网等泛终端垂直领域延伸。国内外科技公司将精力投入开发智能电视、车载设备、智能手环、智能手表、智能戒指、智能鞋等创新形态终端。

1.1.6 打开移动互联网入口

早在遥远的互联网时代，就有这样一句话："得入口者得天下"。入口是指用户寻找信息、解决问题的方式，成为入口意味着获得巨量的用户。虽然掌握用户并不直接等同于商业变现，但如果失去这个阵地，也就同时失去了成为行业巨头的机会。

随着移动互联网的发展，一些在传统互联网上已经被解析无数次的"观念"也在移动互联网上出现。互联网先驱们做浏览器、做资讯门户、做搜索、做社交，背后隐藏的都是对用户使用入口的明争暗斗。

在传统的商业领域，只要控制了渠道，也就离成功不远了，在移动互联网时代，"得入口者得天下"的观点也同样适用。所有有野心的公司，进入移动互联网领域，都不是以单纯的服务来运作产品，无论是硬件还是软件，都是"野心家"们完成移动互联网布局的工具。其根本的目的在于聚合用户到自己的平台上，通过后续应用和流量获得更高更广泛的收益。

当然，这也是众多互联网巨头斥巨资争夺移动互联网入口的根源。借用DCCI的定义，所谓"移动互联网入口"就是用户接入移动互联网的第一站，通过移动网络获取信息、解决问题的第一接触点。移动互联网到今天，已经形成了4个主要的入口：应用市场、手机浏览器、社交网络和移动广告平台，如图1-10所示。

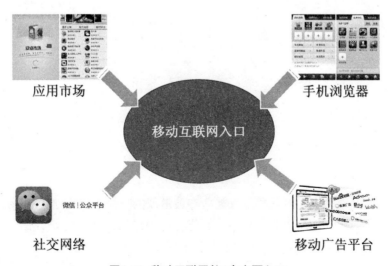

图1-10 移动互联网的4个主要入口

1. 应用市场

随着iPhone的流行，苹果通过"iOS＋App Store"重新定义底层结构，所有的APP应用都需要通过应用商店的发布才能最终送达用户的手机上。因此，手机用户开始学习使用本地APP连接丰富的网络服务。随着Android（Google Play）的跟进，应用市场成为用户接入移动互联网的第一层入口。

Google的Android和苹果的iOS将在相当长的一段时间里统治移动互联网的底层生态，双方的势力范围会日渐稳固，生态系统日趋完备。在这个维度，留给后发者的机会，不能说没有，但已经微乎其微。

同时在Android开放的庇护下，给了第三方Android应用市场以机会。目前，国内大大小小的应用商店市场有成百上千家，现在还处于一个大浪淘沙的阶段，比较有规模的如：91助手（如图1-11所示）、机锋、安智开发市场等。

图1-11 91助手的应用市场

2. 手机浏览器

在桌面互联网中，浏览器一直是争夺最激烈的一个入口阵地，从NetScape到IE、Safari、Firefox和Chrome，都想在这里成就王者。但是，由于移动应用的"碎片化"特征，导致了手机浏览器并不像互联网浏览器那样风光。每个应用都在做自己独立的APP，而无需像互联网那样通过浏览器才能访问网站。

　　即便在这种不利的情况下，手机浏览器随着市场的成熟、智能机的普及、移动用户的增加，还是在逐渐增多。特别是随着HTML5的快速发展，许多原本只能在APP中才能获得的良好体验在Web端被逐一实现。不甘受限于应用商店的开发者们，都认为浏览器是最有能力颠覆APP模式的入口。

　　不过，移动浏览器更多的行为还来自用户对桌面互联网访问习惯的继承，但最主要的信息流动已经不再围绕Web站点展开，浏览器被边缘化也是必然。国外移动应用统计平台Flurry的数据显示，智能手机和平板用户使用者的80%的时间都在应用程序上，只有20%用于浏览器。从流量来看，浏览器产生的流量也已远低于APP的总流量，并且使用时长和流量占比都呈现下滑的趋势。

3. 社交网络

　　为什么应用商店和浏览器能够成为移动互联网入口？因为它们都能同时吸引入口两端：一端是开发者提供的服务和应用，另一端是用户。操作系统的巨大份额带来了用户，商店的分发渠道和付费分成吸引了开发者，访问网络的需求带来了用户。

　　很显然，社交APP完全符合移动互联网入口的标准。在移动互联网时代，微信有可能再造QQ在桌面时代的辉煌，社交已经成为移动互联网时代最主要的应用。根据艾瑞咨询的调研显示，移动APP日均覆盖人数增长率远高于PC客户端，移动终端用户已经形成了"早阅读晚社交"的新习惯。在APP使用率最活跃的晚间，腾讯旗下有三款产品进入前五名，其中手机QQ排名第一，如图1-12所示。

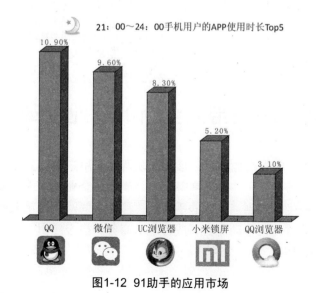

图1-12　91助手的应用市场

　　从上图可以看出，在移动互联网飞速发展的背景下，中国智能手机用户正在逐渐形成新的资讯获取与社交习惯。例如，微信将其社交用户关系数据和用户档案，通过KPI接口向第三方开发者开放。在开放框架上，第三方开发者可以开发与微信核心功能集成的应用程序，这一平台让微信快速形成了完整的生态系统。

4. 移动广告平台

　　移动广告平台和互联网的广告联盟相似，移动广告平台是一个平台或者中介，连接着应用开发者和广告主。在平台上，开发者提供应用，广告主提供广告，而移动广告平台就会提供相应手机系统的SDK。

　　SDK（Software Development Kit）是软件开发工具包的意思。开发者通过下载SDK，然后使用SDK中的工具，用代码将广告嵌入应用中，然后开发者将这些应用通过其他渠道上传到移动互联网。用户下载应用，点击广告后，广告主就会根据相应的计费方式付费给开发者。

　　对于现在的移动广告市场，各家都有自己的广告主资源，但这显然会造成本就不多的资源分散的问题，造成"狼多肉少"的现象。开发者跟移动广告平台的合作是松散的，忠诚度不高。这一群体对价格的敏感最终造就了另一个层级的产生——移动广告聚合平台，它的最主要任务就是把移动互联网早期本就微薄的资源聚敛起来，形成一定的规模再重新分配。

> **❗ TIPS：**
> 　　在PC网络中，搜索引擎之所以能够成为最主要的上网入口，就因为它是用户到达目的地最快的方式。移动互联网也是一样，入口之战，拼的是"深浅"。谁离用户最近，谁才最有获胜的希望。4大入口中，社交网络显然是最深的，用户抵达服务的路径最复杂；应用市场次之，但其主要职能是分发APP。浏览器类似APP，或者说只是一个特殊的APP，而移动广告平台是最直接的，但也是用户群最小的。

1.2 移动互联网带来全新的商业变革

　　与传统互联网电子商务相比，移动互联网具有用户基础更庞大、更贴近市场和消费者的显著优势。在移动商务时代，商家和企业能以更低成本接触和赢得更多客户，把生意做到消费者的手掌上。移动互联网正在带来商业模式变革和产业链的利益重构，移动商务将成为电子商务的核心应用，引发有史以来最大的商业价值迁移。

1.2.1 移动互联网已成为最火的创业方向

电子商务进入中国已经有十多年了，期间诞生了阿里巴巴、淘宝网、京东商城、当当网、1号店、聚美优品、国美在线、苏宁易购等一大批成功的电子商务企业。如今，网民已从使用电脑上网过渡到使用手机上网，加之国家工信部对4G牌照的发放，使用移动终端上网已成上网最大趋势。

智能手机的普及，成功推动传统互联网向移动互联网的快速延伸，新应用的出现和商业模式的不断创新，吸引了大批传统行业入驻，推动各细分行业的成长。专家预言，移动互联网市场将是未来电子商务发展最快的领域，其蕴藏的潜力不容忽视。因此，在未来20年内，具有投资少、风险低、效益高的移动互联网创业项目必将成为小本创业者首选的创业项目，如图1-13所示。

图1-13　移动互联网的创业方向

下面给已经进入或者准备进入移动互联网的创业者一些建议：

（1）明确创业方向。创业者可通过行业数据分析等明确方向，建立起自己的自信心，从自己的兴趣点与强项出发。移动互联网就如一个金手指，无经验、无技术创业者只有明确方向，看清自我，并选择好的依傍，才可点石成金。

（2）自我定位，扬长避短。一个成功的人，他一定懂得发扬自己的长处，来弥补自身的不足。他能够发掘自身才能的最佳生长点，扬长避短，脚踏实地朝着人生的最高目标迈进。

（3）集中精力，持之以恒。移动互联网商机无限，诸多成功案例迷人眼。创业者面对诱惑，切勿分散对大局的注意力。身兼多个项目，往各方向发展固然可拓宽创业道路，但人的精力有限，全面发展，最后一无所成的案例并不少见。成功者目标不变，思想多变；失败者目标多变，思想不变。

总之，在移动互联网中，好的产品绝不是灵光一现的主意，而是经过不断地把握用户需求、不断与时俱进、不断改变、不断通过持续微创新打磨和运营出来的。

1.2.2 移动互联网的商业模式有哪些

随着移动互联网产业的迅速发展，包括传统互联网巨头、电信运营商、创业企业等都开始大规模入市，逐渐形成移动互联网产业价值链。也正由此，移动互联网的商业模式和盈利模式备受各方关注。

移动互联网主要有以下4种商业模式。

（1）APP模式：典型应用类型包括手机游戏等付费下载APP，或免费APP中的付费模块（Free＋Premium，免费＋附加费）及内容等B2C交易商业模式，如图1-14所示。

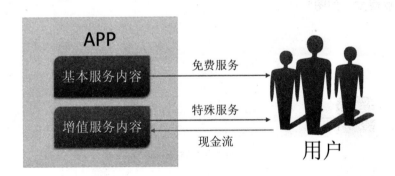

图1-14　APP模式

> **TIPS:**
> 移动APP的主要盈利模式分为下载付费、应用中付费、应用内置广告盈利。例如，"愤怒的小鸟"游戏就是典型的采用"免费下载＋应用中付费"的模式为主要盈利模式。通过免费下载迅速扩大用户基数（即免费服务），在游戏过程中依靠售卖道具实现增值付费。同时由于较大用户基数使得该游戏吸引了一定数量的广告主投放广告，形成补充的盈利模式。在形成明确的口碑效应之后，"愤怒的小鸟"游戏又通过发布新的关卡（即特殊服务），以下载付费的模式供用户使用。

（2）行业定制模式：典型如授权操作系统、授权企业级应用、本地版手机导航、移动办公应用等B2B交易商业模式，如图1-15所示。此模式一般是项目合同制，授权厂商按照数量，或者开发功能数量等对被授权方收取费用。

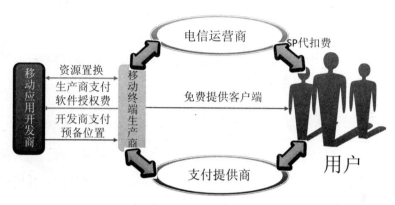

图1-15 行业定制模式

! TIPS:

SP指移动互联网服务内容应用服务的直接提供者，负责根据用户的要求开发和提供适合手机用户使用的服务。

（3）电商模式：典型如移动电商零售、手机团购、手机生活服务等B2C交易商业模式，如图1-16所示。

图1-16 电商模式

（4）广告类商业模式：广告类商业模式是指免费向用户提供各种信息和

服务，盈利则是通过收取广告费来实现，典型的例子如门户网站和移动搜索应用，如图1-17所示。由于移动运营商对广告的限制政策，本模式更多的是由非官方网站采用。

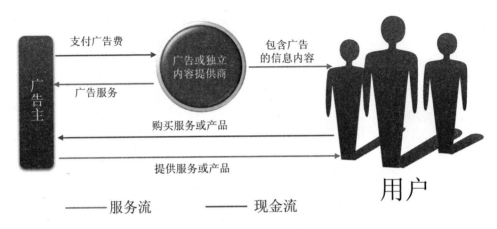

图1-17 广告类商业模式

1.2.3 怎样才能实现商业模式的创新

商业模式创新是商业模式存在的核心价值和意义，移动互联网行业的创新性决定了其必将跨过产业发展的阵痛期。从互联网到移动互联网的发展过程来看，创新是科技行业的质变基因，而坚守则是商业模式塑造过程中的质变保障。对接产业链、聚合资源、把控渠道、深度挖掘客户需求和价值，是移动互联网产业商业模式落地的大势所趋。

相比桌面互联网使用的长时性及使用环境的安静性，移动互联网具有碎片化和高度移动的特征，由此衍生出两大商业模式创新方向，如图1-18所示。

（1）碎片化下的颠覆商业模式创新。由于移动终端的高度移动性，使得碎片化成为移动互联时代的重要特征。例如，上下班途中，用户从等车到乘车再到下车，大多数人都会掏出手机，看新闻、发微博、玩游戏或查地图。因此，移动商业模式的创新核心点就是满足移动时代碎片化的需求。

（2）移动特征下的商业模式创新。相比计算机的固定特性，手机具有随身携带的移动特征。手机与用户之间的一一对应关系，为基于身份识别技术上的位置服务和移动支付等新商业模式提供了可能。

当前，产业融合最大的特点就是新产品、新模式、新公司不断涌现，新模式层出不穷，如O2O（线上线下互动）模式迅速崛起，尤其是移动O2O模式优势凸显，如图1-19所示。

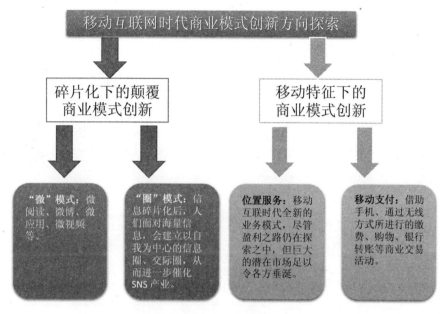

图1-18　两大商业模式创新方向

率先被移动互联网撬动的O2O行业

中国餐饮O2O在线商务用户规模

2012年为0.98亿，相比2011年增长58.1%；2013年该数据上升到1.39亿，预计到2015年这一规模将超过2亿。

中国打车软件用户规模

以嘀嘀打车为例，补贴之前，其用户数约为2200万，日均订单数为35万单；2014年3月27日，用户数突破1亿，此后日均订单数维持在530万左右。

图1-19　移动O2O模式迅速崛起

1.2.4　移动互联网的发展趋势是什么

产业融合是经济增长和现代产业发展的重要趋势，是信息技术发展和产业结构升级的客观反映，是快速、有效、便捷地满足客户需求的必然结果。从三网融合（电信网、广播电视网、互联网）、"两化"深度融合（信息化与工业化），到移动互联网与传统行业的融合以及移动互联网与人们日常工作生活的结合，产业融合的步伐正在加快，产业边界也变得日益模糊。与此同时，产业融合又创造了无限商机，企业要更好地发展，不仅应更加重视商业模式创新，还要关注移动互联网的发展趋势。

移动互联网成为当前全球信息产业竞争的焦点，全球产业巨头都在行动，如电信运营商、互联网服务商、移动通信设备商、消费电子设备商、IT制造商融合跨界竞争等。2013年以来，以苹果、谷歌和Facebook为代表的国外巨头，腾讯、阿里巴巴和百度等国内巨头不断出手进行大并购，数十亿甚至上百亿美元的案例屡见不鲜，如图1-20所示。

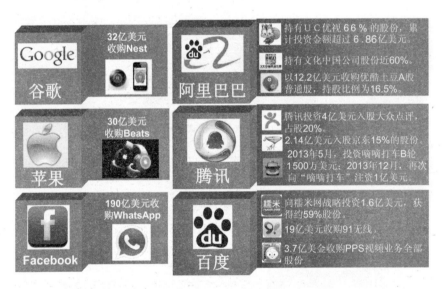

图1-20 国内外互联网巨头不断进行大并购

移动互联网在短短几年时间里，已渗透到社会生活的方方面面，产生了巨大影响，但它仍处在发展的早期，"变化"仍是它的主要特征，革新是它的主要趋势。未来其3大发展趋势如下：

（1）衣食住行，渗透传统行业。从报刊、网站到医院、银行，从读书、教育到娱乐、购物，几乎各行各业都在试水移动客户端。移动互联网之所以能如此迅速、广泛、深入地渗透到传统行业，正是因其低成本、高效率的特点，这使生产力得到了进一步解放，也为社会进步和创新提供了更广阔的天地。三四十年前，人们不曾想过拥有"数字生活"，而如今"微时代"的印记已悄然烙入生活的各个方面。当我们回望曾经的生活片段，不难发现，人们的交流渠道、生活习惯、娱乐方式已然发生惊人的变化，曾经每天都会使用的东西已经被手机取代，如图1-21所示。

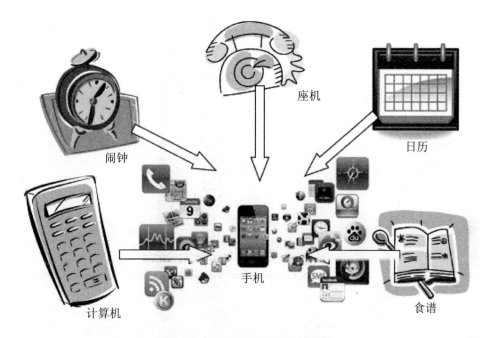

座机

日历

闹钟

计算机

手机

食谱

图1-21　手机取代了很多生活用品

（2）随时随地，革新社交方式。从"人随网走"到"网随人动"，移动互联网在突破时空限制上为社交带来了质的飞跃，开启"移动社交"时代，使人们可以随时随地沟通、交流、分享。例如，用户可以通过跑步应用来记录运动数据，进行路线分享；可以用手机即时拍照并将照片发布在社交网站上，记录生活点滴；还可以在微信群中随时与大家分享资讯、交流感受……

（3）产业升级，催生全新形态。移动互联网发展是一个有整合、有拓展、有创新；更广泛、更深入、更规范的过程，使网络、智能终端、数字技术等新技术得到整合，建立了新的产业生态链，催生了全新文化产业形态。

另外，随着移动带宽技术的迅速提升，更多的传感设备、移动终端随时随地地接入网络，加之云计算、物联网等技术的带动，中国移动互联网也逐渐步入"大数据"时代。目前的移动互联网领域，仍然是以位置的精准营销为主，但未来随着大数据相关技术的发展，人们对数据挖掘的不断深入，针对用户个性化定制的应用服务和营销方式将成为发展趋势，届时将进入一个崭新的"全微营销时代"，它将是移动互联网的另一片"蓝海"。

1.3 微营销，一个全新的营销模式

随着移动互联网时代的到来，营销传播开始迈向崭新的"微营销"时代。微信、微博、微电影的兴起，让移动互联网掀起了一股商业浪潮，并促使电商业由传统电商转向移动电子商务。

1.3.1 什么是微营销

微营销是以移动互联网为主要沟通平台，配合传统网络媒体和大众媒体，通过有策略、可管理、持续性的线上线下沟通，建立、转化以及强化顾客关系，实现客户价值的一系列过程，如图1-22所示。

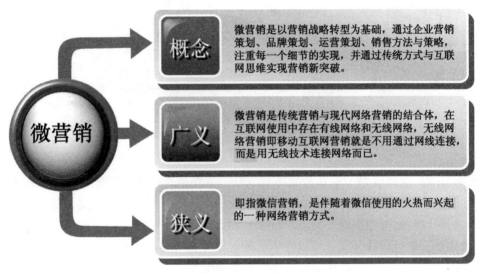

微营销

概念 微营销是以营销战略转型为基础，通过企业营销策划、品牌策划、运营策划、销售方法与策略，注重每一个细节的实现，并通过传统方式与互联网思维实现营销新突破。

广义 微营销是传统营销与现代网络营销的结合体，在互联网使用中存在有线网络和无线网络，无线网络营销即移动互联网营销就是不用通过网线连接，而是用无线技术连接网络而已。

狭义 即指微信营销，是伴随着微信使用的火热而兴起的一种网络营销方式。

图1-22 认识微营销

微营销的特征如下。

（1）灵活的管理思维与管理体系。在如今以市场需求为主导的经济时代，消费者的需求呈现出精细化和多样化的特征，促使细分市场日渐成熟；与此同时，在互联网技术快速进步和应用的刺激下，整体市场的发展节奏也在不断加快。在这种情况下，企业需要建立一套灵活的管理思维与管理体系，不断优化内部结构和相关服务，轻装上阵，以自如的姿态应对不可预知的市场变化。

（2）快捷高效的营销途径。市场营销作为企业实现盈利的重要辅助环节，被众多企业经营者当作制胜的法宝。然而，传统粗放式推广方法已不能满足精细化市场的营销需求，特别是在企业投资回报率不断下降的情况下，市场亟待出现一种更为快捷高效的营销途径。需求的变换与技术的革新催生了变革，"微营销"正是在上述环境下应运而生的。

（3）移动网络精准营销。随着整个互联网经济的快速发展，以网络为传播平台的营销行业如雨后春笋般迅速壮大，其整体服务水平也呈现出阶梯式的增长，并诞生了以移动网络技术为基础的精准营销模式——"微营销"，如图1-23所示。

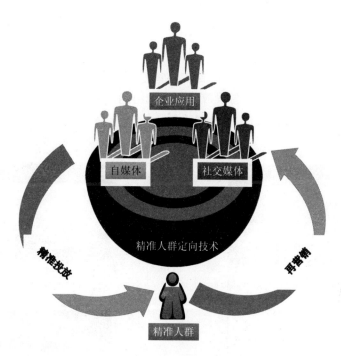

图1-23 微营销

> **TIPS：**
>
> 微营销实际就是一个移动网络微系统，它主要以微博、微视频、微电影、微信、腾讯QQ、二维码与企业微商城这几类工具为主导的营销模式。微营销通过各类工具将线上线下的营销整合起来，从线下引流到线上完成支付，从线上引流到线下实现（实体店面）浏览，通过这样的方式，为用户带来全新的"微体验"。

1.3.2 微营销的主要营销模式

随着技术的不断演进以及思路的不断探索，我们欣喜地发现，手机应用与广告之间的关系正逐渐发生着奇妙的变化，一些创新手机应用的诞生告诉我们，微营销不应该是扰人和烦恼，反而应该是新奇、方便与实惠。当然，要做到这些，就必须熟悉微营销的主要营销模式。

1. 广告营销模式

手机媒体是以手机为视听终端、手机上网为平台的个性化信息传播载体，它是以分众为传播目标，以定向为传播效果，以互动为传播应用的大众传播媒介，被公认为继报刊、广播、电视、互联网之后的"第五媒体"。APP是手机媒体中的一种更为高级的营销模式，它区别于传统的手机媒体和移动网站能够达到更好的广告传播效果。

在众多的功能性应用和游戏应用中，植入广告是最基本的模式之一，广告主通过植入动态广告栏链接进行广告植入，当用户点击广告栏的时候就会进入指定的界面或链接，可以了解广告主详情或者是参与活动。这种模式操作简单，适用范围广，只要将广告投放到那些热门的、与自己产品受众相关的应用上就能达到良好的传播效果，如图1-24所示。

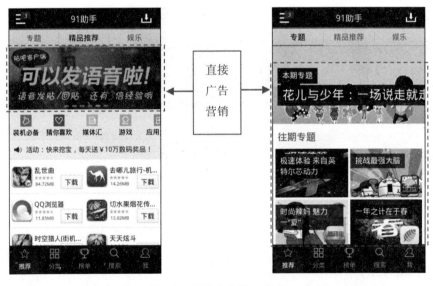

图1-24 APP广告营销模式

以地铁和公交车视频广告为例，地铁和公交车上人多，环境嘈杂。尽管在地铁和公交上的广告每天覆盖人群很广，但是广告达到率实际上并不高，有很多人根本就不看，当然看了也记不住，广告对他们来说只是瞬间一闪，很难引起他们的注意。很多动态媒体广告只是电视广告的移植，连最基本的字幕都没有，多数情况下都是哑剧表演，乘客莫名其妙，自然也就对其失去了兴趣。

针对这种问题，如何让顾客由被动转为主动，笔者认为APP可以与用户玩一个互动游戏。如果出现某企业广告，可以让顾客用特定的APP进行拍照，因为人们手机都有拍照功能，然后在该APP中进行分享，把动态的视频广告变成用户人生某一时刻的静态画面，同时还可以在其中加入时间、地点、画面、心情，加深用户的印象。另外，对于分享的用户，广告主可以提供赞助奖品。

例如，印美图在微信小店上线了新一代印美图单品，通过紧密结合微信功能的智能终端，提供即时的相片及声音卡打印服务，如图1-25所示。该产品上线仅6天，销售额就突破100万，成为微信小店首个收入破百万的产品。

印美图微信打印机是全球首款微信打印机，使用微信发送你想打印的照片给印美图，印美图立刻将照片制作成一张LOMO风格的卡片。更有趣的是，它创新的"留声卡"功能，能让用户在发送相片的同时，附上语音留言。所打印出来的LOMO相片卡附上声音二维码，让相片也能"说话"，成为一段结合图片和当时声音的"记忆"，使得相片转送、保存也有了更大的价值，如图1-26所示。

图1-25 印美图微信小店　　　　　图1-26 印美图微信打印服务

在这种广告营销模式中，用户看到广告，主动关注广告，广告商的广告也已经影响用户，然后通过用户的签到、分享等互动，这则广告又在社交化网络中借由用户的人际关系完成了传播和影响。最后，用户得到了广告商的激励，广告商的广告也得到了用户的传播，从而达到一种双赢。

2. APP植入模式

在免费和付费APP这两者间，你会更倾向于选择哪种呢？目前，应用商店里大部分的APP都是免费的，而且越来越多的APP正以广告补贴、应用内购买等形式换取用户的免费使用。

由于前期开发成本很高，许多APP开发者无法实现盈利，必须转而依赖应用内购买或者广告的形式来盈利。因此，笔者认为开发者应该将开发方向从"应用内是否应该有广告"转移到"如何把应用内广告做得更有趣、与消费者联系更紧密，对广告主和开发者最有效"的方向。既然广告是去不掉的，那为什么不把它做得更好呢？下面通过伊利的APP游戏道具植入案例来告诉大家"如何在APP中植入更加有效的广告"。

如今，都市白领人群或多或少都面临着工作和生活上的双重压力，对于健康营养尤为看重，也乐于为此"高价买单"，伊利锁定这部分人群为重点沟通对象。而时下风靡于白领人群之间的流行元素，其中不可或缺的就是SNS社交网站。因此，白领用户在SNS上与朋友互动交流、分享心得、深度参与APP游戏，同时，规模化的用户群体根据各自的兴趣和喜好形成了不同的圈子，这些都为口碑的扩散和正向体验的形成提供了有力的保障。

在"人人餐厅"这款APP游戏中，将伊利舒化奶作为游戏的一个道具植入其中，让用户在游戏的同时对伊利舒化奶产品产生独特诉求认知与记忆，提升品牌或产品知名度，在消费者心中树立企业的品牌形象，如图1-27所示。同时APP的受众群体较多，这样的直接的道具植入有利于提升企业品牌的偏好度。

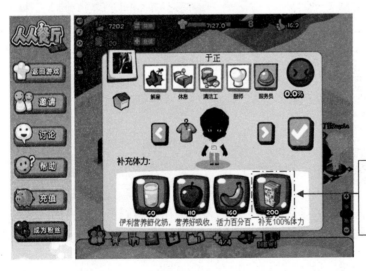

将伊利舒化奶作为"人人餐厅"的雇员体力补充道具。

图2-27　伊利的游戏APP道具植入营销

伊利将"营养舒化奶"设置为"补充体力"的必要环节，用户在使用之后能够瞬间恢复体力，用最直观、有效的方式讲述"舒化营养好吸收"的实际特色。这种巧妙的植入，促使用户切实理解"舒化奶"带给他们的真正价值。

> **! TIPS:**
>
> 借助手机APP这个人人具备的营销工具，并充分利用SNS的火爆之势和"人人网"精准的目标用户匹配，伊利在SNS营销和植入式营销做出了前瞻性的探索和深入的挖掘尝试，成功形成了正向的产品体验和口碑传播。伊利这种大胆创新、别出心裁的微营销方式，开启了乳品行业SNS平台APP营销的全新之旅，更具意义的是，它为白领阶层开创了一种乳品消费的新潮体验模式，寓买于乐，让用户从游戏中轻松获得产品信息。

3. 用户营销模式

用户模式的主要APP类型是网站移植类和品牌应用类，企业把符合自己定位的APP发布到应用商店内，供智能手机用户下载，用户利用这种APP可以很直观地了解企业的信息，用户是APP的使用者，手机APP成为用户的一种工具，能够为用户的生活提供便利性。用户营销模式具有很强的实验价值，可让用户了解产品，增强产品信心，提升品牌美誉度。

例如，下面这款名为"过日子"的APP，会特别针对用户的情况给用户定制适合当季的食物推荐，让用户掌握最健康的吃法，如图1-28所示。有了它，用户再也不用纠结吃什么、怎么吃等问题了。

图1-28 "过日子"APP的用户营销模式

"过日子"APP还有个功能就是根据时间不同，会为用户推荐健康元素，只要摇一摇手机即可。同时，还有时令相关的信息（如消食、醒酒等办法），如图1-29所示，以及针对用户的体质为用户量身打造的食谱。

由此可见，在智能手机大行其道的今天，使用专业APP来照料自己的起居生活绝对不是痴人说梦。用户可以将专业健康APP作为依托，不但关心自己，同时还关心家人健康。除此之外，用户还可以为家人朋友选择一个健康食谱，并将其直接分享给他们，如图1-30所示。

图1-29　显示时令相关的信息

图1-30　分享食谱

用户营销是以用户为中心的营销方式，它是一个全新的体系。用户营销是企业利用存量客户信息，为增加存量用户的销售支出和提升客户价值，而进行的一种主动营销方式。"过日子"APP正是基于用户行为，通过游戏测试的方法获取用户以及家人朋友的身体状况，虽然目前还没有明朗的盈利模式，不过在基于用户营销模式的基础上，精准的广告推送也会获得一定效果。

> **TIPS：**
>
> 广告营销模式与用户营销模式的主要区别如下：
>
> （1）广告营销的特点：广告传播的主要媒介有手机APP、电视、报纸、户外广告等。广告费用直线上升，但其效果却在下降，人们对广告普遍产生了逆反心理。广告投入过大不利于吸收客户，因为广告费用最终是由客户付出的。如果将广告费用降低，将环境搞好，为客户提供更多优惠的服务，使客户得到的利益远远大于广告，就有利于吸引并留住客户。这就需要将模式以广告营销为主改为以用户营销为主。

! TIPS：

（2）用户营销的特点：传播的主要渠道是大家的口碑，按现代传播理论，每个人大约可以影响250人，按照用户营销的理念也可以采用手机APP、电视、报纸、网络广告等作为用户营销传播的媒介。相关数据显示，开发一个新客户的成本是留住一个老客户所花成本的5倍，而采用用户营销模式则可以降低50%～80%广告费用。

用户营销模式的重点是培养忠诚客户，忠诚客户经常重复性购买系列产品，对其他品牌具有免疫力。例如，对于商业地产客户来说，他可能会购买多套商铺，即使只是购买一套，他也相信企业，愿意向其购买其他商业服务。忠诚客户是企业最有价值的财富，他不是企业的上帝，而是企业的朋友。

4. 内容营销模式

APP内容营销模式主要是通过优质的内容，吸引精准的客户和潜在客户，从而实现营销的目的。

例如，"孕妇画册"APP内容包含了怀孕期间准妈妈的身体变化，每周胎儿发生的变化，如图1-31所示。最重要的是，"孕妇画册"还将告诉准妈妈，每周该吃什么食物才有营养，什么食物可以帮助胎儿更好的发育。

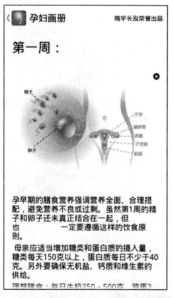 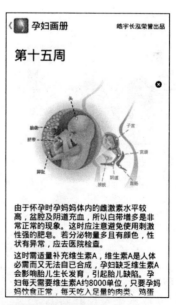

图1-31　"孕妇画册"显示每周胎儿发生的变化

微营销比任何时候都需要想象力，抓住想象力是成功的关键。通过科学的方法寻找出有价值的产品概念，还需要伟大的创意来表现——通过简单而深刻的内容营销传播概念，可以让消费者最直观地认识品牌或产品。

　　商家可以通过定制"孕妇画册"应用吸引准妈妈们下载，提供孕妇必要的保健知识。用户在获取知识的同时，会不断强化对品牌的印象，商家可以收集精准客户，进而实现营销的目的。

5. 购物网站模式

　　购物网站移植模式是指商家开发自己产品的APP，然后将其投放到各大应用商店以及网站上，供用户免费下载。该模式基本上是基于互联网上购物网站，将购物网站移植到手机上面去，用户可以随时随地地浏览网站获取所需商品信息、促销信息，进行下单，这种模式相对于手机购物网站的优势是快速便捷，内容丰富，而且这类应用一般具有很多优惠措施。

　　例如，"蘑菇街"于2011年2月14日上线，每天有数百万的女性在这里扎堆儿分享购物、讨论时尚。蘑菇街通过不断提升用户体验，每天为超过500万的女性消费者提供购物决策建议，"蘑菇街"所做的就是努力为更多消费者提供更有效的购物决策建议，如图1-32所示。

图1-32 "蘑菇街"采用个性化的商品主题

> **！TIPS：**
> 同样从款式出发，蘑菇街提供同款比较模式，根据一些资源的配合，把同款合并，然后把产品进行分类、陈列，让消费者可以作比较，并快速帮助消费者找到自己心里所需的款式。

　　在"蘑菇街"的计划中，"创造"和"比较"都可以通过现有的社会化办法——一个更紧密的社区来解决，而"分享"则必须借助于移动设备。"蘑菇街"

根据调查发展，目标用户群中，iPhone的持有率非常高。因此，"蘑菇街"首先将视线投向了苹果的App Store。在已经上线的"蘑菇街"iPhone应用程序里，用户可以浏览网页上的所有内容，还可以通过应用内置的拍照功能分享自己的物品和装扮。"蘑菇街"的技能团队花费了几个月时间来打磨这一应用程序。

虽说是以"购物"为主题的社区，但"蘑菇街"本身并不向用户售卖物品，它既不是B2C，也不是C2C。在"蘑菇街"，用户可以分享购物乐趣，也可以分享自己在网店上的各种"创造"。用户在"蘑菇街"上创造心仪物品时，最终会链接到售卖物品的网站——绝大多数情况下，链接的终点指向淘宝，如图1-33所示。除淘宝外，蘑菇街还和当当、京东、凡客等网站有合作，用户甚至还可以从国外著名购物网站Top Shop等mqu网站上添加物品。

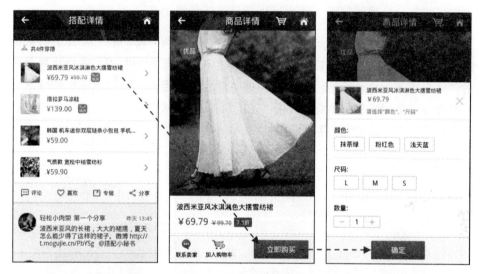

图1-33 "蘑菇街"会链接到售卖物品的网站

比分享本身更重要的是，这些分享汇聚成一个资源库，更多的商家可以从"蘑菇街"上创造这些宝贝，再反向链接到自己售卖物品的网站。这样，一个与电子商务紧密结合的社区就此形成。笔者认为，从定位用户到网站的设计和内容组织，从用户购买到售后穿衣搭配的整个流程，从消费者分析到商家广告，"蘑菇街"都有一套比较完整的流程和体系。详尽的数据化分析和研究，让"蘑菇街"对用户的行为和心理分析非常透彻，打造了高黏度和高转化率的微营销购物网站移植模式。

1.3.3 微营销的发展现状与前景

随着时代的发展，企业的营销方式也慢慢开始发生了新的变化。特别是随着移动互联网的兴起，传统的营销方式因其性价比太低逐步被企业所摒弃。事实上，在这样一个移动互联网的时代，以手机APP作为企业的微营销方式已经成为各大企业营销的常态。

1. 现阶段：从移动营销向微信营销平移

现阶段的微营销是移动营销向微信营销平移，微信营销需要从移动营销中找经验找灵感，也需要去蚕食移动营销市场。

以前的移动营销整合十分复杂，WAP、SMS、IVR、MMS、APP、LBS、二维码一个都不能少，而且这些业务分散在不同的平台上，很多还需要跟移动运营商专门申请业务通道，做出一个好案子来可谓极其困难。现在，企业仅仅依靠一个微信APP，即可运用所有这些营销工具。

微信营销是移动互联网经济时代企业营销模式的一种创新，是伴随着微信的火热而兴起的一种移动微营销方式。微信不存在距离的限制，用户注册微信后，可与周围同样注册的"朋友"形成一种联系。用户订阅自己所需的信息，商家通过提供用户需要的信息，推广自己的产品，从而实现点对点的营销。微信营销的主要特点如图1-34所示。

LBS 定位式营销	全面地毯式营销	精准富媒体营销
全城定位搜索，锁定大量的优质客户资源。足不出户，轻松操作锁定全城任意地点，进行企业营销，真正做到不漏掉每一个潜在客户，网罗全城的微信用户为企业所用。	针对传统营销模式客户资料更新慢的问题，微信营销系统更直观、全面，不仅可以发送文字、图片，还能及时传送音频视频，多角度对企业进行宣传推广，和目标客户进行一对一沟通。	传统营销模式主要靠短信、电话，往往目标分散或者不能概括所有潜在客户群。微信营销可以针对不同潜在客户群运用不同的营销宣传模式，多管齐下，达到更好的宣传效果。

图1-34 微信营销的主要特点

> **TIPS:**
>
> 微信APP的即时性和互动性强，同时，它的可见度、影响力以及无边界传播等特质，也特别适合病毒式营销策略的应用。微信平台的群发功能可以有效地将企业拍的视频、制作的图片或是宣传的文字群发给微信好友。企业更是可以利用二维码的形式发送优惠信息，这是一个既经济又实惠，更有效的好的促销模式。用户主动为企业做宣传，激发口碑效应，将产品和服务信息传播到互联网还有生活中的每个角落。

如今，微信营销正在蚕食移动营销和手机广告的既有市场，也会蚕食移动运营商的企信通市场，甚至引发整个移动营销和手机广告市场的大洗牌。

2. 前景：跨平台社会化营销整合

微营销的发展前景，将以跨平台社交营销大整合为主，如图1-35所示。每一个推广渠道都有它的优缺点，面对的人群规模和特征也不一样，而企业的推广目标和期望效果，也会因为选择渠道的不同而不同。因此，能够整合不同渠道做营销推广，是营销人员必不可少的课题。

图1-35 跨平台社交营销大整合

未来的整合必将以第三方平台为介质，把所有社交媒体全部打通，并且能够有效发挥不同社交媒体的优势。例如，微博更加偏媒体，适合做大范围传播，但是它难以做精准到达，最多只能实现定向投放；而微信更加偏向社交关系工具，适合做深度互动，能够做到精准到达，但它却难以做大范围瞬间传播。

单一的微博营销效果一定是有限的，正如单一的电视广告投放、杂志广告和软文推广、单一的户外广告投放一样，如果没有别的渠道配合，传播效果会很有限，甚至会适得其反。

就消费者耐受度来说，也不一样，消费者对微信上的垃圾信息更加敏感和反感。所以，需要把这些不同的社交媒体做整合，有效发挥它们各自的优点。但是如果没有高效的第三方平台，将难以真正实现这些整合。

1.4 微创新，全微营销时代来临

移动互联网时代，消费者的消费方式是多样的，有些人喜欢用手机购物，有些人喜欢在PC端消费，还有些人则只进店面消费；此外，消费者对事物的看法也是多样的，有些消费者认为企业的品牌故事感动人心，从而钟爱这个品牌；有些人则更加理性地看重服务体验。

面对上述情况，对于想要从事微营销的企业来说，就不能仅仅只选择一种营销模式，因为单一的手法很难吸引大量的用户。移动微营销火爆的时代，用户的需求多样，企业的营销模式也不再单一。对于企业来说，只有不断创新营销模式，才能有利于企业掌握"全微营销"。

1.4.1 什么是微创新

创新是以新思维、新发明和新描述为特征的一种概念化过程，也是一个生产要素重新组合，经过生产经营体系创造利润的过程。创新是人类特有的认识能力和实践能力，是人类主观能动性的高级表现形式，是推动民族进步和社会发展的不竭动力。创新在经济、商业、技术、社会学以及建筑学这些领域的研究中、以及企业发展中有着举足轻重的分量，是社会变革和经济发展的根本动力。

微创新可以通过持续的版本迭代，解决用户实际遇到的问题，逐步推进产品的发展，如图1-36所示。

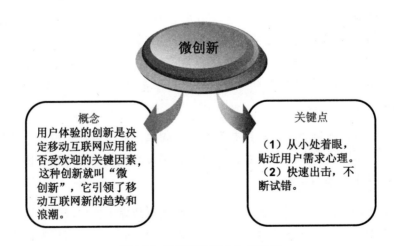

图1-36 微创新的概念与关键点

用户体验的创新是决定产品能否受欢迎的关键因素，这种创新就是"微创新"。例如，QQ在发送网址时会自动显示链接介绍，如图1-37所示；百度地图可以帮助用户计算打出租车费用，如图1-38所示。

图1-37　QQ微创新案例

图1-38　百度地图微创新案例

奇虎董事长周鸿祎的解读基本说明微创新的实质："你的产品可以不完美，但是只要能打动用户心里最甜的那个点，把一个问题解决好，有时候就是四两拨千斤，这种单点突破就叫'微创新'。"说到底，微创新其实就是用户体验上的创新，其实质在于对用户体验的关注和改变，进而以这种用户体验上的单点突破，实现市场的爆发性增长。

当明确了微创新对于用户体验的终极关注，企业便可从此追寻微创新的突破途径。探求企业哪些方面的创新可以迅速带来用户体验上的突破，并实现市场的爆发式增长，进而让企业在激烈的市场竞争环境中独占鳌头。

1.4.2　微创新的9大类型

微创新是企业进行微营销的一堂必修课，移动互联网时代，一个微小的创新就能够带来一些新的计划，能够改变一些用户的新的体验。下面介绍微创新主要的类型。

（1）技术性创新。从满足用户的某种需要，或给用户带来某种能够投其所好的独特体验出发，进行周期短、应用快的技术创新、改良或运用，这就是技术型微创新的核心。例如，夏普和J-PHONE合作推出了世界上第一款可以照相的手机J-SH04。2000年11月，几大移动运营商正在为市场份额的分配短兵相接，激烈酣战。时为日本第三大运营商的J-Phone横空抛出可拍照手机，作为秘密蓄势已久的杀手锏，甫一投放，惊艳全场，如图1-39所示。尽管该机拍摄的画面的确有点惨不忍睹，但对于我们来说，J-SH04带来是更多的想象力和开创性意义，从此摄像头便成为手机必备的设备。

（2）功能型微创新。通过开发出某种满足用户需求的产品或服务功能，制造出独特用户体验的创新活动。功能型微创新可以分为两类，一是创造出一种具有全新功能的产品的或服务，另一种是在原有品类的基础上，在自己的产品中增加了全新的附加功能。例如最近很火的"魔漫相机"，一时间微信朋友圈都是各位好友的趣味形象，如图1-40所示。"魔漫相机"可以将拍下的真人照片在几秒钟内绘制成一幅漫画，并提供多种个性化后期编辑模板，短期内用户数已经飙升到324万。在移动互联网时代，"魔漫相机"通过运用大众化的艺术手段，在普通拍照APP上进行了功能创新，更好地满足了用户的个性移动社交需求。

图1-39 J-SH04

图1-40 "魔漫相机"APP界面

（3）定位型微创新。通过对产品或服务进行独特的定位，并针对这一定位进行产品设计，达到创造独特用户体验的目的，这就是定位型微创新的核心内涵。跨界与错位，常是定位型微创新常用的手段。例如，在百度地图中，用户可以利用地图定位功能查看商家具体位置或拨打商家电话，如图1-41所示。

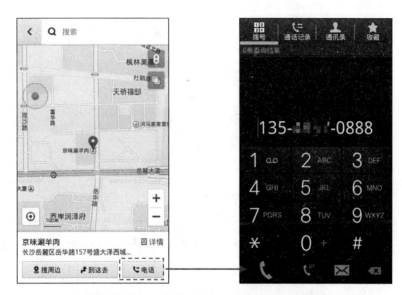

图1-41 点击"电话"按钮可直接拨打商家电话

（4）模式型微创新。商业模式创新作为一种新的创新形态，其重要性如今已经不亚于技术创新等。模式型微创新即通过引入新的商业模式，给消费者带来全新独特的用户体验，从而占领而扩大市场的过程。例如，效仿苹果iPhone和小米的"饥饿营销"模式，华为也来搅局微营销，华为荣耀3X 8核手机已经正式登录微信"精选商品"，如图1-42所示。这样，消费者不用再紧盯着PC端抢购，而是可以利用自己的碎片化时间，用手机登录微信就能购买在易迅网独家销售的热门产品。华为荣耀3X的抢购活动也取得了良好的效果，截至2014年5月，总预约量突破百万。

（5）包装型微创新。在用户体验越来越个性化、细微化的年代中，一个独特的包装，足以成为产品和品牌区别于业界的标志。独特的包装，能够创造出独特的用户体验，传递出产品和品牌的独有文化与内涵，这就是包装型微创新的价值所在。例如，通过二维码来定制手机电子说明书，不但节省宣传物料的成本、易于更新，环保低碳；而且可以涵盖图文视频多种宣传样式，更时尚、更环保、更便捷、更省钱。图1-43所示为现代手机说明书上的二维码。

图1-42 华为荣耀3X 8核手机的微信抢购

（6）服务型微创新。能创造出独特用户体验的，不是在于产品本身。在这个用户至上的年代中，企业提供服务的质量与方式，也同样是用户体验的决定性要素。通过贴心、周到而有特色的服务，营造出良好的用户体验，是服务型微创新的本质。例如，在海底捞，用户可以通过微信实现预订座位、送餐上门甚至可以去商城选购底料，如图1-44所示。如果你想要外卖，只需要简单输入送货信息，就可以坐等美食送到嘴边。

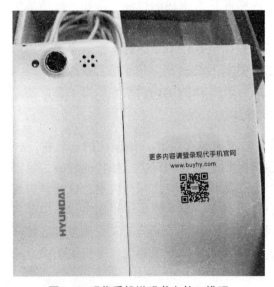

图1-43 现代手机说明书上的二维码

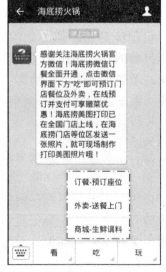

图1-44 海底捞提供微信订餐服务

（7）营销型微创新。在营销环节，采用新的手段、新的形式、新的传播渠道等，带来新的用户体验，从而引爆用户群，这就是营销型微创新的鲜明特色。例如，易迅网主打"闪购"，把微信卖场中移动端的快捷便利体现到极致，推出"闪电送"、"1元开枪"等创新型营销活动，如图1-45所示。用户只要在微信中（聊天窗口、朋友圈、公众号等）中点击任意一个易迅的商品链接，都可完成下单支付。这也标志着易迅网将成为国内首个全面接入微信支付的B2C网站，微信支付环节的打通，无疑为腾讯电商的移动化战略增加了一个重要砝码。

图1-45　易迅微信平台

（8）渠道型微创新。突破传统的渠道限制，让产品在最意想不到却又恰如其分的地方和顾客邂逅，这种产品与渠道的反差必然带来客户体验上的改变，产生微创新的引爆力。例如，像凡客诚品、梦芭莎等电商，他们常常通过不间断地在视频网站上投放广告，来获取知名度。视频能传达的信息是文字和图片所无法替代的，来一段应用的酷炫展示视频，这样很容易被受众群体记住你的品牌，如图1-46所示。如果同时加上现在流行的微信或二维码，还将会获得更好的效果。

（9）整合型微创新。整合型微创新是一种持续性的微创新，根据用户和市场的反映，通过对各种微创新元素、各种产品、服务及营销上的细节进行调整和改良，使产品具有长期持续的引爆力。

图1-46　通过视频渠道进行营销

1.4.3　微创新中的用户需求挖掘

对于企业而言，用户才是他们真正的服务对象，用什么方式来提升用户黏度，保证微营销中二次用户甚至是更深层次的用户数量的增加？笔者列举了下面4种方法：

- APP或网页的打开速度。

- APP界面或页面布局的合理调整。

- 提高APP或网页的内容质量。

- 从用户的心理需求出发，做到"知己知彼，百战不殆"。

在用户的需求呈个性化发展的大趋势下，笔者建议，企业应该学会收集、储存和分析大量的数据，并发挥出这些数据的营销价值，然后进行微创新。那么，挖掘用户需求可以从哪些方面出发？如图1-47所示，企业可以通过这3个问题进行思考。

在笔者看来，如果企业能够在产品生产之前，通过数据了解潜在用户的主要特征，以及其对产品的期待，那么企业的微创新产品生产便可投其所好。例如，Netflix在投拍《纸牌屋》之前，便通过大数据分析了解潜在观众最喜欢的导演与演员，最终使影片的拍摄捕获了观众的心；又比如，《小时代》在预告片投放后，从微博上通过大数据分析得知其电影的主要观众群为90后女性，因此，后续的营销活动则主要针对这些人群展开，确保了营销的精准性。

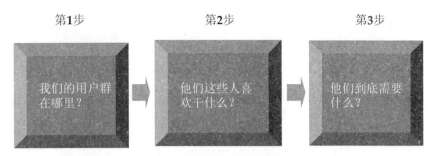

图1-47 挖掘用户需求的步骤

    微创新的魅力是永远都不会消退的，对于企业的微营销来说，无论是微信、微博、二维码、微电影、还是腾讯QQ，其浏览与观看的用户数据都是十分具有价值的。21世纪，对于营销者来说，考验的不仅仅只有推广能力，还有数据分析能力。在漫天广阔的数据海洋中，谁能分析得出最有力的营销信息，谁就能快速网罗用户，并深入挖掘这些用户的需求，然后根据这些需求对自己的产品或服务进行微创新，最终收获微营销所带来的收益。

第2章

微思维，正在移动互联的世界

随着互联网行业进一步融入社会生活之中，越来越多的企业都将被微思维所改造，最终达到完全的融合。微思维，就是在（移动）互联网、大数据、云计算等科技不断发展的背景下，对市场、用户、产品、企业价值链乃至对整个商业生态所进行重新审视的思考方式。

◇ 迎接新商业时代
◇ 传统企业与移动互联网的融合
◇ 微营销的移动互联网新思维

2.1 迎接新商业时代

在百度的一个大型活动上，百度CEO李彦宏与传统产业的老板、企业家探讨发展问题时，李彦宏首次提到"互联网思维"这个词。他说："我们这些企业家们今后要有互联网思维，可能你做的事情不是互联网，但你的思维方式要逐渐像互联网的方式去想问题。"

中国互联网元老、宽带资本基金董事长田溯宁也说过："未来的企业要互联网化，每家企业都要有互联网的思维。在未来不用互联网方式来思考问题，就没办法在社会展开竞争。"

如今，几年过去了，这种观念已经逐步被越来越多的企业家、甚至企业以外的各行各业、各个领域的人所认可了，但"互联网思维"这个词也演变成多个不同的解释。笔者认为，移动互联网时代的微思维方式，不局限于互联网产品、互联网企业，如图2-1所示。这里指的互联网，不单指桌面互联网或者移动互联网，是泛互联网，因为未来的网络形态一定是跨越各种终端设备的，包括但不限于台式机、笔记本、平板、手机、手表、眼镜、汽车、电器等。

（1）**新科技的运用**：这里包含大数据、互联网与移动互联网这些新兴科技的兴起对这个时代的影响和变革。

（2）**商业模式创新**：包括了对原有商业模式的思考，企业在这个时代要重新思考现在的商业模式在移动互联网驱动下会有什么不同。

（3）**用户需求**：更加关注消费者的需求，更加洞察他们需求的核心，企业要学着去了解这个社会到底发生了什么变化。

图2-1 微思维的三大核心

这个超级互联的世界，给我们提供了无限的希望和挑战。在移动互联网环境下，消费者的心理和行为发生了革命性的变化，给传统行业带来重大冲击。对于传统企业来说，当前的重点是，需要对互联网、移动互联网、物联网涌流下的新经济、新科技和新商业模式进行思考和研判，然后将思考转变为行动。

总体来说，移动互联网是一种思维，也是一种技术工具，微思维适用于所有企业。微思维的核心就是用心去感知并发掘用户的需求，再根据用户需求运用新科技不断进行高效率的优化，实现商业模式的创新，这也是商业逻辑最根本的起点。

2.1.1 O2O模式的兴起

移动互联网的飞速发展使得O2O营销模式越来越普及，这种模式充分利用互联网与APP应用跨地域、无边界、海量信息、海量用户的优势，同时挖掘线下资源，进而促成线上用户与线下商品及服务的交易。

O2O（Online To Offline）模式，又称离线商务模式，是指线上营销和线上购买带动线下经营和线下消费，如图2-2所示。O2O的核心效用在于满足人们的"3A"消费与支付需求，即人们希望在任何时候（Anytime）、任何地方（Anywhere）、使用任何可用的方式（Anyway）得到任何想要的零售服务。

应用场景举例：

Online：线上遇见　　　　Pay：购买或预约　　　　Offline：线下享
满意的产品和服务　　　　产品及服务　　　　　　受兑换产品及服务

通过打折、提供信息、服务等方式，把线下商店的消息推送给互联网用户，从而把他们带到现实的商店中去，即消费者在线支付购买线下的商品和服务，再到线下去享受服务。

图2-2 O2O应用场景

简单来说，O2O是将我们的购买等行为全部或部分转移到了网络之上。具体来说，就是关系到了商业生态链上的每一环，社交媒介的介入、对接方式（二维码、NFC等）的推新、传统产业的升级、团购的兴衰……O2O本身就是一个十分丰富的话题。

中国本地生活服务O2O市场从2010年后开始兴起。美国多家本地生活服务O2O企业成功上市为中国同行提供了良好的国际资本环境，国家大力扶持包括本地生活服务在内的服务产业并为其提供了政策保障；而随着移动互联网对国民经济的渗透继续加深，生活服务业将成为下一步渗透的重点。作为国内三大互联网巨头，阿里、腾讯和百度的积极布局则直接推动了本地生活服务O2O行业的整体发展。

2013年，移动互联网引领进入O2O元年，而O2O的大面积布局与实践应用则在2014年。不过，中国本地生活服务O2O市场目前依然处于早期的发展阶段。从O2O发展现状来看，市场规模大、增长迅猛。以本地生活服务O2O市场为例，2013年市场规模约为1 200亿元，增幅为64%，高于同期实物网购20多个百分点（艾瑞咨询数据）。O2O在公众认知度方面也得到快速提升，百度指数显示自从2013年11月份O2O指数首次超过电子商务以来，O2O的热度已经常规性地赶上和超过电子商务。

国内的O2O市场参与网站众多，地方性生活服务社区论坛、分类信息网站、生活服务点评类网站和团购网站是主要的参与网站类型，如58同城、大众点评网和美团网等。O2O模式的提出改变了很多人传统的购物方式，随着越来越多的O2O平台的建立和解散，O2O模式依旧被称作一个万亿级的市场。那么，未来的O2O营销该怎么做，又有哪些发展趋势呢？如图2-3所示，笔者对其进行了分析整理。

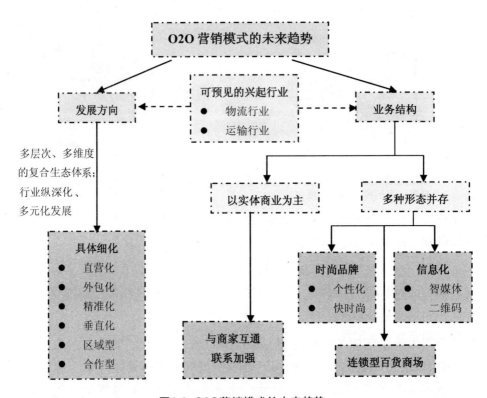

图2-3 O2O营销模式的未来趋势

中国O2O行业的发展面临线下服务商户信息化程度低、线上互联网企业的努力方向和线下商户的切实需求之间存在脱节、线上线下和用户间的合作成本巨大等问题。未来，移动端将成为O2O行业的最重要发展方向，O2O市场将呈现垂直化发展趋势，基于移动互联网的社会化营销将成为O2O的最重要手段。

移动互联网时代，微营销的核心是形成一种全新的人与人之间的关系人群链，人群关系的组织特征体现为社交、本地、移动和个性。微思维的本质是从用户出发，用户群覆盖的范围是不是够大、用户群黏性是不是够高，成为O2O企业能否发展得好的两大标准。

线上店铺不是电商的全部，商家在做的时候不能忽略这一基本事实，传统企业走电商之路，急需微思维。O2O具有连接线上线下的天然特征，能很好地解决传统行业电子商务化的问题，这必将成为互联网渗透实体经济的下一个重点。

当前线下传统行业都在积极推进线上线下的融合，其中，传统行业中本地生活服务O2O市场起步较早，发展相对成熟，未来本地生活服务会朝向移动端、垂直化发展。零售业也开始逐渐寻求线下线上资源的优化整合，进行O2O的转型。未来，线下线上的融合将会向更多的行业扩散。

2.1.2 手机＋"水泥"时代来临

谈及对未来移动互联网领域的看法，搜狗公司CEO、前搜狐高级副总裁、首席技术官王小川认为："从前是'鼠标＋水泥'，随着移动互联网发展，'手机＋水泥'模式将很有潜力。而'手机＋水泥'模式的O2O应用会大量在衣食住行领域出现。对于布局O2O领域的创业公司来说，在线下要扎根扎得稳，在垂直领域要建立自己的核心价值。"

2014年或将成为"传统行业互联网化"的元年，新技术已经开始进军传统行业。伴随着电子商务从B2B（企业对企业）、B2C（企业对客户）、C2C（客户对客户）到O2O（从线上到线下）模式的发展演化，以大数据为支撑的现代物流业飞速发展，商业形态的去中介化、去中心化成为大势所趋。

中国的电子商务经历了十多年的发展，已经进入了快速增长期，市场交易规模也在急剧攀升，越来越多的传统企业开始涉足，网络品牌开始诞生，商城平台开始崛起，第三方服务商开始萌芽，电商业态的构成主体走向多元化并趋于创新和融合，如图2-4所示。

可以预见的是，借助移动互联网、大数据、物联网等工具，传统的产业链将实现重构，产品设计、研发、生产、供应、营销和服务都将发生重大变化。未来几年内，传统的商业模式与移动互联网商业模式将不断进行升级调整，直至彼此渗透融合。

图2-4　电商业态的构成主体

移动互联网和传统互联网相比最大的不同点在于商业模式调整，如图2-5所示。

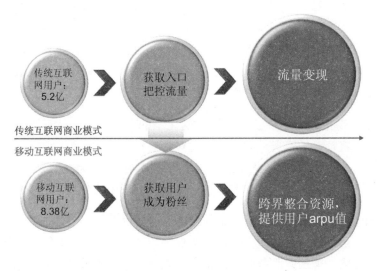

图2-5　移动互联网的商业模式调整

传统互联网的商业模式是通过入口级产品获取用户，把控网络流量，最后通过流量变现来获取盈利；移动互联网的商业模式是通过极致的产品和服务来获取用户，把用户变成自己的"粉丝"，然后通过跨界整合资源来为用户提供更好的用户体验，最终提高用户的ARPU值（Average Revenue Per User，每用户平均收入，用于衡量电信运营商和互联网公司业务收入的指标）。尤其是在影响用户购买行为方面，移动端已经超越电视并开始追赶传统互联网，如图2-6所示。

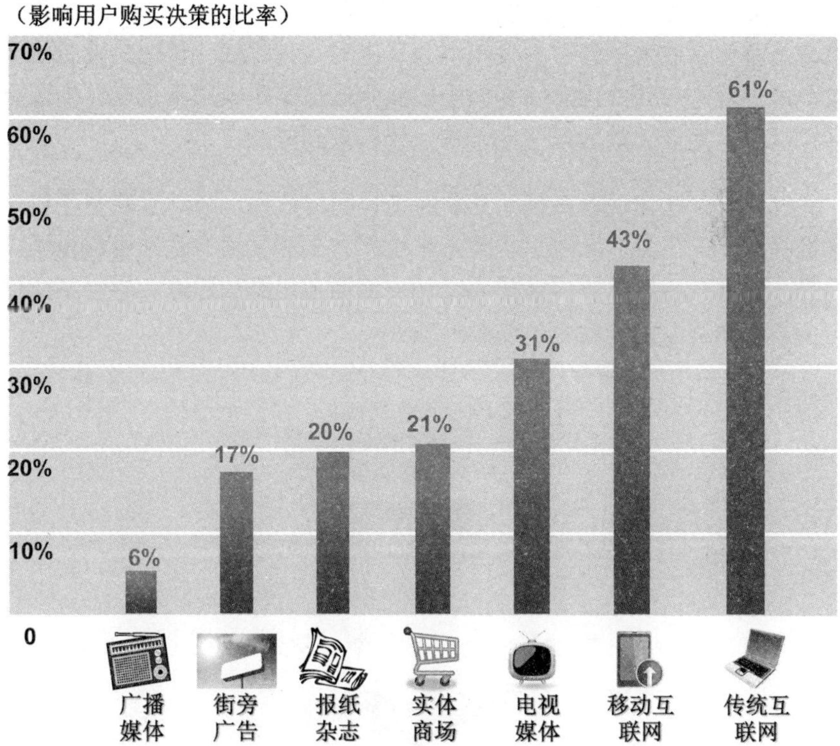

（影响用户购买决策的比率）

图2-6　各种媒体对用户购买决策的影响比率

随着智能手机和平板电脑等移动终端设备的普及，人们逐渐习惯了使用APP客户端上网的方式，而目前国内各大电商，均拥有了自己的APP客户端，这标志着，APP客户端的商业使用，已经开始初露锋芒，这就是互联网思维的影响。

在这个移动互联的变革时代，拥抱变革，等于拥抱未来。但是互联网不能取代一切，即使是互联网时代也需要有人生产制造，因此只有把企业经营的各个环节都做好、做精，企业才能够最终胜出。未来一定是属于那些既能深刻理解传统商业的本质，又具有互联网思维的企业。

2.2 传统企业与移动互联网的融合

移动互联网已经渗透到传统企业运营的整个链条中，从基础应用（如Email发邮件、微信发通知、百度查信息）到商务应用（如在线协同办公、在线销售、在线客服），乃至用移动互联网思维去优化整个企业经营的价值链条。

华为公司轮值CEO胡厚昆曾说："在互联网的时代，传统企业遇到的最大挑战是基于互联网的颠覆性挑战。为了应对这种挑战，传统企业首先要做的是改变思想观念和商业理念。要敢于以终为始地站在未来看现在，发现更多的机会，而不是用今天的思维想象未来，仅仅看到威胁。"

笔者认为，这句话放在移动互联网中也同样适用。移动互联网不仅是可以用来提高效率的工具，它还是构建未来生产方式和生活方式的基础设施，更重要的是，移动互联网思维应该成为我们一切商业思维的起点，它会不断促进传统企业与移动互联网的融合，如图2-7所示。

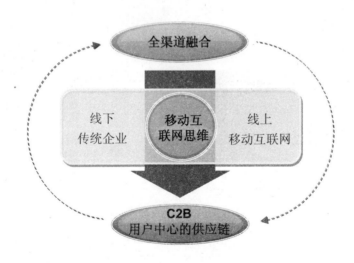

图2-7 传统企业与移动互联网的融合

2.2.1 线上+线下，全渠道融合

O2O最大的贡献是将线上和线下打通，在打通的过程中产生两类投资机会：O2O闭环的各环节建设相比于传统互联网时代的增量市场机会；O2O对于传统企业的互联网化改造后，盘活传统行业存量市场的机会。

　　市场对于O2O的理解往往固定于一种商业模式，但是笔者认为O2O更像是一种思维：从用户体验的角度来看，传统互联网时代用户获取的更多是标准品，用户体验较为单一；而在移动互联网中，用户可以通过线上线下的结合获取更符合自己需求的产品和服务。因此，O2O并没有固定的模式，它的本质是促使"线上＋线下"的全渠道融合，为用户提供极致的用户体验，如图2-8所示。

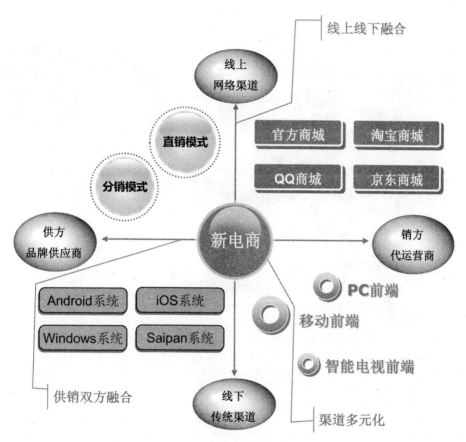

图2-8　"线上＋线下"的全渠道融合

　　随着移动互联网的急速"渗透"及网上购物"流量红利"时代的终结，"O2O全渠道"融合被行业认为是传统企业的最新转型方向。O2O是重构线下价值链的必然之路，蕴藏着无限的商机。移动互联网的3种盈利模式，广告、电商、增值服务均体现在O2O闭环中，如图2-9所示。

　　"简单来说，O2O（Online to Offline）就是线上对线下的销售。"苏宁云商董事长张近东曾这样说。O2O不仅是指实体企业做电子商务，或是电商企业做线下体验，还包括了线上线下多终端的无缝融合。

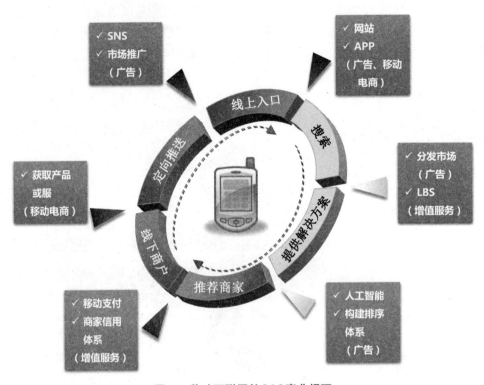

图2-9 移动互联网的O2O商业闭环

> **⚠ TIPS:**
> 　　对于传统企业来说，成熟的移动商业模式应该成为一个闭环，通过线上入口
> 进行移动搜索（结合LBS）来获取用户需求，运用语音识别、人工智能等方式为
> 用户提供解决方案，并为用户推荐商家，然后为用户提供极致的产品和服务，形
> 成线上到线下的引流。当用户消费结束后，利用移动支付进行交易，最后通过
> 社交应用反馈至线上入口。整套闭环系统涉及环节包含线上入口、移动搜索、
> LBS、移动支付、线下商户、社交应用等，涉及了微营销的各个方面。

2.2.2 C2B，用户中心的供应链

　　C2B（Customers To Business）的反向定制模式大家并不陌生，它是用
户需求驱动的产品生产模式，是移动互联网微思维的一种"以人为本"的具体
表现。百度百科对C2B的解释是，用户根据自身需求定制产品和价格，或主动
参与产品设计、生产和定价，产品、价格等彰显用户的个性化需求，生产企业
进行定制化生产。C2B与B2C的主要区别如图2-10所示。

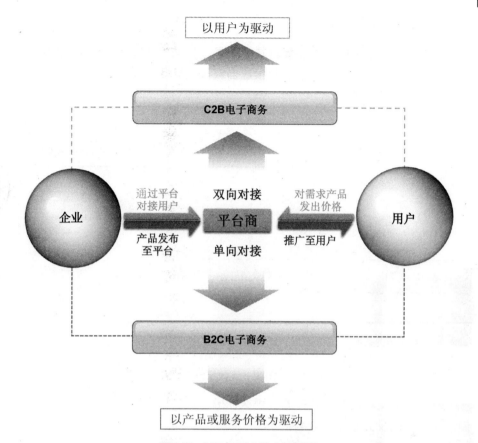

图2-10　C2B与B2C的主要区别

　　例如，举手网是一家C2B模式的反向团购网站，于2012年1月份正式上线，是国内涉足反向电子商务领域较早的网站之一。举手网以促使商品议价权向终端消费者方向转移为主要服务理念。举手网的购物模式的本质是——在规定时间内集合大量零散购买者，成为一个大的购买团体，增强与商家的议价能力。

　　网站联合创始人刘磊介绍说："相比传统电商网站，用户可以在举手网中获得更优惠的价格，而相比其他团购网站，用户则可以自主选择希望团购的商品。"

　　举手网的流程是这样的，当用户在网上（比如淘宝、京东）看到某个商品，想以较低的价格购买时，可以在举手网上发起团购，并通过自己的社交网络进行传播，吸引其他用户参加。

　　该用户发起的团购会在举手网的"最新需求"页面中呈现。其他用户可以对这些需求商品表达"喜欢"，当该商品积累到一定的人气时，网站方面就会开始寻找、联系供应商，确保货源质量，商讨价格。

简单来说，举手网在做的事情其实就是，先通过线上网站获得一定量的意向订单，然后拿着这个订单量去和供应商谈判，获得较低价格，再将商品出售给用户，如图2-11所示。

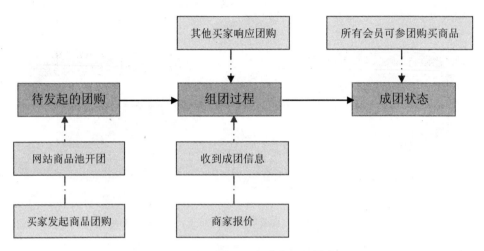

图2-11 "团购＋反向定价"的模式

如果从实现难度及层级来看，那么C2B存在的模式有预售模式、模块化定制、深度定制及大数据定制4种。

（1）预售模式。即通过聚合用户的需求组织商家批量生产，让利于用户。天猫双11的节前预售，即属于这种形式。其流程是在提前交定金抢占双11优惠价名额，然后在双11当天交尾款，这是双11天猫最大的亮点，如图2-12所示。此类C2B模式对于企业的意义在于可以提前锁定用户群，可以有效缓解B2C模式下企业盲目生产带来的资源浪费，降低企业的生产及库存成本，提升产品周转率，对于商业社会的资源节约起到极大的推动作用。

（2）模块化定制。定制只是聚合了用户的需求，并不涉及在B端产品环节本身的定制。模块定制属于C2B商业模式里的浅层定制，它为用户提供了一种模块化、菜单式的有限定制，考虑到整个供应链的改造成本，为每位用户提供完全个性化的定制还不太现实，目前能做到的还是倾向于让用户去适应企业既有的供应链。例如，微信公众平台就是采用一种模块定制的方式，如图2-13所示。

（3）深度定制。深度定制也被称为参与式定制，用户能参与全流程的定制环节。企业可以完全按照用户的个性化需求来定制，每一件产品都可以算是一个独立的SKU（Stock Keeping Unit，库存量单位）。目前深度定制最成熟的行业当属服装类、鞋类、家具定制。例如，3D打印机也属于C2B时代的产物，如果能解决快速批量定制的难题，它将引发下一次的工业革命浪潮。

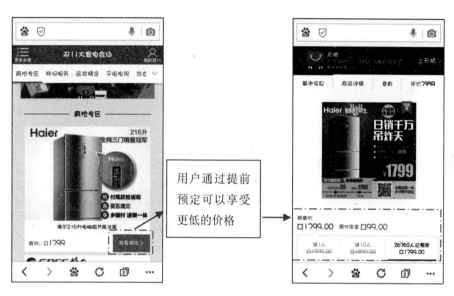

图2-12 天猫双11的"聚定制"模式

图2-13 微信公众平台的"模块定制"模式

（4）大数据定制。例如，在2013年底天猫已经启动了数据共享计划，将他们沉淀的行业数据分享给企业，从价格分布、关键属性、流量、成交量、消费者评价等维度建模，挖掘出功能卖点、主流价格段分布、消费者需求、增值卖点来指导企业的研发、设计、生产。大数据定制即帮助企业更好地满足用户的需求，也有助于帮助企业减少库存、提升销量。规模化的结果是用户和企业一起瓜分减少的成本。而且这种C2B模式的C是全网用户，并不需要兴师动众地组织团购，组织投票，组织调研。

模块化定制、深度定制、预售模式、大数据定制均可以最大限度地降低个性化的成本，在规模化的同时又可以满足一些群体具有交集的个性化需求，它让一部分人群可以个性化。这更多是为了节省生产资源、降低库存压力、提高产销比。

C2B模式的确是一种创新的商业思维，但其操作比较复杂。例如，举手网上线后的反馈结果很多，最主要的一点就是网站功能设计复杂，学习成本高，用户体验不好，从而导致用户黏性低，最终被举手网放弃。因此，在应用C2B模式中，企业需要掌握图2-14所示的关键点。笔者认为，C2B电子商务网的开发潜力是非常大的，因为它能帮助用户快速购买到自己称心的商品，企业必须贯彻移动互联网时代的微思维，将C2B打造为致力于用户个人消费的舞台。

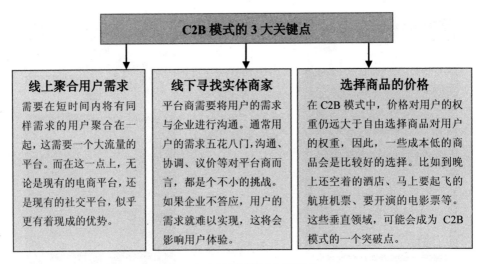

图2-14 C2B模式的3大关键点

! TIPS:

在C2B电子商务领域，目前最知名的还属国外从酒店预订起家的Priceline。Priceline所创立的"Name Your Own Price"（客户自我定价系统）可以说是独树一帜的，被认为是网络时代营销模式的一场变革。Priceline充分利用酒店的闲置资源，由用户选择酒店等级、区域、日期和价格，系统则根据酒店给出的底价自动进行匹配。用户可以通过网站以非常低廉的价格订到高级别的酒店，酒店方合理出售了闲置资源，Priceline网站则获得了用户出价与酒店底价中间的差价。

2.2.3 移动互联网思维，根本的商业革命

根据百度的解释，移动互联网思维，是一种多维网络状的生态思维。这种生态思维，以节点彼此连接，形成大小不同的生态圈；不同生态圈之间也彼此连接形成"更大生态圈"；"更大生态圈"再彼此连接，形成"更大的更大生态圈"或系统，并以此类推，没有终极。

1. 两大要素：连接和圈子

万物之间可以直接并实时进行连接，这是移动互联网不同于互联网的核心差异点，由此带来了加速的消费者参与感并促成商业生态的演进，如图2-15所示。

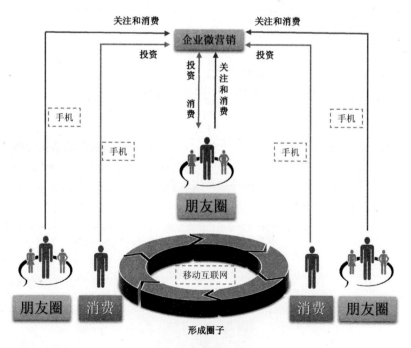

图2-15 连接和圈子

早在二十世纪末，美国社会学家保罗·莱文森就在《手机》一书中预言，

手机将成为人体的一个新器官："手机不仅有移动的功能，而且有生命和创造的功能。"

如今，手机已经牢牢"长"在了人们的身上，人们临睡前抚摸的最后一个物件是手机，醒来后第一个摸索寻找的物件也是手机。手机已不仅仅是一个通信工具，它变成了人与外部世界连接的超级终端。

这个连接包括两个层面的意思：节点之间是彼此连接的，连接的节点形成圈子；圈子与圈子之间也彼此连接，形成更大的圈子或系统。

另外，圈子也有两层涵义：圈子本身是通过节点彼此连接形成的，圈子有大有小；无论圈子大小，都是达成可以内部良性循环的生态圈。

2. 两大特性：去中心化和粉丝运营

在用户、服务和设备越来越智能的未来，通过移动互联网的连接，未来智能化的物品将会彼此连接，成为一个强大的生态圈。商业关系也会随之发生微妙关系。用户与用户之间的关系不再是相对孤立的，而是成为一个可以互相影响的群体。企业也告别了高高在上的姿态，开始以体验设计为核心，与用户共同创造新的商业模式，如图2-16所示。协调多方关系，构建商业生态社群，将成为未来商业的主要方向。

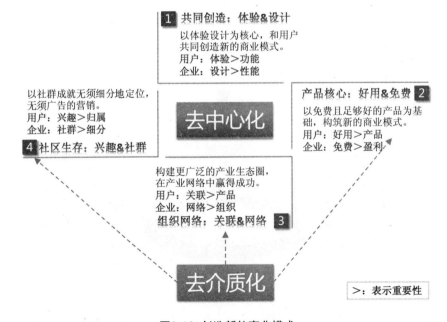

图2-16 创造新的商业模式

云来科技创始人兼董事长、资深互联网专家谌鹏飞曾说过："去中心化和去中介化的趋势和力量，日益改变着社会生活的面貌，也在多个方面改变着现实的商业规则，包括商业模式创新、产品发展战略、营销传播战略、企业生产的组织模式，都呈现出一系列新的特征。"

可以说，在移动互联网时代，能带来极高的附加价值的运营，必定是"去中心化"的"粉丝运营"。

（1）去中心化："去中心化"是指所有的节点、在生态圈中都是平等的，没有上下、高低、左右、前后、轻重之分。当众多节点一起连接到某一个节点时，这个节点就成为节点簇，也是一个临时中心。当众多节点断开与这个节点的连接时，这个节点又成为普通节点。因此，去中心化不是不要中心。去中心化不仅体现在节点层面上，也同样体现在圈子层面上。

（2）粉丝运营：粉丝之间是一种互亲、互爱、互惠、互利的关系，而不是竞争、斗争、战争的关系。因此，"粉丝运营"是个精细活，是小而美的运营。在这个领域，即便巨头有心介入，但最终胜利者也必将是运营者。

在去中心化和粉丝运营的基础上，品牌社群的建立让企业更加接近用户思维，通过建立一个活跃的社群，企业不需要针对"目标细分人群"开展针对性传播，更不需要判断谁是潜在用户，如图2-17所示。在同一个社群内，聚合的都将是企业的真实用户和潜在用户。

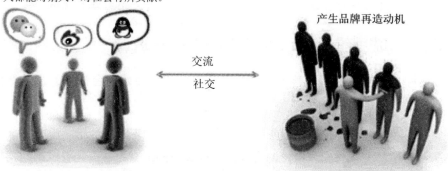

社会资产（Social assets）：
社会的实质财富是"人"，每个人都能对别人、对社会有所贡献。

产生品牌再造动机

交流
社交

图2-17　品牌社群的建立

因此，笔者认为，在移动互联网思维下，"工具＋社群＋电商"的三位一体化模式将成为移动互联网时代的主流模式。例如，微信就是一个非常典型的案例，它从一个社交工具，加入了朋友圈点赞与评论等社区功能，继而添加了微信支付、精选商品、电影票、手机话费充值等功能。

2.3 微营销的移动互联网新思维

移动互联网带来的改变仿佛发生在一夜之间。传统的大众传媒发现受众正在大幅度减少，电视开机率下降、都市报刊亭关闭、杂志订户锐减、出版业萧条，甚至进入21世纪以来一直红火的广播电台也感受到了巨大冲击，虽然交通越来越堵，但听广播的人数却在减少，即便大堵车的时候，司机也不听广播了。

这些行业的受众去哪儿了？

> **！TIPS：**
> 受众指的是信息传播的接收者，包括报刊和书籍的读者、广播的听众、电影电视的观众、网民。受众从宏观上来看是一个巨大的集合体，从微观上来看又体现为具有丰富的社会多样性的人。

他们正在进行一场史无前例的快捷移民，目的地只有一个：手机。大众传媒的所有用户转眼之间都转到了移动终端。

你有理由相信，移动互联网时代是大势所趋，到时会有无数人为了同一个目的，挤破头皮也要抢占一席之地。可以想象那个疯狂的时刻，不仅要有先机，还要有手段，这个手段就是移动互联网的微营销思维。在移动互联网时代，如果你没有符合移动互联网的一套营销方案，那就不能保证你的"战斗力"，更不能保证你在未来的移动互联网时代有一个好的开端和结局。

2.3.1 真诚思维：互联网的生命力在于真诚

要做好移动互联网的营销传播，首先要知道互联网平台传播的本质是什么：互联网的本质是真诚。

在互联网上，大家可以畅所欲言，可以说平日里不敢说的话，曝光普通媒体不管的事，而真正成为舆论的主人。要在互联网上立足，首先要做到的就是真诚，因为互联网用户群巨大，虚假的东西总会被人说破。下面，先给大家看一个典型的案例。

不久前，一条关于当当网产品经理偷拍女厕所的微博引发热议。一名脚踩橘色人字拖、身穿白色半袖衬衫和黑色长裤的男子被多人围住，男子略带哭腔、跪地作揖求饶，"让我走吧，求你们了，求你们了。"周围员工则大喊报警。求饶过程中，该男子试图起身逃跑，但被众人拦下。

一时间网络哗然，甚至有网友将矛头指向当当网。对于当当网来说，这可谓是致命的品牌危机。一般来说遇到这种事，公司会不承认或不予理睬，可熟知互联网本质的李国庆没有这么做，而是当下做出了回应，如图2-18所示。

当当网李国庆 ✅：此犯事者是我的同事，数字书事业部的，工作勤奋！向受惊扰美眉道歉！希望派出所念其初犯，认错态度好，从轻发落！也肯请大家给他自新机会。更望此员工振作，重新挺起1.9米身驱，我26岁时也犯过错。谢谢人民网在报道中隐去其名！如发布视频者能删掉这段，我愿跪谢！

> @人民网 ✅：【网爆当当网经理偷拍女厕所被抓 跪地求饶】据网友微博曝料：6月29日晚，在北京静安中心一男子用手机偷拍女厕所，当即被逮个现行。此男当时手里拿着手机，胸前挂着当当网的工牌，职位是产品经理。从视频中可看到，此男十分后悔，忙承认错误请求原谅。目前此男身份暂未得以证实。http://t.cn/zWbgQrj

今天 21:44　来自新浪微博　　　　　　　　转发(511) | 评论(169)

图2-18 当当网李国庆微博回应"偷窥"事件

李国庆不仅没有逃避责任，而且也没有像其他公司那样把犯错员工列为害群之马或者与其撇清关系，反而还代其向公众道歉，请求原谅，并承诺若发布者愿意删除这段视频，将要跪谢，同时还称赞这名员工平时工作勤奋，并就此事件特向受惊者道歉，也恳请派出所念其初犯，认错态度好，从轻发落。

随后，此微博被广泛关注，部分网友称赞李国庆是个有担当的好领导。李国庆这样的胸襟和气度，立刻扭转了大家对当当网的负面印象。这次成功的危机处理，诠释了互联网的生命力在于真诚，而非隐藏和掩盖。

2.3.2　数据思维：用数据说话

在移动互联网时代，作为对应用大数据需求迫切的企业，只有重视用户需求，不断提升自己在数据积累时间和范围上的广度和深度，强化自身大数据分析、处理上的技术能力，通过建立统一的数字营销平台，实现跨媒体间的广告精准分析和投放，才能实现"精准营销"。

通常，企业里面到处都充斥着数据。事实上各行各业的数据量均经历了几何级数的增长，无论是医疗卫生还是金融，抑或是零售业还是制造业。在此类海量数据库中，隐藏着无数商业秘密，也孕育着很多机遇及潜在的成功。

大数据意味着大商机，这是一个大的，也可以说是重中之重的事项。对于企业来说，无论是已经开始做大数据，还是已经开始希望做大数据的项目，研究结果表明：有一个企业或者组织利用大数据技术，另一个企业却没有利用，未来它们的财务状况会出现明显的不同。

因此，在今天这样一个数字驱动的大环境下，企业必须能够制定周密计划并且实施可行的解决方案以管理大数据。

当Twitter都可以从自己的数据价值中获得不菲的利润时，那么任何有大数据平台的企业都蕴含着极大的商业价值。比如，腾讯QQ、微信、淘宝、天猫、新浪微博以及视频用户流量等都是如此。只是企业如何把大数据中的商业价值挖掘出来，并且得以合理应用却是一个难题，这也是大数据应用的价值所在。

如今，数据分析模式正在发生大的转变，当然这一点也为企业带来了真正的机会。大数据平台让所有企业能够通过这种模式转变所提供的洞察力优势，来获得显著的竞争优势。

例如，"今日头条"APP并不是单纯地依靠用户自己选择的内容来获取用户感兴趣的新闻分类，而是在用户使用的过程中，一次次对用户行为进行分析甄别，如图2-19所示。用户每一次的阅读和选择，都会成为一个独立的数据库，用户点击的新闻内容也会被分析。

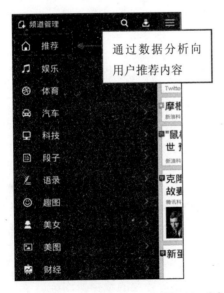

图2-19　"今日头条"APP界面

举例来说，从来没有看过体育新闻的用户却点击过数条"贝克汉姆"的新闻内容，说明这个用户感兴趣的不是体育，而是"贝克汉姆"本人，因此，下次有"贝克汉姆"的消息时，用户便不会错过。而同样的道理，不管你是否对某一方面的内容感兴趣，"今日头条"APP都能感知你的喜好，甚至比你更了解你是否会喜欢这样的一条内容，这就是"今日头条"用大数据获取的信息优势。

大数据并不是新的概念，在移动互联网发展起来后，数据增长速度加快，整个产业压力突出，在传统数据库技术已无法满足运营商对大数据充分利用的需求的背景下，大数据成为近年来的热点。

企业不仅可以用数据来挖掘存量用户的价值，还可以通过数据来更高效地获得新用户。"社交"对于寻找新用户来说无疑打开了一项新的机会之门，而大数据技术正革命性地改变着数字世界中市场推广的游戏规则。

（1）社交网络信息挖掘。通过社交网络信息的挖掘，可以让聪明企业取得共赢的结果。如银行和航空公司可以从用户的微博信息中，发现他们是否正在考虑换银行或订机票的需求。

（2）实时竞拍数字广告。通过了解用户在手机上的搜索、浏览等行为，移动广告平台可以为广告主提供最有可能对其商品感兴趣的用户群，从而进行精准营销；更长期的趋势是，将广告投放给最有可能购买的用户群。这样的做法对于广告主来说，可以获得更高的转换率，而对于发布广告的网站来说，也提高了广告位的价值。

随着全球定位系统（GPS）、个人GPS设备、手机定位功能的出现，时间和位置的信息一直在增加，如图2-20所示。用户在使用智能手机查看地图时，也能查看到自己的位置。

许多公司已经开始意识到掌握客户的时间与位置数据的威力，它们开始尝试从客户那里收集这类信息。从收集个人、资产的时间和位置数据开始，企业可以快速地进入大数据领域。不过，时间和位置数据是对隐私最敏感的一类大数据，其中甚至还存在道德和伦理问题，但从好的方面想，它们被合理使用的可能性同样也会很高。

图2-20　地图APP的定位功能

例如，某消费者要在17：30离开办公室，大约在18：00到达商业街并要找地方吃饭，他想了解你的商店或餐馆在那个时间有什么食物。你需要在那个时间那个地点提供匹配他需求的可口饭菜，而第二天早上才通过电子邮件告诉他相关的信息显然太迟，你必须在他到达商业街时主动推送相关消息。

微营销领域渐渐显露出来的一个趋势是，只对刚好处在某个时间段和某个地点的客户才会针对性地推送通知信息。与根据大范围的时间和地点发送的通知相比，这种通知的效果更好，针对性也更强。

另外，增强型社交网络（如婚介公司）也可以使用此类数据。无线运营公司可以根据语音和文本交流信息识别出用户间的关系，借助时间和位置数据可以识别出哪些人在同一时间出现在了同一个地方。如果能识别出哪些人大约在同一时间同一地点出现，就能识别出彼此不认识、但有共同爱好的群体。

大数据时代主要是对技术的综合运用和对数据的深度挖掘。尤其是对于运营商来说，大数据带来的机会大于挑战。运营商有自己的网络，积累了大量非常有价值的数据，可以进行客户分析。利用网络收集数据，这对运营商运营方式的改变是个机会。

例如，电信运营商不仅可以利用自身在运营网络平台的优势，更可以突破传统模式，发展大数据分析服务、移动营销等高端大数据业务。随着大数据的技术成熟和应用的推广，运营商将可以围绕数据标准化、精准营销、优化用户服务体验、提高业务效率4个方面来强化大数据的应用，提高运营商在企业和个人用户中的影响力。

!TIPS:

笔者认为，大数据的核心价值理念也是商业价值，探求其中蕴含的商业价值对于任何大数据的应用、分析、整合都是非常必要的。当然，大数据应用和分析最终的目的还是给企业带来更好的收益，技术积累后的优势会在经营中体现出来，这样的结果才是我们所需要的。

2.3.3 互动思维：独乐乐不如众乐乐

传统媒体时代的信息传递是灌输式的，人们只能被动接收，而移动互联网的出现则改变了这一切：人们不但可以通过搜索引擎精准地获得自己想要的信息，还可以通过社交工具彼此交流信息。

例如，笔者的好友小王最近迷上了一款名为"街旁"的手机签到APP，可以在任何自己感兴趣的地方标注一下，有的时候还可以意外收获一些小惊喜，或者获得一枚小徽章。"街旁"是一个基于地理位置的社交应用。使用"街旁"，用户可以通过在手机上"签到"这样一个简单行为，记录与分享真实生活、和朋友互动、更可享受商户提供的实惠折扣。

初次进入手机街旁网，程序会贴心地显示街旁网的简单介绍，如图2-21所示。如果之前没有接触过街旁网，那么通过阅读这几篇简介就可以对街旁网有个大概的认识。当然，街旁网的老用户就可以直接点击"继续"按钮开始街旁之旅了。

图2-21　初次打开街旁网会有简单介绍

进入主界面后，可以看到非常醒目的橙色"签到"按钮，点击该按钮后会根据用户所在地点列出附近一些热点位置，如果没找到合适的地点，还可以在上方的搜索栏中输入关键字进行搜索。在签到的同时，用户还可以拍摄照片或添加文字描述，如果用户的街旁账号已经绑定了其他SNS网站的账号，还可以将这条状态同步分享出去，如图2-22所示。在街旁记录的生活时光，可灵活同步分享到新浪微博、腾讯微博、微信、人人、豆瓣以及QQ空间等平台。

完成首次签到之后，即可获得一枚"欢迎新同学"徽章。徽章系统是街旁吸引用户的一大特色，用户可以通过简单的几次签到获取制作精美的徽章，比如在某地签到、一天内签到次数达到一定数量等。有收藏爱好的用户一定会想方设法收集更多的徽章，作为向好友炫耀的资本。

使用新街旁的场景标签和人物标记，用户的每一次生活记录都是"有血有肉"的故事，并汇聚成引以为傲的个性生活篇章，如图2-23所示。

图2-22 签到的同时还可以同步到其他SNS网站

图2-23 完成第一次签到获得"欢迎新同学"徽章

另外，新街旁实现了线下交友的崭新方式，通过美食、旅行、音乐、电影等场景标签，用户可以发掘自己感兴趣的内容，结交志同道合的朋友。

> **TIPS:**
> 街旁APP的广播功能，类似微博，用户可以发表一些简短的消息，同时可以同步到微博、人人网等其他网站中。探索页面中，可以查看用户所在地点周围是否刚好有好友，同时还可以查看今日街旁计划，即针对街旁用户的各种优惠活动等。

街旁网可以说是国内一款最早将NFC和LBS结合，并用于O2O方向的APP。新媒体、新通信技术的发展改变了受众以往的触媒习惯，我们不但可以随时随地地主动获取信息，而且可以随时随地地在线互动、随时分享。另外，街旁网的营销方式生动、有趣、令人印象深刻，有效的互动由线上延展到线下，成功达到了市场宣传推广的目标。

LBS移动应用鼓励消费者到店消费，通过O2O模式为本地商户提供了电子商务价值。当电子商务企业把PC端的服务转到移动端上，并加入LBS的元素之后，其营销会变得更加精准。

互动思维意味着企业和用户的交流越来越重要，这就要求在企业价值链的各个环节充分考虑用户体验，在互动中寻找消费者需求，在互动过程中和消费者做朋友，提升产品价值。

2.3.4　产品思维：抓住用户的兴奋点

移动互联网正在引发经济的千年变局，传统经济时代追求"高上大"，移动互联网时代则是"小而简"。

在传统经济时代，产品同质化十分严重，大多数的企业都奉行"概念营销"。所谓概念营销，是指企业将市场需求趋势转化为产品项目开发的同时，利用说服与促销，提供近期的消费走向及其相应的产品信息，引起用户关注与认同，并唤起用户对新产品期待的一种营销观念或策略。

而在移动互联网时代，要求企业转变理念回归价值链的核心——产品。用移动互联网思维重塑传统企业的产品，需要颠覆从前的固有思维，把准时代的脉搏，抓住用户的兴奋点，打造极致的、让用户"尖叫"的产品。

例如，2014年7月22日下午4点，小米年度发布会上第二款产品小米手环亮相，小米手环延续了小米产品一贯的高性价比，定价仅为79元，如图2-24所示。小米手环采用铝合金表面，激光微穿孔，拥有众多功能如下。

（1）手机解锁不用输密码。

（2）监测运动量、智能闹钟震动唤醒。例如，用户可以通过手机应用实时查看运动量，监测走路和跑步的效果，还可以通过云端识别更多的运动项目。

（3）小米手环能够自动判断佩戴者是否进入睡眠状态，分别记录深睡及浅睡并汇总睡眠时间，帮助用户监测自己的睡眠质量。

（4）小米手环配备了低功耗蓝牙芯片及加速传感器，待机可达30天。

（5）支持IP67级别防水防尘，意味着日常生活，甚至洗澡都无须摘下。

图2-24 小米手环的产品介绍

小米手环可以与手机通过低功耗蓝牙（BLE）实时连接，将运动与睡眠数据同步至手环APP，每次打开APP即可看到当前最新数据，无须点击同步，如图2-25所示。小米手环APP会记录用户全年运动数据，并提供健康建议，用户还可以把数据分享到微信、QQ或微博，和好友比一比谁的生活更健康。

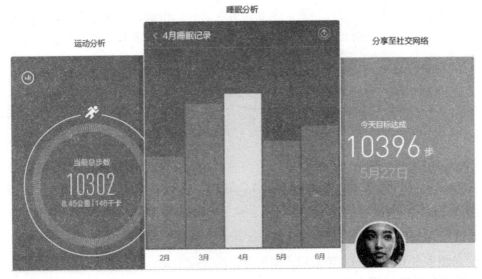

图2-25 数据可同步至APP

　　智能手环或者智能穿戴设备现在对于绝大多数用户来说是个基本无用的产品，如果价格没到特别吸引人的时候，大多数人可能都不知道它是用来干什么的，而小米这79元的手环可能会让智能手环被更多人所了解。手环是什么？这是个兴奋点，是个满足消费者心理需求的兴奋点。

　　对于小米这个品牌有一个不争的事实，它充分抓住了用户的兴奋点，拉低了智能产品，尤其是手机产品的售价，使用户得到了实惠，但与此同时它又将饥渴营销做到了极致。以低价去冲击市场不失为培养用户使用习惯的一种方法，当初小米手机刚出来时就是以低价为人所知。而同样的，现在小米想要用低价让人们知道小米还推出了手环。

　　从小米的案例回头看这几年流行的应用产品，每个案例都能很清楚地看到那个"兴奋点"。用极限思维打造极致的产品，方法论有三条，如图2-26所示。在这个社会化媒体时代，一切产业皆媒体，好产品自然会形成口碑传播。尖叫，意味着必须把产品做到极致；极致，就是超越用户想象。

图2-26　用极限思维打造极致的产品

2.3.5　品牌思维：展现品牌营销的巅峰级智慧

　　随着经济的发展和生产力的提高，经济市场也逐渐从卖方市场转向买方市场，在供过于求的情况下，消费者具备了"货比三家"的现实条件。所以，越来越多企业有了品牌意识，也认识到在消费者日趋主动的市场环境里，唯有实施品牌战略才可能占领市场。

　　怎样才能让用户在这泥沙俱下、纷繁杂乱的信息海洋中发现并看好自己的品牌，确实是摆在每一个企业面前的重要课题。要做好品牌营销，需要掌握以下5个方面的要素。

　　（1）把好质量大关。任何产品，其恒久、旺盛的生命力无不来自稳定、可靠的质量。

　　（2）确保诚信至上。人无信不立，同理，品牌失去诚信，终将行之不远。

　　（3）进行准确定位。著名的营销大师菲利普·科特勒曾经说过：市场定位是整个市场营销的灵魂。的确，成功的品牌都有一个特征，就是以始终如一的形式将品牌的功能与消费者的心理需要连接起来，并能将品牌定位的信息准确传达给消费者。

> **❗ TIPS：**
>
> 　　市场定位并不是对产品本身采取什么行动，而是针对现有产品的创造性思维活动，是对潜在消费者的心理采取行动。因此，提炼对目标人群最有吸引力的优势竞争点，并通过一定的手段传达给消费者，然后转化为消费者的心理认识，是品牌营销的一个关键环节。

　　（3）打造鲜明个性。单一可以赢得目标群体较为稳定的忠诚度和专一偏爱；准确能提升诚信指数，成为品牌营销的着力支点。个性十足、鲜明独特的诉求，就较容易得到消费者的认同，品牌形象也伴随着这些朗朗上口的广告语而迅速建立。相关数据显示，吸引用户下载品牌APP的最大原因分别是：有趣的小游戏（43.8%）、有帮助的小工具（37.2%）和喜欢该品牌（23.1%）。

　　（4）传播途径巧妙。在同质化的市场竞争中，唯有传播能够创造出差异化的品牌竞争优势。随着HTML 5标准化进程的快速发展，HTML 5技术已为打造跨平台移动应用做好准备。品牌移动阵地将是移动网站、Web APP以及本地APP多种形式并存。笔者认为，结合云技术和社交概念是品牌APP最直接的卖点。通过云技术与APP相结合，既可以显著降低运维成本，又可以为用户提供即时信息和互动。另外，云技术还有助于通过深入了解用户行为挖掘商业价值。例如，iOS版的Dropbox云平台可以让用户通过简洁直观的方式在iPhone、Mac及PC平台无缝保存及共享文件，如图2-27所示。

　　（5）树立品牌符号。品牌是浓缩着企业各种重要信息的符号，把企业的信誉、文化、产品、质量、科技、潜力等重要信息合成一个品牌符号，着力塑造其广泛社会知名度和美誉度，烙印到公众心里，使产品随品牌符号走进消费者心里。这个过程就是打造品牌的过程。生活中，这些品牌符号已经留给用户很深刻的印象，非常容易从众多APP的图标中胜出。因此，在设计知名品牌的APP启动图标时，应该充分使用它的品牌LOGO。如图2-28所示，用高雅的轮廓、优美的线条去表现一款瑜伽应用程序图标，可以唤起用户的好奇心，从而吸引用户使用。

图2-27 Dropbox云平台

图2-28 树立APP品牌符号

简单来讲，品牌思维就是把企业的产品特定形象通过微营销深刻地映入消费者的心中，即企业通过利用消费者的产品需求，然后用质量、文化和独特性的宣传来创造一个品牌在用户心中的价值认可，最终形成品牌效益的营销策略和过程。

在品牌思维的指导下，企业可以通过运用各种微营销策略使目标客户形成对企业品牌和产品、服务的"认知-认识-认可"的一个过程。品牌思维从高层次上就是把企业的形象、知名度、良好的信誉等通过移动互联网展示给消费者或者顾客，从而在顾客和消费者的心目中形成对企业的产品或者服务品牌形象，这就是品牌思维。

❗TIPS:

笔者认为，企业产品的核心竞争力就在于它的附加值。但附加值是从哪里来的呢？这来自于消费者对品牌的认同。为什么苹果计算机、手机等产品卖得那么贵，还能卖得那么好？这就是因为苹果产品具有很高的附加值，消费者喜欢苹果这个品牌。所以说，好产品是企业竞争力的基础，但只有基础是不够的，还需要用品牌APP营销的方法把好产品的价值激发出来。

●利用APP广告自身的特点，如：精准性、互动性、位置化、延续性、强用户黏性等，决定了它能够为企业提供更具个性化、到达率的广告服务。

●智能手机的价格决定着它所对应的消费人群的收入水平（也较高），而APP是打发碎片化时间的最好方式。

●APP的形式丰富，种类繁多，可以针对不同的人设计不同的APP，而且APP的广告位唯一，精准性更强，结合手机表现的创意空间更大，这也为经典且难以复制的营销案例的诞生创造了条件，促使品牌和产品在竞争中脱颖而出。

第3章

左手微博，微营销的主要力量

在各大企业纷纷加入微博的背后，是微博作为社会化媒体对传统营销产生巨大冲击的直观表现。微博不仅作为全新的互联网交流工具在改变人们的生活，而且，作为营销工具，微博也在营销领域掀起了一场革命。微博可以成为品牌营销的利器、市场调查与产品开发的创新工具、危机公关的理想选择……

◇ 微营销，从微博开始
◇ 微博营销的3个步骤
◇ 微博营销策略

3.1 微营销，从微博开始

在Twitter引爆微博这一概念后，微博在中国获得了爆炸式的发展，成为中国互联网最耀眼的明星。与此同时，中国企业也进入了微博营销时代，一些有远见的企业已经意识到并利用微博推动着它们的事业。

微博140个字的限制将普通平民和各行业大佬拉到了同一水平线上，这一点导致大量原创内容爆发性地被生产出来。微型博客（即微博）的出现具有划时代的意义，标志着个人互联网时代的真正到来。

但是，如何从短短的140个字中攫取丰厚的利润，这是所有企业微博用户都十分关心的问题！

3.1.1 什么是微博

微博，是一个基于用户关系的信息分享、传播以及获取的平台，允许用户通过Web、Wap、Mail、APP、IM、SMS以及各种客户端，以简短的文本进行更新和发布消息。随着网络的发展，这些消息可以被很多方式传送，也可以发布多媒体内容，如图片、影音和出版物等，字数通常限制在140个字以内。

微博是用来沟通的，一个人说，其他人听，然后彼此反复讨论。微博的出现使信息的书写、人际信息的传播更加即时，使人们能够更方便地表达自己，更方便地获取信息。微博用户可以通过手机、客户端等方式来即时更新自己所掌握的信息，这打破了以往媒体更新的时间、地域限制。因此，微博被称为"永不落幕的新闻发布会"，在微博上，每个人都是新闻记者，每个人都可以"现场直播"，如图3-1所示。

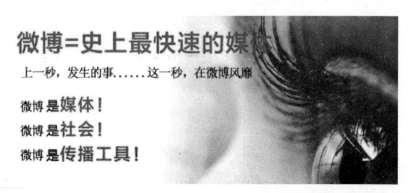

图3-1 什么是微博

3.1.2 微博的特性

微博的自媒体性质非常突出，QQ、短信解决的是点对点的传播问题，而微博解决的是一个点对一个巨大面的传播问题，其特性如图3-2所示。微博，每一张图片、每一段文字、每一首歌、每一段视频背后都有它自己的故事，这故事可能默默无闻被放在心底，也可能阴差阳错被触动，因某一次转发而一夜走红。

便捷性	背对脸	原创性
✓ 微博在语言的编排组织上，没有博客那么高，只需要反应自己的心情，不需要长篇大论，更新起来也方便； ✓ 微博开通的多种API使得大量的用户可以通过手机、网络等方式来即时更新自己的个人信息。	与博客上一一面对面的表演不同，微型博客上是背对脸的Follow5（跟随我），就好比你在计算机前打游戏，路过的人从你背后看着你怎么玩，而你并不需要主动和背后的人交流。可以一点对多点，也可以点对点。	微博网站现在的即时通信功能非常强大，通过QQ和MSN直接书写，在没有网络的地方，只要有手机也可即时更新自己的内容，哪怕你就在事发现场。

图3-2 微博的特性

另外，微博设有转发功能，用户可以对收到的信息进行转发，所有关注他的人都可以看到这条消息，如果这些"关注者"继续进行转发，微博的传播规模就呈几何级增长。这种传播速度让微博远远高于之前任何一种媒介产品的传播速度和传播广度，具有无可比拟的裂变传播能量，如图3-3所示。

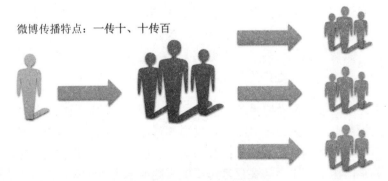

图3-3 微博的传播能力十分强

微博的崛起，不仅是数量的增加，还因其囊括了各个阶层。北京市公安局开通微博发布信息，大陆唯一的省级官方微博"微博云南"开通，大陆演员姚晨成为"微博女王"，因奥运退赛一度人气受损的刘翔在腾讯的微博竟然拥有3 250多万粉丝，如此大的数量除央视春晚和新闻联播外，恐怕很少有媒体可与之抗衡。

由于微博带有鲜明的"自媒体"特征，从而进一步改写了传统新闻业的新闻产制标准。新闻报道已经从记者编辑所从事的专门职业行为转向社会公众借助微博等自媒体共同参与的公共活动。

自媒体（We Media）又被称为"公民媒体"或"个人媒体"，是指私人化、平民化、普泛化、自主化的传播者，以现代化、电子化的手段，向不特定的大多数或者特定的单个人传递规范性及非规范性信息的新媒体的总称。自媒体是"所有人面向所有人"的传播，在新闻时事报道速度、新闻背景的立体化呈现、新闻报道的在场感与互动性等方面和传统媒体相比有着独特优势。

微博发布信息具有低成本、易得性以及节点传播特性，进一步推进了新闻信息发布和扩散的速度，尤其是在对突发事件的报道方面，微博蕴藏着巨大的能量。

从信息传播的角度看，网络带来的革新体现在两个工具上：搜索引擎和微博。正如某网友所说："搜索引擎消融了获取信息的权力，微博则瓦解了发布信息的权力。"正是微博的这些特点让它成为社会化媒体的新宠，也正是这些特点让它在信息时代发挥着无法替代的作用。

3.1.3 什么是微博营销

虽然，微博进入中国才短短几年，但其带来的营销力量却是惊人的。在互联网与移动互联网快速发展的时代，微博凭借其庞大的用户规模以及操作的便利性，逐步发展成为企业微营销的利器，为企业创造了巨大的收益。网络营销发展迅速，微博营销作为网络"微营销"的"左手"，具有非常火爆的人气，是各大企业与商家营销推广的重要平台。

微博营销是指通过微博平台为商家、个人等创造价值而执行的一种营销方式，也是指商家或个人通过微博平台发现并满足用户的各类需求的商业行为方式。微博相对于强调版面布置的博客来说，其内容由简单的语言组成，对用户的技术要求门槛很低，而且在语言组织编辑的要求上也没有博客高。在微博平台，用户只需要用很短的文字就能反映自己的心情或者发布信息的目的，这样便捷、快速的信息分享方式使得大多数企业与商家开始抢占微博营销平台，利用微博"微营销"开启网络营销市场的新天地。

在微博营销平台上，每一个用户（粉丝）都是潜在的营销对象，企业可以利用微博更新消息向网友传播企业信息、产品信息，以此树立良好的企业形象和产品形象。企业通过每天更新消息内容就可以与用户进行交流互动，还可以通过发布用户感兴趣的话题，以此来达到营销的目的。

微博营销注重价值传递、内容互动、系统布局与准确定位，微博的火热发展也使得其营销效果尤为显著。微博营销涉及的范围包括认证、有效粉丝、话题、名博、开放平台、整体运营等。自2012年12月后，新浪微博推出企业服务商平台，为企业在微博上进行营销提供一定帮助，如图3-4所示。

图3-4 新浪微博的营销能力

> **TIPS：**
>
> 现在，国内有4大主要微博平台，分别是新浪、腾讯、网易和搜狐。其中用户基数最多、流量占比最庞大的微博平台是新浪，新浪凭借着其强大的用户量，成为了微营销的最佳选择。新浪微博是中国最大的门户网站——新浪网于2009年8月推出的微博服务类网站，在新浪微博的测试版推出后，便以极快的速度进入中文主流上网人群的视野。

3.1.4 微博营销的特点

随着移动互联网时代的来临，客户消费行为发生深刻变化。搜索与分享成为消费者行为过程中的重要环节，消费决策更多依赖于客户所信赖的评价，这给市场营销带来了新的挑战和机遇。

近年来，微营销成为营销创新的主要趋势，微博就是其中一个性能优异的营销平台。由于使用方便快捷、进入门槛低、应用丰富多彩、能够快速获得信息并与他人交流，微博聚集了巨大的人气。可以看到，近两年来国内微博平台迅猛发展，成为移动互联网社交网络的主流。

如今，人们见面时会寒暄"你微博名是啥，我们互粉下。"可以说，微博的黄金时代是与移动互联网时代一同来临的，而且来得十分迅猛。这种可以随时随地发表与浏览、图文并茂短小精悍的互联网新媒体翩翩而来，因其快速传播的特性而从人们的指端轻快划过，屡屡发起飓风般的蝴蝶效应，释放出巨大的能量。

微博是从一个单纯的社交和信息分享平台转化而来的，在网络营销时代，微博凭借其巨大的商业价值属性成为了企业重要网络营销推广工具。微博营销的特点主要体现在以下几个方面，如图3-5所示。

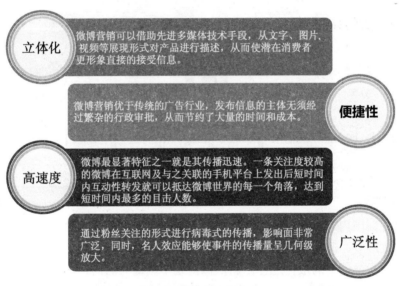

图3-5 微博营销的特点

3.1.5 微博营销的作用

微博的内容也就是一条手机短信的长度，可是在互联网传播这个链式反应中，微博起到的恰恰就是导火索的作用。

在微博上，"人人不但是麦克风，而且是信息的传递者"。微博所具有的及时、便捷和强大的互动性，将微博推上最佳传播工具的宝座。越来越多的人在生活和工作中广泛使用微博，微博的即时性几乎消除了传播的过程，让消息的流通变得极为快速便捷。

美国《时代》周刊在评论微博这个强大的信息传播影响力时说："微博是地球的脉搏。"由此可见，微博在人们心中所占的位置是多么的重要。

而微博营销，由于其信息发布便捷、传播速度快，影响面广，互动性强，低成本，传播几何级放大，企业形象拟人化等特点被企业热衷，如图3-6所示。

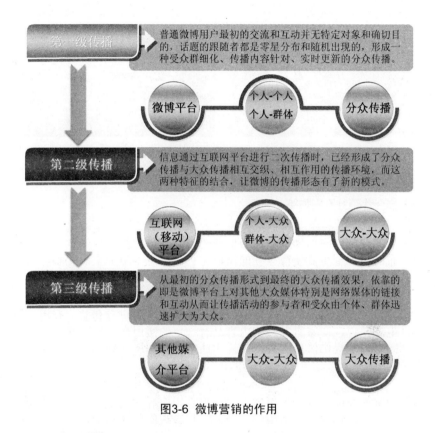

图3-6　微博营销的作用

3.1.6　微博营销的价值

微博营销最注重的是价值的传递与内容的互动，正是因为有这两点要求的存在，才使微博快速火热，以其显著的营销效果创造了巨大的商业价值，如图3-7所示。通过微博，企业可以获取更加全面的潜在用户信息，来了解用户的消费心理与消费习惯，并根据其特点制定准确的营销方案。

（1）客户服务。微博可以为企业提供用户追踪服务，在追踪模式中，可以利用"品牌频道"开展对产品、品牌的信息传播，并与客户进行对话，缩短了企业对客户需求的响应时间。网络整合营销3I原则中提到的Interests利益原则强调，对目标用户群开展营销时，要时刻注意营销活动为客户提供了实在的利益，而这正显然是微博客户服务取得成功的关键。

图3-7 微博营销的商业价值

（2）互动形式。与传统的互动营销相比，微博的互动形式可以打破地域人数的限制，全国甚至全球的受众都可能成为互动营销的参与者；更重要的是来自不同地区的志趣相投的人可以实时沟通，并进行了更加有深度的交流。在用户体验与关系互动过程中，品牌的烙印会更加深刻。

（3）硬广形式。例如，用户可以在Twitter个人页面中插入广告获利，用户可以自主邀请广告主购买个人网页的广告位，双方协商投放时间和收取费用。同时，以许可式、自主式进行广告，营销效果也更好。

（4）公关服务。营销团队可通过微博客平台，实时监测受众对于品牌或产品的评论及疑问。如遇到企业危机事件，可通过微博客对负面口碑进行及时的正面引导，使搜索引擎中有关负面的消息尽快淹没，将企业的损失降至最低。

每一个微博后面，都是一个消费者、一个用户。越是只言片语，越是最真实的用户体验。当你开始把微博当作一种营销工具，就不得不开始深深挖掘其背后的商用价值，深挖已经走红的案例寻找一些似曾相识和可借鉴的东西，在此基础上深加工，凝练成属于自己的一种营销风格，然后把一个原本枯燥的故事变成一个有趣的嫁接，如此故事就会变得好懂了，也因此有了讨论的价值，然后顺理成章地就变成了一个个微博上正在走红的话题。只要这个话题敲中了网民的共鸣点，话题就会爆发，变成真正取之于网民智慧，用之于网民生活的互动营销。

3.2　微博营销的3个步骤

微博自从诞生以来，就以核爆的速度"野蛮生长"，以迅雷不及掩耳之势成为Web 2.0的又一个"暴风之眼"。5 000万受众，电视媒体用了13年，而微博只用了14个月。发布20个月后，新浪微博用户数就突破1.4亿，达到了中国城市人口数量的1/4。根据中国互联网络信息中心第34次发布的《中国互联网络发展状况统计报告》显示，截至2014年6月，微博用户规模为2.75亿，活跃用户1.20亿。其中，手机微博用户数为1.89亿，活跃用户6 766万。

"睁眼、微博、起床、早餐；洗漱、微博、睡觉"似乎已经成为越来越多人的生活写真，越来越多的人的一天从微博开始，从微博结束。你见或不见，微博的火爆就在那里！随着微博的发展，微博营销成了人们常用的营销方式之一，在竞争日益激烈的微博营销中，如何实施微博营销才能成功？

3.2.1　第一步：沟通

与以往所有媒体不同的是，微博大幅度降低了内容创建和信息发布的门槛。在微博上，人人都是信息发布者，人人都是播音员。微博的简便性与手机等设备的移动性、实时性相结合，让信息发布的过程变得不费吹灰之力。

微博营销的第一步便是沟通，在沟通中找出目标受众、确定品牌观念、诠释产品差异、建立核心话题、确立目标指标，如图3-8所示。

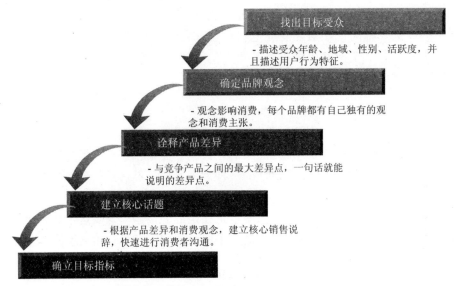

找出目标受众
- 描述受众年龄、地域、性别、活跃度，并且描述用户行为特征。

确定品牌观念
- 观念影响消费，每个品牌都有自己独有的观念和消费主张。

诠释产品差异
- 与竞争产品之间的最大差异点，一句话就能说明的差异点。

建立核心话题
- 根据产品差异和消费观念，建立核心销售说辞，快速进行消费者沟通。

确立目标指标
- 基于目标，沟通确立KPI指标（Key Performance Indicator，企业关键绩效指标），便于监测和服务验收

图3-8 微博营销第一步——沟通

　　微博上的话题是通过"#话题名称#"来实现的，最大的优点就是我们可以通过微博搜索直接找到参与某个话题讨论的人群，如图3-9所示。如果你发现某些用户经常参与#NBA#、#足球#这样的话题进行讨论，而你的企业恰好又是卖运动鞋的，那么参与这些话题的微博用户就是你的目标用户了，如图3-10所示。

图3-9 微博话题

图3-10 通过话题找到目标受众

3.2.2 第二步：准备

目前大部分微博营销主要以微博活动为主，通过微博做一些有奖活动等，很多企业做微博营销也是从微博活动开始。那么如何做好微博营销活动呢，有6项准备工作是必须要做的，如图3-11所示。

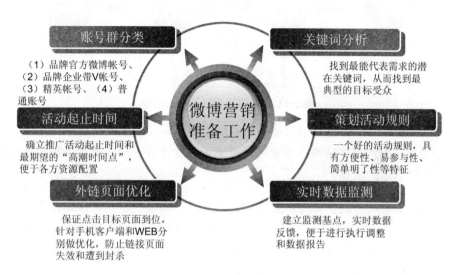

账号群分类
（1）品牌官方微博帐号、（2）品牌企业带V帐号、（3）精英帐号、（4）普通账号

关键词分析
找到最能代表需求的潜在关键词，从而找到最典型的目标受众

微博营销
准备工作

活动起止时间
确立推广活动起止时间和最期望的"高潮时间点"，便于各方资源配置

策划活动规则
一个好的活动规则，具有方便性、易参与性、简单明了性等特征

外链页面优化
保证点击目标页面到位，针对手机客户端和WEB分别做优化，防止链接页面失效和遭到封杀

实时数据监测
建立监测基点，实时数据反馈，便于进行执行调整和数据报告

图3-11 微博营销活动准备

有的微博营销取得了较好的效果，可也有很多微博营销没有取得什么效果。原因有很多，但相信取得好效果的微博营销的前期准备工作一定做得比较好，这样才会为微博营销的开展起个好的开头。

3.2.3 第三步：实施

新网络时代是个信息爆炸的时代，如今，每时每刻都在更新的微博已经成为最能满足现代人需求的信息来源，微博已成为现今企业营销的新利器。企业纷纷通过开通微博，迅速聚拢"粉丝"，提升品牌形象。

当你做好微博营销的准备工作后，接下来即可开始实施微博营销活动，其过程如图3-12所示。

> ⚠ **TIPS：**
>
> 微博用户群是中国互联网使用的高端人群，这部分用户群虽然只占中国互联网用户群的10%，但他们是城市中对新鲜事物最敏感的人群，也是中国互联网上购买力最高的人群。对于企业来说，只要针对这群人做微博促销，就能达到精准营销的目的，为营销创造更大的发展机会。

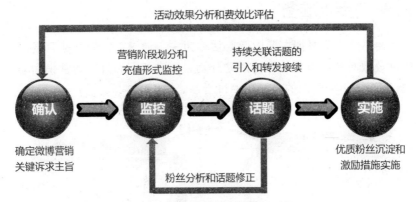

图3-12 实施微博营销活动的过程

在微博平台，企业可以做免费的推广与促销活动。利用微博进行促销几乎是零成本，因为有了微博，企业不再需要请人发传单，只需要敲击键盘，便能完成促销信息的发布。

中国互联网已经全面进入微博时代，新浪、腾讯、网易和搜狐微博的注册用户总数已经突破了6亿，其中每天登录用户量就超过了4 000万。小小的微博，有非常巨大的能量，微博凭借其拥有庞大的用户群体，能为企业带来更多的用户，促进企业促销活动取得圆满的结果。

3.3 微博营销策略

微博营销有成本低、贴近消费者、传播快等传统营销方式不具备的优势，但微博营销是把双刃剑，用好了威力无边，但如果利用不善，利器也会伤及企业自身，最终导致负面的能量使企业受损。因此，微博营销特有的方法和思路是企业必须了解并灵活运用的。

3.3.1 基本设置技巧

微营销要提高转化率，首要的因素是诚信，要上传真实的头像，资料设置要完善，如图3-13所示。

1. 昵称

昵称是基本信息中和微博定位关系密切的一个内容，其设置原则和技巧如图3-14所示。

完善的个人资料相对而言
会更加吸引人们的关注

微博讲究"有头有脸"，无论是个人还是企业，都应该以真正的面目示人

微博不是一个独立的载体，它与个人博客、企业官网互相联系

微博并不是单方面的信息发布版，它是一种立体的互动平台。国家大事、时政要闻、节日营销活动，只要你愿意，任何一个人都可以成为新闻或营销的发布者。

图3-13　资料设置要完善

技巧：在给微博取名时，一定要突出所在行业的关键词，同时兼顾目标全体的搜索习惯，并尽量增加关键词的密度，以便获取更多被检索的机会。

微博定位原则

- 让消费者知道你是干什么的
- 让消费者知道从你这里能买到什么
- 让消费者看到你的名字以后就知道你们公司到底有什么

微博营销的昵称设置技巧

微博昵称设置原则

- 姓名＋行业＋产品
- 字数不要超过7个字，最好压缩到4个字

举例：
卖山药的可以用：铁棍特产山药；
卖蜂蜜的可以写成：张三特产土蜂蜜；
卖化妆品的可以用：李四美容面膜

图3-14　微博的昵称设置原则和技巧

总之，微博的昵称设置方法和QQ不太一样，QQ首先考虑的是吸引眼球，让人好奇，微博因为要考虑搜索的需要，设置名字就要注意用户的搜索习惯，因为用户搜索一般是搜行业或者产品，不会直接搜你的名字的，这样能保证你被其他消费者尽早地发现。

2. 头像

头像也是微博基本设置之一，如果开立的是品牌微博，就用品牌标识做头像，如果是店面开的微博，就用店面或商品照片做微博头像，如果是连锁品牌，就写连锁品牌名称或标识，个人用户就用本人的头像，如图3-15所示。总之就是要看着真实，能一下知道你是做什么的最好。

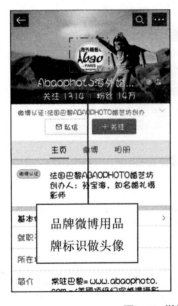

图3-15 微博的头像设置技巧

3. 微博广告牌

微博广告牌类似于QQ空间的背景设计，就是充分利用这个位置来做宣传，前提是开通会员，这样可以设置自定义背景了，然后利用这个广告牌把你的二维码、电话号码、网店地址、QQ号码等写在这里，在别人打开你的微博主页第一眼吸引住他，并能和你联系。

另外，微博最好申请认证，微博的个性域名可以用官方网址，没官方网址的可以用你的英文名字或者微信号，这样能起到好记、互相支撑的作用。

4. 个人微博要完善基本资料

个人微博的基本信息里面，个人标签、个人介绍、头像这几项内容一定要填写完善，工作信息、职业信息也要完善，这样用户才能根据里面的关键词搜索到你，而且还会给人一个真实的感受，增加用户的信任感。另外，最好要绑定手机，这样能充分利用微博的高级功能，否则有些功能是用不了的。

5. 简介

简介是微博账号设置基本信息里的最后一项内容。企业可以根据自己的产品准备很多词组，去掉个人标签用掉的几个，剩下的就写到这里来，如图3-16所示。注意，不要真写成一句话，更不要写的是浪漫诗情画意的一句话，励志的东西写在这里是没用的。

简介内容还是要考虑搜索概率来写，需要注意的是词语之间要用空格隔开，不要用任何标点符号，其次写完后要加一个你的电话号码或者微信、QQ号，但最好不要写网址，因为对于手机用户来讲写在简介中的网址是无法直接访问的。

图3-16 微博的简介设置技巧

3.3.2 推广内容技巧

一个微博在做完前期的工作后是不够的，更重要的是后期的内容更新以及推广技巧，如图3-17所示。

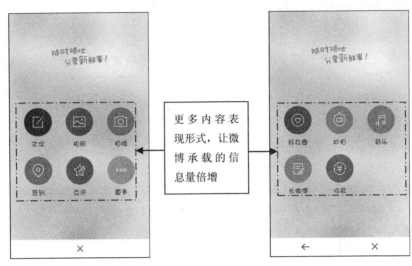

图3-17 微博的内容形式多样

不要注册好了一个微博，却放在那当摆设，不去更新它，或者是一天发个一百条广播，这样都是没必要的。我们每天平均发个二十条广播也就行了，但是内容一定是要有看头的。

一个微博，如果内容来来去去都是那些无趣的东西，用户也就慢慢地对你这个微博失去兴趣。相反，如果你的微博每天都有一些用户感兴趣的创意新颖的内容更新，那么用户对于你的微博忠诚度也会提升，并且还会帮你转发微博让更多的人来关注你。

下面介绍一些微博内容推广技巧：

（1）坚持原创内容建设，制定适合的转发热门内容的比例。

（2）内容要贴近生活和现实、新闻热点、事件；热门排行里的内容更受用户关注，可以适当转发和参与。

（3）图文并茂的内容更受人欢迎；在图片上打上水印，有利于微博的推广。

（4）适当利用时光机可以降低工作量、增加发布频率，增进微博活跃度。

（5）重视突发事件的直播报道和现场直播，更容易受到网友关注。

3.3.3 标签设置技巧

微博个人标签的作用不仅是让用户搜索的时候能快速找到你，还能够增加你在搜索结果中排名靠前的概率。个人标签的设定很讲究，举个美容行业的案例，如图3-18所示。

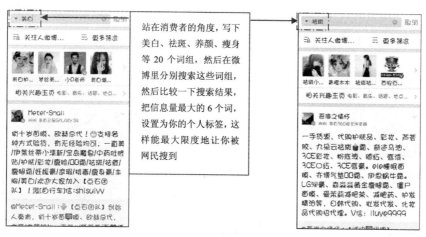

图3-18 搜索热门的个人标签

个人标签可以设置10个词，前面已经有6个了，后面4个就可以把一个词分开写，例如白、美、祛、祛斑等，这样的目的是让一个字能匹配到你，俩字也能匹配到你，三个词也能匹配到你，总之微博标签词的匹配度越高，被用户搜索并曝光的概率就越高。微博标签设置的5个规则如图3-19所示。

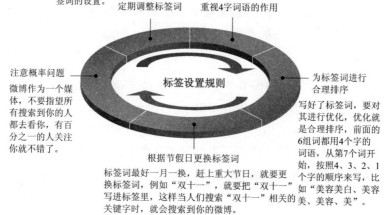

图3-19 标签设置规则

3.3.4 提高粉丝技巧

微博营销是一种基于信任的用户自主传播营销手段。企业在发布微博营销信息时，只有取得用户的信任，用户才可能帮企业转发、评论信息，使信息产生较大的传播效果与营销效果，如图3-20所示。

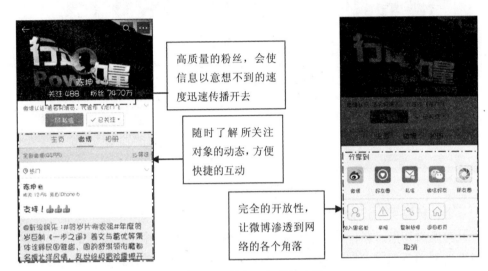

高质量的粉丝，会使信息以意想不到的速度迅速传播开去

随时了解所关注对象的动态，方便快捷的互动

完全的开放性，让微博渗透到网络的各个角落

图3-20 微博粉丝的营销力量

首先你要知道你现在微博的状况，你的粉丝量决定了你微博的不同阶段，每个微博账号最多只能加2 000个关注，如果诚信互粉的话，那么你最多只能获得2 000多的粉丝。因此，建议大家的粉丝到1 000的时候就开始诚信互粉，同时还要清理你关注的人了，把那些粉丝量少的清理掉。此后，即可开始进行微博定位，同时每天要有计划地发布内容，不要发布一些没用的消息，而是发一些原创的有趣、高质量内容，长此下去，粉丝量将迅速增长，如图3-21所示。

微博是企业聆听、学习以及了解客户的有效平台。微博用户在微型博客上记录了自己日常的真实想法、爱好、需求、计划、感想等，真实地表露了自己的消费需求、偏好、生活形态、品牌态度等，在一定程度上帮助企业了解其对产品的态度、需求、期望、购买渠道与购买考虑因素等，让企业能深度了解消费者，从而制定或者优化产品和营销的策略。

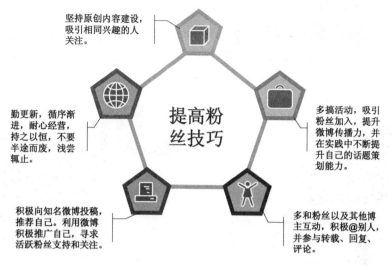

图3-21 提高粉丝的技巧

3.3.5 品牌营销技巧

微博为企业提供了一个服务平台。在微博平台，企业可以对用户进行实时跟踪，从而快速地了解用户对企业产品或服务所发出的质疑或请求帮助等信息。企业还可以通过微博来回复用户的信息，以解决用户的问题，避免用户因为不满而大规模地在网络上传播对企业不利的信息。利用微博服务平台能快速解决用户的问题，有效提高客户的满意度，并实现品牌真诚度的累积。

例如，著名的餐饮品牌海底捞就利用微博快速了解到用户的反馈信息，并通过即时回复，解决用户的问题。海底捞在2014年中秋节举办了一次在海底捞拍摄的最佳幸福照评选活动，规定由海底捞的粉丝投票评选出最佳照片，如图3-22所示。

在活动开始后，有的用户积极参与，并大力赞扬，而有的用户则对活动充满疑问，比如说，有的用户用手机登录，看不到活动的照片，就对海底捞发出疑问；还有的用户看到了活动的特色，想去海底捞体验一下，却苦于自己所在的城市没有海底捞店面，也对海底捞提出了质疑。对于这些各种各样的疑问声，海底捞都用微博做了最完善的解答，提高了用户的满意度，如图3-23所示。

另外，海底捞从众多参与者中评选出10张最幸福照片，利用微博投票功能再次发动粉丝互动，如图3-24所示，这进一步提升了粉丝的积极性。

图3-22 海底捞最佳幸福照评选活动

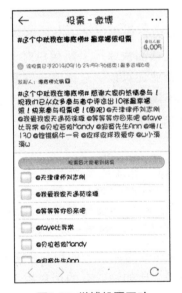

图3-23 海底捞利用微博解决用户问题　　　　图3-24 微博投票互动

很多微博都开发了品牌频道，如图3-25所示，以帮助企业进行品牌营销。例如，戴尔从2007年3月开始使用Twitter企业平台，目前戴尔官方网站上已拥有65个Twitter群组。企业对微博的关注反应了新社会化媒体在"消费者对品牌进行公开讨论"方面的力量，对品牌的真正话语权已经转移到消费者手中，这是技术发展所使然。

企业可以在微博构建品牌页面，同时组建多种品牌小组，同一品牌的粉丝能够聚合在一起，而企业通过平台可以向用户发送各种新品、促销信息，微博的即时性和分享性让一个消息可以迅速遍布有相同兴趣爱好的 group、team，甚至用户之间也发生互动，他们也可能把信息转发给其他好友。

图3-25　微博品牌频道

3.3.6　互动营销技巧

进行微博营销，最主要的一点就是要主动与别人进行互动。当别人点评了你的微博后，你就可以和他们进行对话；还可以去创办一些热闹的活动，让别人参与，这样才会有客户和潜在客户愿意与你交流，分享你的内容。

抽奖活动或者是促销互动，都能吸引用户的眼球，使企业达到比较不错的营销效果。笔者认为，企业的抽奖活动可以规定，只要用户按照一定的格式对营销信息进行转发和评论，就有中奖的机会（奖品一定要是用户非常需要的，这样才能充分调动粉丝的积极性）。如果是促销活动，就一定要有足够大的折扣和优惠，这样才能够引发粉丝的病毒式传播。如图3-26所示，为微博促销活动。

TIPS：

在微博中，有一类人大量存在，即抽奖专业户，这些人专门找可抽奖的帖子，先关注并转发，也不看帖子内容，只等着免费中奖。在笔者看来，这类人势必会影响企业微博营销活动的进行。虽然企业通过促销活动在短时间里获得了不少关注及转发数量，但是有时候由于专业抽奖用户的存在，使得这些关注及转发的价值得不到发挥。笔者认为，企业可以做微博促销活动，但不要频繁采取送奖品的方式，因为这样并不利于粉丝忠诚度的培养。促销活动是一种营销手段，但绝对不是主要的手段，无论在哪种营销方式中，内容营销绝对是王道，企业只有设计出能够真正吸引用户驻足的内容，才能与用户建立长久的联系。

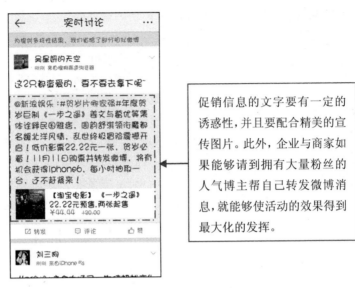

促销信息的文字要有一定的诱惑性，并且要配合精美的宣传图片。此外，企业与商家如果能够请到拥有大量粉丝的人气博主帮自己转发微博消息，就能够使活动的效果得到最大化的发挥。

图3-26 微博促销活动

　　笔者认为，获得用户信任最重要的方法就是不断保持与粉丝之间的互动，让粉丝觉得企业的真诚与热情。企业要经常转发、评论粉丝的信息，在粉丝遇到问题时，还要及时地帮助其解决问题。只有凡事都站在粉丝的角度来考虑问题，才能与粉丝结成比较紧密的关系，如此一来，在企业发布营销信息时，粉丝才会积极帮企业转发。

　　在与用户的微博互动方面，可口可乐就做得非常好，可口可乐在2013年发布了一条微博，微博具体内容为，向"小可"发送讯息，就可以收到"小可"的回信，如图3-27所示。

图3-27 可口可乐微博互动

可口可乐通过微博传递互动信息，让用户感受到企业的用心，使其微博信息被大量转发；此外，可口可乐还利用微博展示粉丝的"心情故事"，充分调动了用户互动的积极性，从而进一步赢得了用户的信任感。

在笔者看来，企业可以学习可口可乐的方式，从用户的角度设计互动方式，让用户感到企业的用心，进而培养用户的黏性。

3.3.7 硬广告营销技巧

对于硬广告，大家相对比较熟悉，我们在报刊杂志、电视广播、网络等四大媒体上看到和听到的那些宣传产品中的纯广告就是硬广告。而媒体刊登或广播的那些新闻不像新闻、广告不像广告的有偿稿件，以及企业各种类型的活动赞助则被业界称为"软广告"。

微博硬广告具有传播速度快、"杀伤力"强、涉及对象最为广泛、经常反复可以增加公众印象、有声有色、动态性等特点，如图3-28所示。

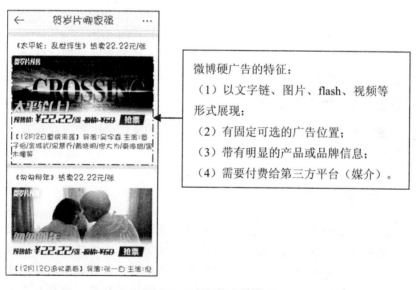

微博硬广告的特征：

（1）以文字链、图片、flash、视频等形式展现；

（2）有固定可选的广告位置；

（3）带有明显的产品或品牌信息；

（4）需要付费给第三方平台（媒介）。

图3-28 微博硬广告的特征

微博优化选取热门关键词，因此在做微博关键词优化的时候，我们要尽可能地以关键字或者关键词组来开头，尽量利用热门的关键词和容易被搜索引擎搜索到的词条，增加搜索引擎的抓取速率，但这些内容也要和你推广的内容相关，又或者说，你也要考虑你的听众，如果一味地为了优化而优化，那就得不偿失了。比如：博客营销。

在发布企业的广告时，笔者建议，企业在措辞上不要太直接，要尽可能把广告信息巧妙地嵌入到有价值的内容当中，如图3-29所示。

如果企业的微博广告能够为用户提供有价值的东西，而且具有一定的隐蔽性，就会提高转发率，使营销效果变得更好。在笔者看来，一些生活小技巧、旅游奖励、免费资源的提供以及趣味故事都可成为植入广告的内容，为用户提供一定的价值，为企业创收。

图3-29 微博植入广告技巧

在发布微博硬广告时，最常见也是最直接有效的方式就是图文结合。图文结合既能让用户了解企业营销活动的具体信息，也能让用户被图片上的内容吸引，从而进一步让其参与企业的营销活动。

不过在这里，笔者要提醒各位，企业在使用图文结合时要注意时宜，不要过于频繁使用，以免让用户感到反感。

3.3.8 公关服务技巧

对于企业的市场公关人员来说，互联网与移动互联网上的"公关危机"正如洪水猛兽般袭来，令人胆战心惊。移动互联网特有的病毒式传播，使得用户对某些产品或企业服务的负面言论与评价快速传播，很有可能导致企业遭遇公关危机。不过，微博作为一个信息共享社区，传播效率极高，当企业遭遇公关危机时，通过微博快速处理危机情况，能够将危机的影响降到最小。

微博在为企业营销提供新思路，推动公关传播手段创新的同时，也给公关行业提出了新的课题。微博时代信息的去中心化和碎片化给谣言和危机的产生和传播创造了温床，危机的源头无处不在。

面对微博形成的"社会化媒体的长尾"，一个不起眼的小消息都有可能被无限放大。对企业来说，在危机之前如何预警，危机产生后如何公关处理，都是值得研究的课题。

暴露在无数关注的眼睛下，任何一个微小的疏忽或者细节的失败都可能发生恐怖的连锁反应。例如，2011年9月底，"老罗英语培训"创始人罗永浩连续在微博上指出，西门子冰箱存在"门关不严"的问题，由于西门子方面处理不当，关于该事件的讨论持续了数月，罗永浩获得了广大民众的支持。

要想切断这个恶性的"多米诺"连锁反应链，最好的办法就是将事态扩大的趋势扼杀在摇篮里，通过有效的微博公关手段，快速、合理地解决危机源头。

据调查显示，微博营销与公关已成为许多企业的网络营销新配工具之一。企业可以通过自己的官方微博向外界传播企业活动、产品销售的信息，帮助构建一个负责、严谨、有规划的企业形象。例如，2012年3月15日晚，央视3·15晚会曝光了麦当劳北京三里屯餐厅违规操作等问题，麦当劳一个小时之内即在微博上进行了道歉。

在微博时代里，人人都是媒体，也同时都是受众。由于每个发布者都隐藏在一个个微博账号后，任何一个人都可以是危机发生的触发器，任何一个细节都可能是危机的诱发因素。跟传统公关相比，现在的难度在于，我们或许可以通过努力控制某一个媒体，但是我们无法控制每一个人。

因此，对于企业来说，其对微博用户的品牌口碑实时监测十分重要，微博平台具有的搜索功能，以及相关的实时监测功能，企业可以在平台上实时监测品牌的口碑，以预防企业危机情况的出现。

市场产生了需求，就会有满足需求的服务提供商出现。一些通过微博运营来进行危机公关的专业团队已经产生，博圣云峰就是其中一个，其运营的杜蕾斯官方微博已成为企业微博的经典案例。

例如，2011年9月，杜蕾斯将一位微博名为"辣笔小球"的微博原文直接复制粘贴发布在自己的微博上，而且未著名出处，并被转发了上千次，如图3-30所示。

"辣笔小球"据此提出了自己的质疑，

图3-30 杜蕾斯抄袭的微博内容

她称："这条微博是我原创，你们复制粘贴时能不能注明出处呢？微博有转发功能的，点一下转发，并不费事。"

之后，"辣笔小球"决定通过起诉来维护自己的合法权益，同时提出了诉讼标的，这个标的颇具讽刺意味："索赔要求不高，精神损失费1元和100箱杰士邦。如胜诉并成功索赔，奖励代理律师50箱杰士邦和5毛钱。本球是认真的"

最终，"辣笔小球"与杜蕾斯达成了和解，她决定把这些诉讼标的全部馈赠给粉丝们，并由杜蕾斯负责把它们邮寄出去。

微博公关作为一种新的方式，打破权威，为公众与企业提供了一个可以交流的公众平台。企业在充分利用微博这一平台进行公关，参与和回复关注者的评论，实现沟通和影响舆论的目的。

3.3.9 话题营销技巧

广大的微博用户打开微博后，通常首先会迅速浏览信息流里有什么有趣的内容，其后便是查找热门微博或查看热门话题。

微博运营者们上班打开微博后，看一看热门话题，然后统统记下，并熬干脑细胞思考如何用自己运营的品牌微博和与当天热门话题发生关系。

微博话题营销是一个"我听见你的声音→我在听你说→我明白你说的→达成营销目的"的过程，微博运营者则希望能借势营销。用户的眼睛看到哪里，价值便在哪里。所以不管是线下、线上，还是在门户网站，论坛中的热门话题都备受关注。

2013年5月初，新浪微博上线了微话题主持人，如图3-31所示。例如，电影《中国合伙人》便是微话题营销上很好的尝试。《中国合伙人》话题共有总话题讨论681万条，一周内达13万5千条，24小时内1万4千多条，这对于在微博上的影视类宣传已经是一个非常惊人的数字。

企业在更新自己的微博前，先要去搜索一下别人感兴趣的热门话题是什么，然后将它策划为自己的营销内容，这样可以增加被用户搜索到的概率，从而达到营销的目的。企业一般在发广播的时候，在热门关键词前后加双井号，如：#电商资讯#。

当然，适当转播他人的热门话题，也会给你带来人流量，博主会认为你很关注他，他就会收听你，也会经常查看你更新的微博。但是不要过分地转播，这样别人反而会觉得厌恶，保持适度的微博留言量就行了。

认证用户或微博达人发表了包含"#话题名称#"的微博后，便可点击微博正文中的话题链接进入话题页面申请主持人。新浪话题主持人机制类似于传统BBS的版主，话题的主持人可以对话题进行解释描述、更换题图、设置话题关键字、推荐话题相关用户、设置话题观点 PK 等一系列操作，并在话题参与者讨论的过程中获得曝光和粉丝关注。

图3-31 微话题主持人

总而言之，"话题"是微博话题营销的核心和灵魂。企业只有选择准确的话题，并结合品牌和产品的实际情况进行把握、提炼和升华，才能取得话题营销的成功。

第4章

右手微信，颠覆传统营销模式

21世纪以来，移动互联网的发展越来越快。前3年，大家见面聊天会问对方有没有微博，到了2013年，以二维码为代表的O2O营销模式逐步颠覆传统电子商务营销模式；但到了2014，可以说微信让微博和O2O成为过去式，微信已成为快速渗透所有人的营销利器。

◇ 认识微信营销
◇ 微信营销策略
◇ 微信与媒体营销对比

4.1 认识微信营销

在移动互联网进行营销的工具主要有两类，一类是企业自主研发的APP，另一类则是以微信为代表的社交平台。微信营销是网络经济时代企业营销模式的一种创新，是伴随着微信的火热而兴起的一种移动互联网微营销方式。

4.1.1 微信简介

微信是腾讯公司推出的一款社交APP，用户可以通过手机、平板和网页快速发送语音、视频、图片和文字。微信提供公众平台、朋友圈和消息推送、微信支付、游戏平台等功能，用户可以通过摇一摇、搜索号码、附近的人、扫二维码方式添加好友和关注微信公众平台，同时利用微信还可以将内容分享给好友以及将用户看到的精彩内容分享到微信朋友圈，如图4-1所示。

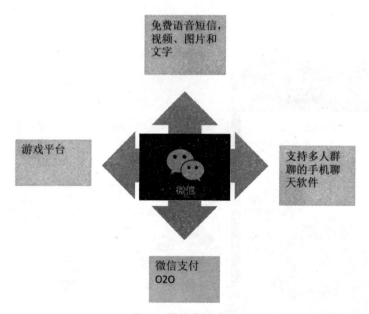

图4-1 微信主要功能

微信的发展并不是一帆风顺的，它经历了来自国内国外同类产品的竞争，总体上，可以将微信的绝地逆袭概括为三个阶段：它慢慢从一个纯粹的IM应用，变为移动社交应用，进而向社交与电商相结合的平台前进。

微信的界面非常简洁，以Android端最新推出的6.0版本为例，其主要由"微信"、"通讯录"、"发现"以及"我"4部分组成。

1．"微信"界面

"微信"界面显示的是用户正在聊天的好友，以及曾经联系过的好友，用户可以点击任意一个聊天窗口发送信息，如图4-2所示。

图4-2　"微信"界面

新版微信开发了会话的多图预览模式，用户在进入"微信"界面后，就能查看自己的会话记录，快速清晰地分辨出已经阅读和来不及阅读的信息，方便快捷。同时，每条会话的下方都会显示部分聊天内容，这样方便用户迅速掌握信息，而不用一一点开查看。

2．"通讯录"界面

此界面中包括用户的所有朋友，包括"新的朋友"、"群聊"、"标签"、"公众号"以及所有好友，用户可以按照界面右侧的英文字母关键字，快速查找好友，如图4-3所示。

3．"发现"界面

"发现"界面由"朋友圈"、"扫一扫"、"摇一摇"、"附近的人"、"漂流瓶"、"购物"和"游戏"组成，如图4-4所示。例如，点击"购物"选项，即可进入京东微店选购商品。

4．"我"界面

"我"界面由个人信息、"相册"、"收藏"、"钱包"、"设置"组

成，如图4-5所示。

图4-3 "通讯录"界面

图4-4 "发现"界面

5. 附加功能

在微信界面的右上角有 " 🔍 "、" ➕ " 两个图标，其中通过 " 🔍 " 可以搜索关键词查找相关内容。" ➕ " 图标下则包括 "发起群聊"、"添加朋友"、"扫一扫"、"意见反馈" 等快捷方式，如图4-6所示。

图4-5 "我"界面

图4-6 快捷方式

2013年4月腾讯推出微信开放平台，仅隔4个月，腾讯总裁马化腾再出新招，用微信公众平台正式拉开微信公众账号运营的帷幕。微信公众平台的正式上线，吸引了了数百家媒体与公司机构的大量涌入，从而将这里开辟成为除微博官号外的另一大互联网营销战场。

> **TIPS:**
>
> 在互联网时代，最广阔的关系链是QQ，而微博一系列产品的出现，不可否认是在争夺用户固定上网时间的访问频次和深度，因而web端关系链被打破。这种多关系链争夺用户时间的情况越来越多地出现在无线市场，这意味着用户正在接受不同关系链的产品。任何一种关系链都有存在的市场，只要它能满足用户的某种需求。

4.1.2　什么是微信营销

微信营销是网络经济时代企业营销模式的一种方式，是伴随着微信的火热而兴起的一种网络营销方式。微信不存在距离的限制，用户注册微信后，可与周围同样注册的"朋友"形成一种联系，订阅自己所需的信息，商家可以通过提供用户需要的信息，推广自己的产品，从而实现点对点的营销。

目前，微信用户规模达到6亿，成为移动互联网领域龙头地位的交互平台，如图4-7所示，这是一笔巨大的财富。已经有大部分商家领略到了微信营销的好处和魅力。几乎现在所有智能手机都能安装和使用微信功能，在微信的程序不断完善之后，又增加了二维码的扫描，然后又出现了微信公众平台，人们开始热衷于微信这个多互动的平台。

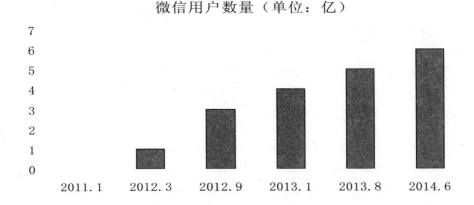

图4-7　微信用户规模

　　微信一对一的互动交流方式具有良好的互动性，在精准推送信息的同时更能形成一种朋友关系。基于微信的种种优势，借助微信平台开展客户服务营销也成为继微博之后的又一新兴营销渠道，如图4-8所示。

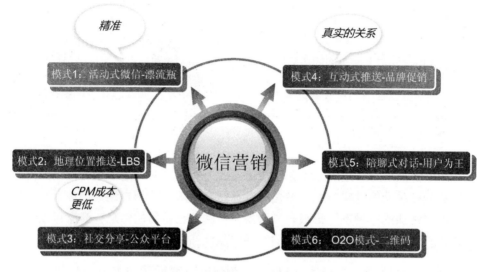

图4-8　微信营销的方式

> **TIPS:**
>
> 　　微信营销是企业的机会，企业不仅能够科学合理地建立客户数据库，还可以进行持续的产品营销和口碑营销。通过互动沟通和精细化管理粉丝，企业的目标客户群不断清晰和目标化，营销推广也更加科学和有针对性。

4.1.3　微信营销的特点

　　微信，是一种生活方式，它远远超越了对交流平台的定义，它功能强大。从免费的短信聊天APP，到最火热的语音交流APP，微信不断完善和发展，给用户带来全方位、高品质的服务体验。

　　微信作为一款时下最火爆的APP，大受年轻人青睐，更是众多商家用来获取盈利的一种营销手段。借助微信，商家纷纷打造自家独属的公众号，实现和特定群体的文字、图片、语音的全方位沟通互动。微信营销的特点如图4-9所示。

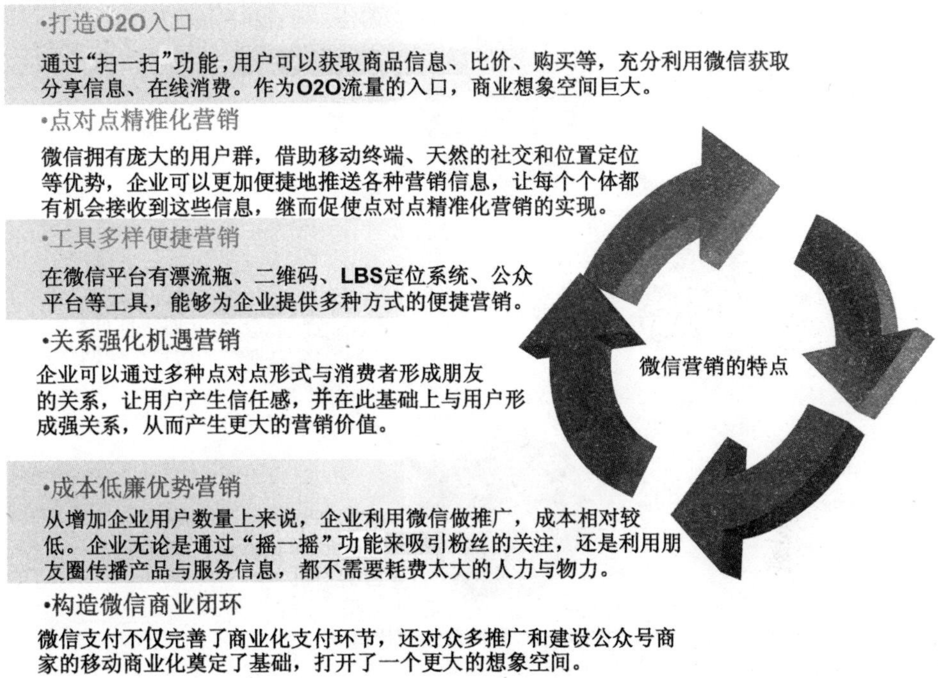

•打造O2O入口

通过"扫一扫"功能，用户可以获取商品信息、比价、购买等，充分利用微信获取分享信息、在线消费。作为O2O流量的入口，商业想象空间巨大。

•点对点精准化营销

微信拥有庞大的用户群，借助移动终端、天然的社交和位置定位等优势，企业可以更加便捷地推送各种营销信息，让每个个体都有机会接收到这些信息，继而促使点对点精准化营销的实现。

•工具多样便捷营销

在微信平台有漂流瓶、二维码、**LBS**定位系统、公众平台等工具，能够为企业提供多种方式的便捷营销。

•关系强化机遇营销

企业可以通过多种点对点形式与消费者形成朋友的关系，让用户产生信任感，并在此基础上与用户形成强关系，从而产生更大的营销价值。

微信营销的特点

•成本低廉优势营销

从增加企业用户数量上来说，企业利用微信做推广，成本相对较低。企业无论是通过"摇一摇"功能来吸引粉丝的关注，还是利用朋友圈传播产品与服务信息，都不需要耗费太大的人力与物力。

•构造微信商业闭环

微信支付不仅完善了商业化支付环节，还对众多推广和建设公众号商家的移动商业化奠定了基础，打开了一个更大的想象空间。

图4-9　微信营销的特点

!**TIPS：**

微信打造营销者能够直接与用户对话的渠道，成为众多广告商的新宠儿。微信未来会成为一个开放平台，营销者可以开发独特功能的插件，改写并开发出独具特色的营销工具，然后用微信发送相关信息给用户。微信用户的特点如下：

●微信的用户和活跃度增加依赖于三个关键功能："语音对讲"、"查看附近的人"和"摇一摇"。

●超过70%的用户会通过手机通讯录添加好友，将线下社交转移到移动互联网上来。

●发展初期借助QQ关系链，将用户的QQ好友、邮箱好友以及手机通讯录好友社交关系链整合到产品之中，以积累一定数量的用户群。

4.1.4 微信营销的优势

在移动互联网迅猛发展的今天，微信营销，一个新型的互联网方式应运而生，并且不少的企业和个人都从中尝到了甜头，发展前景也非常值得期待。那么相对于一些传统的互联网，微信营销又有着哪些优势呢，如图4-10所示。

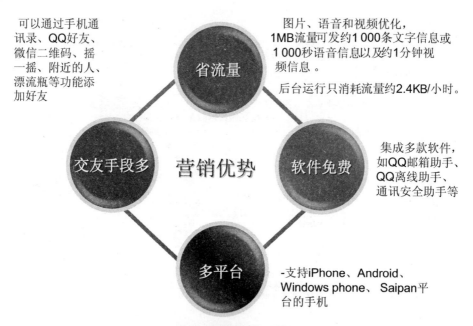

可以通过手机通讯录、QQ好友、微信二维码、摇一摇、附近的人、漂流瓶等功能添加好友

图片、语音和视频优化，1MB流量可发约1 000条文字信息或1 000秒语音信息以及约1分钟视频信息。

后台运行只消耗流量约2.4KB/小时。

交友手段多

营销优势

省流量

软件免费

集成多款软件，如QQ邮箱助手、QQ离线助手、通讯安全助手等

多平台

-支持iPhone、Android、Windows phone、Saipan平台的手机

图4-10 微信营销的优势

相对于PC而言，未来的智能手机不仅能够拥有PC所能拥有的任何功能，而且携带方便。借助移动端优势，微信天然的社交、位置等优势，会给商家的营销带来很大的便利。

虽然前些年火热的博客营销也有和粉丝的互动，但是并不及时，除非你能天天守在计算机前，而微信就不一样了，微信具有很强的互动及时性，无论你在哪里，只要你带着手机，就能够很轻松地同你的未来客户进行很好的互动。

随着智能手机的普及，微信已经慢慢地从高收入群体走向大众化，几年之后，或许会出现这样的一个场景，中国智能手机软件市场上微信屹然成了霸主地位，就类似于如今电脑聊天工具中的QQ一样，而无法撼动。

4.1.5 微信营销的核心价值

微信营销是企业的机会，企业不仅能够科学合理地建立客户数据库，还可以进行持续的产品营销和口碑营销。通过互动沟通和精细化管理粉丝，企业的目标客户群不断清晰和目标化，推广也更加科学和有针对性，如图4-11所示。

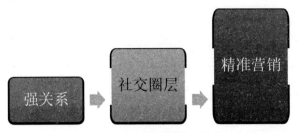

图4-11　微信营销的核心价值

品牌需要微信用户主动添加才能被关注，而添加行为本身就是信任的象征。微信是朋友关系属性比较强的社交工具。在微信上，要关注个人（包括QQ好友和通讯簿好友）必须要得到对方的认可，反之亦然，所以添加的好友多是亲朋好友等熟人，封闭的熟人网络更有利于建立信任。因此，倘若成功进入微信，品牌在微信里的粉丝应该是质量更高、忠诚度更高，且购买可能性也更大，如图4-12所示。

图4-12　微信营销转化模式

精准营销就是精确、细分、可衡量，将需要传达的信息直接推送给潜在用户。由于微信是通过用户自主关注企业的品牌微信公众号，用户对品牌有一定认知度，针对这些用户定向推送内容，必将会有高转化率，所以微信是企业精准营销的核心。

4.1.6 微信营销面对的问题

在微信营销势头发展火热的背后，微信也存在着种种隐忧，前景并不是一帆风顺的。商家要想在微营销中立于不败之地，就需要目光敏锐，正视微信存在的不足，提前做好应对措施，如图4-13所示。

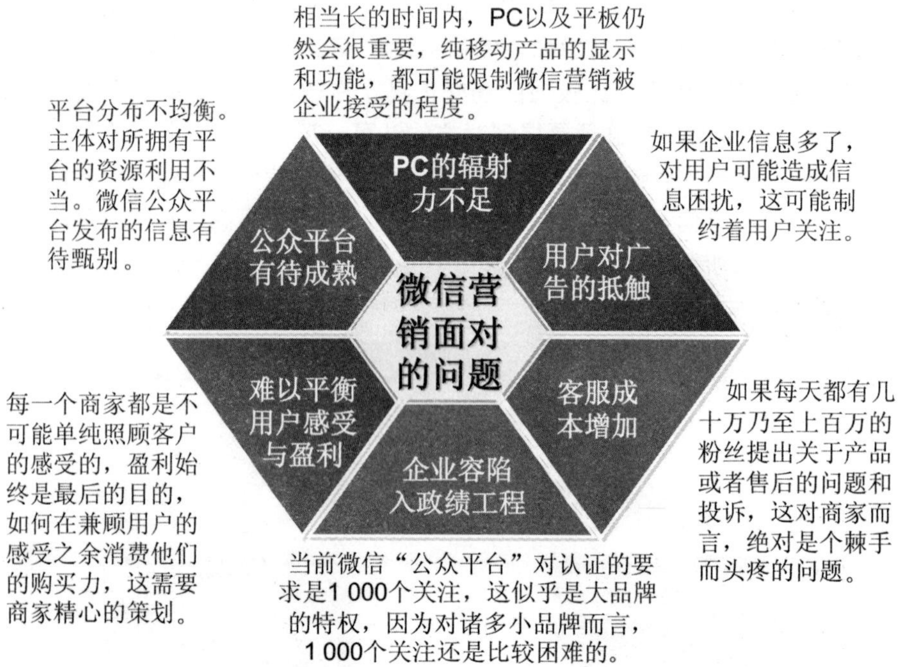
相当长的时间内，PC以及平板仍然会很重要，纯移动产品的显示和功能，都可能限制微信营销被企业接受的程度。
平台分布不均衡。主体对所拥有平台的资源利用不当。微信公众平台发布的信息有待甄别。
如果企业信息多了，对用户可能造成信息困扰，这可能制约着用户关注。
PC的辐射力不足
公众平台有待成熟
用户对广告的抵触
微信营销面对的问题
难以平衡用户感受与盈利
客服成本增加
企业容陷入政绩工程
每一个商家都是不可能单纯照顾客户的感受的，盈利始终是最后的目的，如何在兼顾用户的感受之余消费他们的购买力，这需要商家精心的策划。
如果每天都有几十万乃至上百万的粉丝提出关于产品或者售后的问题和投诉，这对商家而言，绝对是个棘手而头疼的问题。
当前微信“公众平台”对认证的要求是1 000个关注，这似乎是大品牌的特权，因为对诸多小品牌而言，1 000个关注还是比较困难的。

图4-13 微信营销面对的问题

TIPS:

微信营销之所以如此受到追捧，很大程度上是因为它的快捷方便，以及不收费的形式。商家借助微信公众平台可以省下大笔的宣传费，而宣传效果只增不减。微信目前是不收取任何使用费用的，但是客服成本的增加无疑是把商家刚刚省下来的银子又掏了出来。长此以往，如果客服的成本超出预算，那么微信的优势也将不复存在，对商家也就失去了吸引力。

4.2 微信营销策略

微信营销正在逐步兴起，无论是企业还是个人，都应该抓住微时代的新机会做好“微”营销。对于企业来说，如何做好微信营销是其占领移动互联网营销市场的关键性步骤。本节中，笔者将讲解几种常用的微信营销策略。

4.2.1 地理位置推送——LBS

企业点击查看"附近的人"后，根据自己地理位置查找周围微信用户，并将促销信息推送给附近用户以进行准确投放。"附近的人"是微信推出的一项LBS功能，目的就是为了方便用户交友，它将会根据用户的地理位置找到附近同样开启这项功能的人，使用户轻松找到身边正在使用微信的其他用户。具体操作方法如下。

（1）启动微信，进入"发现"界面，点击"附近的人"选项，如图4-14所示。

（2）进入"附近的人"界面，点击"开始查看"按钮，如图4-15所示。

图4-14 点击"附近的人"选项

图4-15 点击"开始查看"按钮

（3）执行操作后，弹出"提示"对话框，点击"确定"选项，如图4-16所示。

（4）执行操作后，即可查看附近的微信用户，如图4-17所示。

添加附近的人为好友，成为好友后，有两种宣传方式可以选取：第一，先积累用户，做长久打算；第二，立刻发广告，利用微信的一个群发助手，可以一次群发多个广告。笔者认为此功能可以打造成一个非常不错的营销工具，尤其是对于O2O（Online To Offline，在线离线/线上到线下）模式的企业或商家而言。

图4-16 弹出"提示"对话框

图4-17 查看附近的微信用户

> **！ TIPS:**
>
> 利用"附近的人"功能进行产品或者品牌的推广，只需支付流量，无需花费太多的钱，就能够将产品广告等信息发送到用户的手机上，而且信息的接受率是百分之百的。或者直接用企业的名字作为微信昵称，再加上签名广告，就可以吸引不少用户添加你为好友。

4.2.2 社交分享——公众平台

微信公众平台是微信4.0版本推出的新功能，应用开发者可通过微信开放接口接入第三方应用，还可以将应用的LOGO放入微信附件栏中，让微信用户方便地在聊天窗口中调用第三方应用进行内容选择与分享。

微信公众平台的广告语就是："你的品牌，让亿万人看见。"它的目标用户就是企业和机构等，它向所有用户打开了一个门户，信息和资本在这里高速流通。公众平台推送的信息会直达手机端，属于强关系，影响力远强于其他微媒介，每条微信基本上都会被用户看到。

营销上有一个著名的"鱼塘理论"，它是把客户比喻为一条条游动的鱼，而把客户聚集的地方比喻为鱼塘。"鱼塘理论"认为，企业应该根据企业的营销目标，分析鱼塘里面不同客户的喜好和特性，采取灵活的营销策略，最终实现整个捕鱼过程的最大成功。笔者认为，微信公众平台就相当于这个"鱼塘"。

1. 营销方式

企业可以选择一家在行业中具有相当影响力和权威性的微信公众账号作为营销平台，在新的媒体环境和市场竞争中才能与时俱进，这已成为企业的共识。拥有真实粉丝数量庞大的微信公众账号已经成为网络营销的必备利器。

微信公众平台营销的方式主要有以下几种：

（1）植入广告。这种方法主要是让商家在推送的富媒体内容上，植入广告内容，比如在文章、图片中提到某些品牌的名字、广告词等，在用户的阅读过程中不知不觉完成宣传，如图4-18所示。

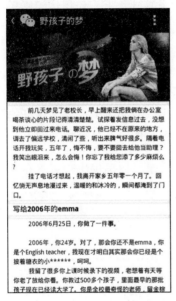

图4-18 品牌故事文章

⚠ TIPS：

这类广告不露痕迹，不易引起用户抵触，基于数量巨大的粉丝和用户对微信账号的高度认可，这类广告效果也不错，商家可以尝试。

（2）图文广告。微信公众账号可以每天精选有价值的新闻、资讯等富媒体推送给订阅用户，并在文章的插图后面或者文章最后面，附上一张精心设计的广告图，一目了然，既不影响用户体验，还能实现广告传播效果最大化。

（3）纯粹广告。某些信息发布类媒体的微信公众账号可以定期整理一定数量的"纯粹广告"进行发布，广告内容本身就是用户需要的一种服务，因此，纯粹广告推送的效果自然最佳。需要提醒商家的是，这种方法不建议长期大规模的使用，商家要针对特定用户群，否则，长篇累牍的广告只会引起受众的厌烦。

2. 营销技巧

掌握了营销的主要方式，并不意味着商家就可以高枕无忧了。要想在如火如荼的微信营销中脱颖而出，商家不仅需要对微信公众有全方位的了解，还必须下功夫，掌握运营技巧。具体如下。

（1）做好内容定位。商家从刚开始运营微信时，就一定要做好微信内容的定位，必须精耕细作。无价值的内容、纯粹的广告推送，只会引起用户的普遍反感。内容的形成，建立在满足用户需求基础之上，包括休闲娱乐需求、生活服务类的应用需求、解决用户问题的实用需求等。

（2）尽快完成认证

有些商家在微信公众号开通后，不确定是否需要认证，认为可有可无，往往就忽略了。实际上，微信公众号的认证是很有必要的，因为认证的微信号会有搜索中文的特权，这样一来，会更方便商家的公众号被搜索到。

对于商家来说，认证后的最大好处，就是可以确保用户直接在微信的添加好友内搜索到商家公众号，而且还能支持模糊查找。例如，用户只要输入"化妆"就可以搜索到"化妆小窍门"这个微信公众号；只要输入"联通"，就可以搜索到一长串和联通相关的公共账号。

> **❗TIPS:**
> 另外，建议商家在认证时选择好记的微信ID或者是申请微信公众号的QQ号码在6位之内，以方便记忆，因为对于口碑传播来说，简洁方便是最符合用户需求的。

（3）联合线上线下

商家要灵活利用所有线上线下推广渠道。很多人不曾了解，早期那些微信的草根运营者，之所以能一跃成为拥有几十万订阅用户的微信公众号，原因很大程度上要归结于社交平台的推广，比如人人网、微博等。

QQ账号与微信的打通，能大大增加用户转化的便捷度，商家通过QQ邮件、好友邀请等方式，都能批量实现QQ用户的导入，具有一定的可行性和回报率，如图4-19所示。商家也可以在自建的官网等所有可以网上宣传的地方放上微信公众号，以实现线上全渠道全面推广。

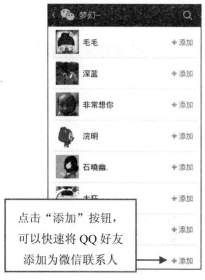

点击"添加"按钮，可以快速将QQ好友添加为微信联系人

图4-19 在微信中查看QQ好友

同样，微信公众号的线下推广也尤为重要，因为用户最终实现消费，大部分还是在线下进行的。所以，对于以营销为目的的商家而言，可以通过线上线下双管齐下，吸引更多的用户关注。

（4）开发自定义回复

自定义回复接口的可开发的空间绝对超出商家的预计，通过自定义回复接口，"我的周边"这样的微信公众号可以实现查询周边美食、生活服务、购物、酒店以及休闲娱乐等信息，如图4-20所示。

TIPS:

随着微信APP功能的增加，服务从单一变丰富，例如，通过微信的自定义功能菜单，企业可将自己供给的服务尽可能详实地显示出来，让用户一目了然：需要什么服务，直接单击菜单查询。这更像是一个能够互动的轻量级APP版面，看起来很简明，但所能供给的服务却能够中意用户最大的需求。

值得一提的是，商家还可以通过地理位置来获取周边的数据，比如当用户按照提示发送定位请求给某个微信公众号的时候，商家就可以迅速返回精确的地理信息，插入周边的商家信息，并反馈相应服务和价位，让用户可以加以选择，充分挖掘潜在的消费力。其实这个业务逻辑很简单：用户发送请求，然后微信接收到请求，对需求做处理，及时返回数据给用户。这个数据就包括用户本身需求的信息和可能会用到的信息。目前，通过微信公众号预订酒店越来越普及。据了解，通过微信预订酒店的用户数正在不断快速增长中，商家要把握好这个商机。

图4-20 微信查用户周边信息

（5）策划有奖互动。企业可以在微信中加入自定义游戏以及问卷调查等有奖互动活动，这样不仅可以提高用户黏性，还可以为企业后续的营销服务提供依据，做到真实调研、实时有效。

> **！TIPS：**
>
> 目前，微信营销的案例层出不穷，获利企业的成功方法五花八门，令商家眼界大开。企业利用微信营销一定要注意博采众长，学会借鉴别人的方法和经验，来改善自己的微信营销。简单说，就是拿来主义，只有不断地学习别人成功的方法，才能让自己的微信营销越做越好。

（6）扩大粉丝生态圈

时至今日，移动互联网以迅雷不及掩耳之势轻而易举地超越了传统互联网的用户规模。其中，微信的步伐就目前而言远远超越了其他所有的APP竞争对手。虽然腾讯官方一直在弱化微信商业化的话题，但急速扩张的微信公众号却又为微信带来更多商业化的色彩，成为微店商家们最大化抢夺粉丝的商业生态圈。

对于那些很难留住粉丝或者粉丝重复购买率极低的特殊商家来说，如汽车、房产、珠宝等行业，就必须想办法扩大自己的粉丝生态圈，让"粉丝"帮你找到更多的具备消费需求的新"粉丝"。

例如，麦当劳推出"分享优惠券"活动，这些优惠券可以像"病毒"一样在微信朋友圈之间传播，如图4-21所示。

图4-21 微信分享优惠券

4.2.3 互动推送——品牌促销

通过一对一的推送，企业可以与"粉丝"开展个性化的互动活动，提供更加直接的互动体验，并根据用户对关注的商家发送品牌信息。

1. 图文并茂

单纯的文字或者语音消息推送，可能宣传效果有所欠缺，因此微店商家可以运用"图文并茂"的策略开展微信营销，直观而形象地诱导用户。

更直观的展示产品：包括特色和优惠、折扣等，以吸引特定的市场和特定的客户，提供个性化、差异化服务。

这有助于商家挖掘潜在客户：将微店产品、服务的信息传送到潜在客户的大脑中，为微店赢得竞争的优势，打造出优质的品牌服务。图4-22所示，是麦当劳的优惠活动信息，商家借助产品图片，可直观而形象地诱导用户。

2. 语音信息

一般而言，声音的阅读难度远高于文字图片，商家不会利用语音宣传这个途径。如果选择发布语音消息，那么时间上就要受到严格限制，而信息量也会大打折扣，因此商家少有尝试。

图4-22 麦当劳的优惠活动信息

不过，在微信APP中，语音是一个强大的信息功能，声音信息简化了短时沟通的方式，用户随时随地拿起手机，就能和朋友沟通，更适用于日常的交际和会话。微信中的语音消息非常适用于互动，就如电台模式，亲切直接，一问多答，商家可以直接和粉丝交流，掌握第一手的用户信息，如图4-23所示。

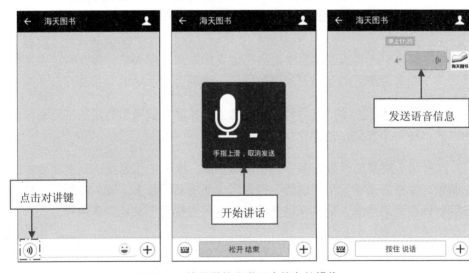

图4-23 使用微信发送语音信息的操作

另外，微信的语音功能，对于电台媒体来说，更是一个招揽听众的绝好平台。通过互动沟通和精细化管理粉丝，企业的目标客户群不断清晰和目标化，推广也更加科学和有针对性。

3. 微信小视屏

微信的安卓6.0新版夺人眼球之处莫过于短视频功能的加入，朋友圈终结了仅有的"望图兴叹"与"文字传情"模式。用户可以在聊天窗口或朋友圈中上传一段自己拍摄的小视屏，让朋友们看见你眼前的世界，如图4-24所示。

图4-24 使用微信发送语音信息的操作

此前，游戏一直是微信的重要筹码，但是一味的娱乐化也会让用户觉得乏味。微信小视频的推出无疑掀起了一阵"小清新"的风。"社交＋视频"的新模式更像是对工具及社交两种不同属性应用的融合。借助社交平台，短视频会得到很好的传播效果，同时，短视频的加入也丰富了社交生活。

4.2.4 陪聊式对话——用户为王

微信开放平台提供了基本活动会话功能，让品牌与用户之间可以交互渗透。陪聊式的对话要有针对性，并投入一定的人力成本，这样才能使品牌在短时间内容获得一定的知名度。

例如，新东方在线微信团队专门开设了微信公众号，与用户进行真实对话，解答用户的各项疑问并在微信中依然用一种有趣的方式与用户交流，如图4-25所示。

随着微信功能的不断完善，现在不少商家都采用相关软件来实现智能回复，只需要直接下载软件进行设置，就可以智能答复用户问题了，如图4-26所示。

图4-25 新东方在线的微信陪聊式对话营销　　　图4-26 智能回复

> **TIPS：**
> 企业微信的自动回复功能是十分强大的，能够吸引众多粉丝。可是微信公众平台关键字自动回复的规则，却并不尽如人意，用户在回复了关键字之后，微信服务页面才会进行相应跳转，而这些可供选择的关键字并不能满足用户的全部需求，效果差强人意。

4.2.5 O2O模式——二维码

微信用户只要用手机扫描特有的二维码，就能享有电子食品卡，就可以享受商家提供的会员优惠活动。商家则可以设定自己品牌的二维码，赠送优惠券来吸引用户关注。

二维码在微信当中的应用，是每位用户的专属标志，是私密性质的，但与此同时，它又具有可读性，而不可避免地成为一个公开的秘密，最终实现将隐私和公开完美结合。

- 当用户浏览商家官方网站时，活动主题页面快速跳转，用户只需要扫码即可浏览商家所有产品及信息，快速了解广告完整所有信息，如图4-27所示。

- 在浏览商家微博时，也省去了输入查找的繁琐过程。扫描二维码之后就能快速关注，时时浏览商家微博新产品动态。

- 部分实体商城的商品一拍即买，在手机上就能实现购物。无论实物商品还是虚拟商品，都可以方便快速购买。多种支付方式，让手机购物更为便捷，而商家的折扣券、积分大礼等，扫码即有。

图4-27　扫码了解信息

> **TIPS:**
>
> 二维码应用快捷便利，主要有以下优势：
>
> （1）整合营销。二维码结合传统媒体，能无限延伸广告内容的实用性和时效性。消费者通过扫码，便捷入网，利用手机就能实时获得信息。
>
> （2）即时互动。企业可发动调查、投票、会员注册等活动形式，让用户参与调查、信息评论、活动报名、手机投票等，以增加用户的黏度。
>
> （3）立体传播。二维码是移动互联网时代O2O最便捷的入口，已经成为当下社会化媒体传播最便捷工具，商家能时刻进行线上和线下的信息传播，用户也能随时随地地接受资讯。

例如，Bestseller（绫致时装）与微信合作的O2O项目，基本打通了Bestseller的线上线下闭环。Bestseller的O2O构想十分炫酷，尤其是通过微信扫二维码将用户链接到线上，让他们可以看到更多商品，线上享受线下流量，线下享受线上服务，互相促进能充分释放线下店铺或广告带来的客流。

下面来看看Bestseller的消费场景：用户进入ONLY店铺，看中了某款衣服，除了试穿之外，她还可以打开微信，扫描一下衣服吊牌上的二维码，这时会有相关的搭配服饰出现，同时根据库存情况，每一款衣服大约会有3款推荐搭配，这就给了消费者更多的体验和选择，若是选中了某款，可以在店里下单，也可以在微信下单，还可以收藏此款，回家考虑后，让家人朋友参考一下意见后再购买，如图4-28所示。

Bestseller将店内每个导购的编码与店铺的编码建立关联，当消费者决定下单的时候，必须要扫描导购的二维码才能下单。Bestseller让每一个订单对应一个导购员，导购员对应店铺，店铺对应各个销售大区，通过这样的方式来调动整个传统营销体系的积极性。哪怕是消费者现场没买，回去下单，也是这个导购员的业绩。这样既能很好地掌握库存，又能调动销售人员的积极性。

图4-28 Bestseller用微信二维码打通O2O

目前，Bestseller微购物平台的商品与线下店商品一模一样，没有任何价格上的差异。例如，在2013年秋冬时期，VERO MODA品牌约有60%的产品吊牌加入了二维码；2014年春季期间，VERO MODA所有服装都能够通过二维码甚至条码扫描后转移到线上。

Bestseller还描述了微购物未来将产生的一个用户价值，即"私人定制"服务：当一个消费者在线下店或者微购物平台与一个导购建立起联系，并在未来保持这种联系，导购员将成为该消费者的私人导购，为其进行定期地服装推荐，如图4-29所示。

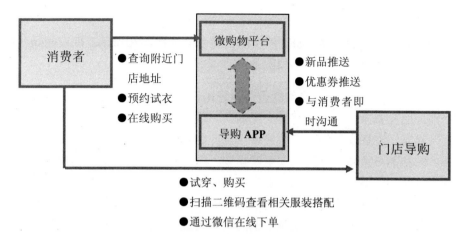

图4-29 Bestseller未来的营销模式

对消费者来说，一方面可以通过微购物平台主动征求导购的意见，另一方面还可以提出自己的商品购买意向，提前通过微购物预约试穿，导购员则提前准备好商品和试衣间，减少消费者到店选择商品的时间成本。

另外，为了强化未来线下导购员与顾客一对一的服务体验，腾讯微购物目前正在测试一个为导购员配置的APP。通过该客户端，导购员可以随时接收到对应消费者在微购物平台提出的需求，从而做出最快的反馈。

Bestseller的APP营销主要体现在与腾讯微生活的战略合作上，利用"微信公众账户＋微购物平台"作为入口，根据用户的特殊需求做服装的个性化推荐。Bestseller是典型的导购驱动型公司，导购与消费者之间的亲密互动是促成门店销量的关键因素，因此微信APP所具有的便利的即时沟通方式、庞大的用户基础和社交关系网，更符合Bestseller期望通过APP实现"私人定制"的未来设想。

TIPS：

除了依托于微信的腾讯微购物，阿里巴巴在O2O模式上也下了不少工夫，其中"微淘"成为这一业务的关键角色。"微淘"推进的方式有一些与微购物相似的地方，例如鼓励消费者扫描店内二维码，到线上浏览商品，以此弥补线下店铺商品展示的局限；再比如，通过品牌公众号的活动吸引消费者到线下消费等。

4.2.6 SNS＋社交——朋友圈

微信营销说得简单点，就是通过微信"交朋友"，让别人关注自己，然后在朋友圈发送动态引导朋友支持自己，购买自己的产品。

1. 朋友圈的特性

在朋友圈做营销，要先研究朋友圈的特性，如图4-30所示。朋友圈特性很好理解，它有两个特性：朋友和圈子。

（1）朋友特性。无论是你的微信圈还是你的QQ空间，你关注的或者关注你的都是朋友关系，至少是有过交流的人，这解决了交易中的第一个难题——信任。其实，在朋友圈做生意就是拿自己的名誉做赌注，只要你还想保持朋友关系，你就不可能对自己的朋友坑蒙拐骗。笔者认为，朋友圈营销的核心就是"深化与朋友关系"。因此，企业要把与微信用户的"弱关系"转变为"强关系"，只有把关系放在首位，深化与用户的关系，才能迎来长期、高质量的发展和收获。朋友圈营销是企业微营销的最佳实践，它从自说自话演化为让别人帮你说话。话语权已经不再在企业一方，而在朋友圈一方，只有强化跟他们的关系，让他们为你布道，企业才能塑造未来的优势。

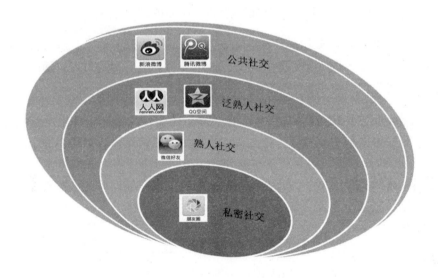

图4-30 微信朋友圈产品的本质

（2）圈子特性。俗话说"物以类聚，人以群分"，一个圈子里的一群人肯定是有共同爱好或共同经历，这也是朋友圈营销的价值所在。例如，一群爱旅行的人组建了一个朋友圈，当有个驴友在圈子里发表关于"旅行"的状态后，会引发一群驴友点赞、评价甚至转发。当这条关于"旅行"的状态被转发到另一个旅行的圈子里时，则会引爆二次宣传和扩散，这就是朋友圈营销的病毒式扩散。

TIPS:

传统媒体采取的是"广播"的形式，内容由媒体向用户传播，单向流动。而朋友圈营销的优势在于，内容在媒体和用户、用户与用户之间多方向传播，这就形成了一种交流。另外，大部分的朋友圈都具有强大的连通性，通过链接，将多种信息融合到一起。这是一个互利的时代，你认识多少人，已经不是成功的前提，多少人认识你，才是畅行天下的保证。

2. 朋友圈营销技巧

朋友圈的这两条特性，奠定了朋友圈营销的强大威力和无限效果。下面总结了一些朋友圈营销的技巧：

（1）不要经常刷屏。这里所讲的刷屏是只发一种形式的微信，如发布产品的图片信息，并在十分钟内连发多条微信。这里建议一天发两三条广告微信，并且要是不同形式的微信内容。如果你一天到晚地刷屏，只会让你的朋友对你产生反感，觉得你的广告嫌疑太重。

（2）积极参与好友互动。一定要多和朋友互动，多去评论朋友的微信，为他点赞，这样他会觉得你一直在关注他，下次他要买东西的时候肯定会想到你。

（3）不要只发广告。你的微信里面不要只是宣传产品的信息，可以有一些自己生活写照的东西，比如今天去哪吃东西了，拍点图片分享一下，如图4-31所示。不要让朋友把你当成一个只知道卖产品的商人。

在朋友圈里分享一些有意思的文章，吸引朋友圈进入。

在文章底部可以适当添加商品链接。

图4-31 朋友圈营销技巧

（4）塑造个人品牌。做朋友圈营销，至少要把你的产品描述清楚、说得明白，对分享要有自己的观点，要学会点赞和点评。分享的东西必须是正面的、积极的、正能量的，塑造你的个人品牌。例如，对经营餐馆的企业来说，可以在朋友圈里分享一些美食制作方法或者健康食谱，中间再自然而然地介绍自己的餐馆，这样朋友就会很容易接受你介绍的产品。

（5）有效合理地增加粉丝。充分利用好自己的社会人脉资源，将QQ好友、手机通讯录中的朋友全部加上，这些一般都是认识的亲人、朋友、同学、同事、客户等；在微博、QQ空间、QQ签名上发布你的微信号、QQ群，根据你的产品特性加入不同的群；微信搜附近的人，但这个要谨慎，过分的广告语易让人举报；多参加一些培训、论坛、讲座、交流会等，来这里的朋友都是为了认识更多的人的，所以是一个增加好友、一个资源整合的地方；最后，可以采用互推（互相推广）的方法，例如微店APP的"友情店铺"功能，这也是一个非常好的增加新朋友的方法。

4.3　微信与媒体营销对比

就目前来看，微信在用户量上不存在问题。在对微信营销的认识上，不少人还处于观望状态，他们对微信营销还有怀疑，因为微信基于人际关系的点对点传播，极具私密性和强制性的特点，也容易对用户造成"骚扰"，然后被用户删掉关注，甚至卸载掉微信。在可量化的数据指标上，微信缺乏微博"转发"、"评论"、"热度"、"影响力"这样的指标。

那么，微信与微博等传统媒体营销方式有哪些区别呢？

4.3.1　微信与传统媒体

微信自媒体和传统媒体的区别可以用一句话来总结，即"微信自媒体做的是关系，传统媒体做的是内容"。首先来看看传统媒体、PC互联网与微信相比有哪些不足，如图4-32所示。

传统的媒体渠道，在一定程度上可以认为是单向的内容输出，在和受众的互动交流这个环节上是比较薄弱的。例如，一期报纸发出去了，读者喜欢哪篇，不喜欢哪篇，这些数据都不容易获取到。读者针对某篇文章，或者整体方向有很多意见想和你反馈，也缺乏一个实时交流的平台。而微信却能很好地弥补这些问题，当你将内容发出后，看到的读者第一时间就可以回复你，而且你还能及时看到每篇文章的阅读、转发量。受众喜欢什么，有什么话和你说，你都能在最短时间内得知。

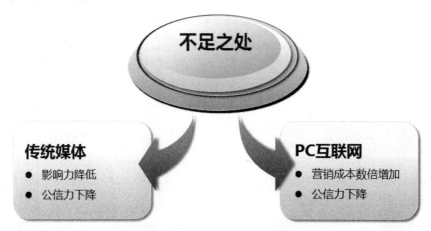

图4-32 传统媒体、PC互联网与微信相比的不足

与报纸、电视、广播等传统媒体相比，微信补救了以往传统媒体所没有的某些实用功能，也代表了媒介发展越来越尊重个体需求的趋势。例如，微信的语音对讲功能丰富了信息传递的方式。比如，一段100字左右的文字内容通过微信的对讲功能，仅仅需要几秒钟的工夫就能传递出去，而且还能补救某些"词不达意"的问题。尽管有每条语音不能超过1分钟的限制，但这一功能解放了使用者的眼睛和手指，而且这一过程依靠网络传送渠道，只占用流量，不收取费用。微信的这种从语音、文字、图片到视频的立体化沟通方式，拉近了人们之间沟通的距离。

> **！TIPS：**
> 企业在做微信营销中需要特别注意的是，在微信上，用户不会把你当成是一个媒体，而是把你当成一个人。如果他发信息给你了你老不回，就意味着他没有得到尊重，因此迟早会离开你。

4.3.2 微信与短信

短信营销就是以短信平台发送短信到普通手机的方式来达到营销目的营销手段，包括文字短信和彩信，如图4-33所示。

随着通信手段的改进发展，人们以往通过短信交流的方式开始发生变化，微信一枝独秀，脱颖而出，过去的短信用户开始逐渐地拥向微信。微信营销与短信营销的共同点如下：

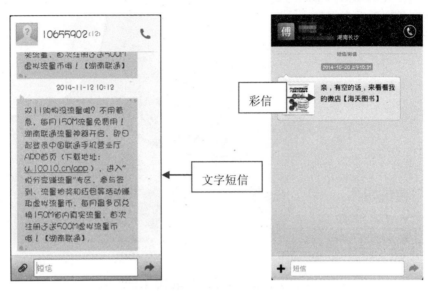

图4-33 文字短信和彩信营销

- 微信营销是在手机端，短信营销也是在手机端。

- 微信营销通过微信账号（可以是QQ号或手机号）发送消息，短信营销则通过手机号发送消息。

- 看信息的人一样，都是手机用户。

微信营销有更多的优势，而这些是短信营销不具备的，如图4-34所示。

（1）营销更加精准

- 精准的地理位置定向：微信可以通过"摇一摇"、"查看附近的人"等功能，进行精准的定位，能对区域内的潜在消费人群进行精准营销。

- 精准的目标群体定向：微信的粉丝都是对某一方面感兴趣才会关注某个公众账号，而且朋友圈的传播方式也使得兴趣成为最好的一个交集点。

- 而短信则只能是广撒网的形式。

（2）可靠性更高。微信营销可靠性比短信营销高，且不对用户造成骚扰。微信营销中对发送人或单位资格认证、信息要求严格。

（3）互动性更强。微信拥有更多技术化手段，可以通过语音等多种方式，进行纯人工的互动；短信营销则单方面性更大，运气不好还易产生负面影响。

免费与收费

微信：用运用网络传送和交流的（只消耗流量），用户无需另外付费。

短信：利用套餐条数表达和沟通，由运营商收费。

集成的业务与推广

微信：通过定制化、人性化的推送，使商品宣传直接、准确地传递给用户。

短信：形式比较单一，没有使用者的个人信息，无法准确推广商品，准确性差。

新形式打破传统通讯行业

微信：可以用声音、文字、图片、视频等多种手段展示，更直观、方便推广商品。

短信：多以文字表达，对于商品的推广有很大的限制，并缺乏人性化。

微信与短信

图4-34 微信营销与短信营销的主要区别

4.3.3 微信与微博

自微信诞生以来，其瞬间庞大的用户增长和腾讯的高度重视，以及与微博的推广方式近似，一时关于微信要抢微博客户的传闻甚嚣尘上。其实，由于两个平台的差异，彼此的营销方式不尽相同，其客户的投放目标也不一样，如图4-35所示。

微信营销所基于的强关系网络，如果不顾用户的感受，强行推送各种不吸引人的广告信息，会引来用户的反感。凡事理性而为，善用微信这一时下最流行的互动工具，让商家与客户回归最真诚的人际沟通，才是微信营销真正的王道。

另外，偏内容的微博与微信平台也可互补：一个传播面广，精于传播；另一个转化率高，可精准营销。若能相辅相成来操作，可以为用户带来更多价值。

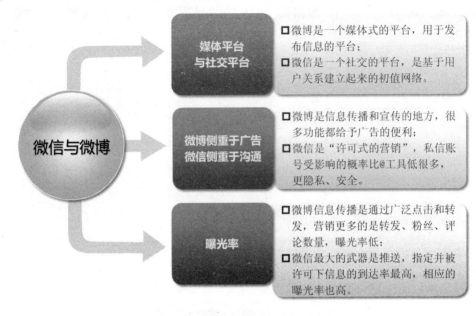

图4-35 微信营销与微博营销的主要区别

第5章

二维码，互动体验式营销

二维码已经不是陌生的词汇，这个由黑白小方格组成的矩阵图案只需用手机轻松一拍，即可获得意想不到的丰富信息及优惠折扣。二维码的应用在传统商业和移动互联网商业之间架起了一座桥梁，推动了微营销迈上了一个新的台阶。

◇ 解密二维码营销
◇ 二维码的营销策略
◇ 运用二维码，开创微营销

5.1 解密二维码营销

二维码营销是最火的移动互联网营销手段，门槛低、成本少、可应用行业广泛、简单方便、可塑造性强，是网络营销界最有潜力的微营销方式，是各行业进军移动互联网营销必备的手段，如图5-1所示。

图5-1 二维码营销的重要性

5.1.1 二维码是什么

二维码是用特定的几何图形按一定规律在平面分布的黑白相同的矩形方阵记录数据符号信息的新一代条码技术，由一个二维码矩阵图形和一个二维码号及下方的说明文字组成。经手机APP运算解析后，二维码可以指向任何网址、文字、图片、视频、游戏等，因此被称为移动互联网最好的商用载体。

在许多种类的二维条码中，常用的码制有：Data Matrix、Maxi Code、Aztec、QR Code、Vericode、PDF417、Ultracode、Code 49、Code 16K等。其中，QR码（Quick-Response code）是被广泛使用的一种二维码，解码速度非常快。图5-2所示就是一个QR码的基本编码结构。

企业主首先要明白二维码的优势是什么。

（1）信息量大：二维码是一个多行、连续性、可变长、包含大量数据的符号标识，它能包含庞大的信息量，是普通条码信息容量的好几十倍。

（2）编码范围广：可以把图片、声音、文字、签字、指纹等可以数字化的信息进行编码，用条码表示出来；可以表示多种语言文字；可以表示图像数据。

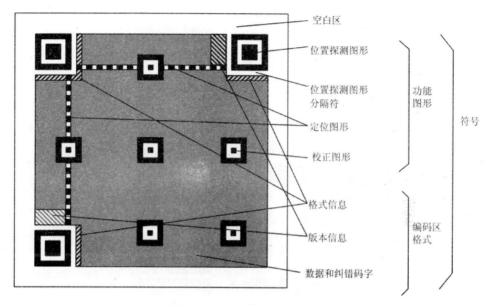

图5-2 QR码的基本编码结构

（3）成本低，易制作：二维码有非常多的内容，其成本并不高，并且能够长久使用。

5.1.2 二维码的应用领域

今天，无论是雄心万丈的移动互联网创业者，还是家大业大的老牌互联网公司，近来都纷纷乐于谈论二维码这块不新鲜却有新意的应用市场，通过扫描二维码进行手机上网、购物、买电影票、打印优惠券、会议签到等逐渐成为潮流。可以说，二维码是O2O（Online To Offline，线上线下）模式很好的切入点，如图5-3所示。

随着移动互联网的发展，智能手机和二维码的结合，更进一步地拓展了二维码应用领域，同时也极大地方便了人们的生活。可以这么说，二维码正在改变着人们的生活，并且越来越普及，越来越多的企业正通过二维码的方式提供新的商业应用。

二维码在国外的应用已开展多年并且有了广泛的应用空间。在一些发达国家，二维码在城市管理服务体系和民众日常生活服务中都得到了有效应用。据了解，二维码技术已经在美国、德国、日本、韩国、英国、墨西哥、埃及、哥伦比亚、巴西、新加坡、菲律宾、南非、加拿大等众多国家广泛普及。

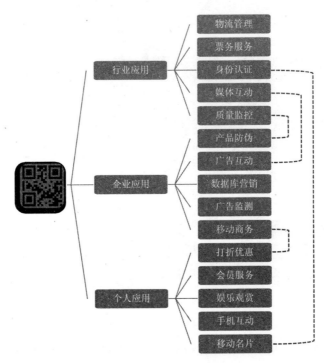

图5-3 二维码的应用领域

我国在二维码研究方面也不断取得新突破，特别是一码多识技术突破了二维码只能存储、读取一种信息的物理限制，为二维码在多部门、多行业、多用户之间的协同作业提供了新的技术基础。因此，二维码在生活中并不少见，而使用它的群体也从专业人士向普通百姓扩展，随着智能手机等移动终端产品的普及、发展，看似单调的二维码世界正逐渐丰富多彩起来。

如今，二维码已经推广到了机场、餐厅、公交、电影院、会议、传媒、旅游等生活中的方方面面。可以预见，随着二维码应用在技术、终端等方面的突破，二维码技术还将迎来更为火热的发展。

5.1.3 二维码的价值

很多营销人员都学会了将二维码与O2O模式进行结合，即利用二维码的读取将线上的用户引流给线下的商家。这样，只要培养了足够多的用户群，再结合良好的商业模式，二维码将成为桥接现实与虚拟最得力的工具之一，如图5-4所示。

二维码的价值

品牌广告互动	微信营销闭环
会员价值挖掘	O2O落地服务
促进客户开发	移动支付应用

图5-4　二维码的应用领域

最近几年，随着智能手机普及，大众愈加重视互动和信息传播，加之二维码是开源的，参与成本低，它在中国才具备了爆发的背景条件。跳出二维码的具体应用场景，从运营层面来看，目前中国二维码运营模式可分为5类，即网络社交类、服务提供类、电商购物类、媒体阅读类以及应用工具类。

（1）网络社交类。目前，网络社交类主要以微博和微信为代表。例如，微信APP中的二维码提供多种功能服务，带来更便捷并且有趣的操作体验，也为用户创造了一个提高关注和营销的机会，如图5-5所示；纽约BBDO黄禾国际广告公司推出了一款啤酒杯，酒杯上印上了白色的二维码，扫描二维码就可以得到Foursquare上的优惠券及特价，不过透明酒杯上的白色二维码是无法扫描的，只能倒入颜色够深的Guinness啤酒才能够扫描杯上的二维码，如图5-6所示。

> **TIPS：**
>
> 　　微信除借二维码增强社交功能外，在O2O上也已动作频频。腾讯电商控股公司生活服务电商部总经理曾对媒体如此阐释：微信将通过二维码识别，在商家和用户之间建立起联系，形成"熟人"形式的SNS，进而指导O2O业务。
>
> 　　正如腾讯首席执行官马化腾所言，二维码是线上和线下的关键入口，微信本身也在开启O2O商业化的大门，腾讯在微信客户端推出二维码的同时，也和实体商家进行接洽，推出一些通过二维码实现交易、优惠等活动，从而呈现出目前微信所拥有的LBS（Location Based Service，基于位置的服务）实现O2O模式的雏形。

（2）服务提供类。服务提供类的二维码范围比较广，比如二维码营销、为客户提供从票证检验到物品信息二维码化的一整套运营解决方案皆属此类。

图5-5 微信二维码名片　　　　　　　　图5-6 二维码啤酒杯

（3）电商购物类。依托于二维码的移动电子商务平台将成为众多公司未来的核心业务，为商家商品制作、营销二维码，消费者扫描它之后登录其移动电子商务平台实现购买，这种模式必将催生出体量巨大的公司。也就是说，今后的网购不用再坐在计算机前了，在地铁、商场、小区、电梯等任何贴有二维码的地方，只要消费者打开手机一刷，就可以直接购物，如图5-7所示。

图5-7 1号店的二维码购物墙

（4）应用工具类。二维码的应用，可以分为主读和被读类应用。

被读类应用：是以手机等存储二维码作为电子交易或支付的凭证，可用于电子票务、消费打折等。

主读类应用：是以安装识读二维码软件的手持工具（包括手机），识读各种载体上的二维码，可用于查询信息、防伪溯源、购物付款、执法检查等。

（5）媒体阅读类。由于二维码中可以包含极大的信息量，随着智能手机在日常生活的普及和Android和IOS智能手机系统的崛起，二维码扫描阅读将改变人们阅读的习惯。众所周知，在手机上编辑网址十分费力，而使用二维码的话只要一拍就可以进入相关阅读页面了，方便又快捷。

> **！TIPS：**
>
> 阿拉伯报纸Gulf News与当地的咖啡连锁品牌Tim Hortons合作，利用特制的打印机，将每个小时在Twitter更新的新闻头条打印到咖啡杯套上。
>
> 顾客在品尝咖啡时，自然会留意上面的新闻，甚至会通过短链接和二维码访问报纸的Twitter账户和网站，如图5-8所示。
>
>
>
>
> 图5-8　咖啡杯上的二维码
>
> 这种营销方式的好处有两点：一是最新资讯尤其是突发新闻更易引起人们的好奇，满足人们及时跟踪时讯的需求；二是不同时间光临的顾客看到的新闻不同，给人一种特别的身份认同感。与众不同向来是许多人内心的隐性需求，因此个性化与定制化才那样受欢迎。

二维码最大的价值在于其平台化的特点，最大的商机在于其典型的O2O模式，特别是二维码作为一个线上的入口，与手机支付相结合，通过手机就能完成支付过程，让O2O成为一条完整产业链。

5.1.4 二维码制作注意要点

二维码并不是一劳永逸的营销手段，消费者也不是看到任何二维码都会去扫描。二维码，只是个辅助工具。当然，这样的辅助工具用得好也是画龙点睛的一笔。但是，你首先要制作出正确好读的二维码，这是应用二维码营销最重要的一步。

（1）链接网址不要输错。在制作二维码过程中，要注意这些问题：很多人在输入网址时都容易忽略输入"http://"；很多免费制作二维码的网站和软件会为消费者预设"http://"，但如果消费者制作条码时直接复制网址栏的文字进行粘贴，结果就会变成错误的网址。例如：http://http://www.baidu.com/，这是非常容易犯的错误。

（2）大小要等比例缩放。千万要记住一点：二维码不可随意放大或缩小。随意放大或缩小二维码都会造成条码变形，变形包含了图档变得太宽或太窄，或是二维码当中的黑点模糊掉了，如图5-9所示。

图5-9 变形的二维码

> **TIPS：**
> 如果随意缩放二维码，可能会导致手机扫描不到该二维码。因此，缩放二维码时必须等比例缩放大小，不能随意变形图像。

（3）模组大小多做测试。模组大小（Module Size）就是二维码中的单一黑白点的边长，它们关系着二维码是否能被成功读取。在现实的二维码扫描过程中，由于每部手机的相机功能不同，如果智能手机的镜头好、像素高，则很小的黑点也能扫描出来；但低端手机的相机功能就有些不尽如人意了，需要较大的黑点才能扫描出来。所以，制作二维码时要利用不同机型、不同价位的手机，并做出不同大小的条码，来进行全方位的测试。

（4）后台支持很重要。商用的二维码必须有一个庞大的后台支持，可以随时更改、删减扫描后所呈现的内容，根据不同活动做内容调整，以达到时效、实用的目的，它可以根据实际的营销活动数据依据来评估活动效果，而且从其安全上考虑也应该选择成熟正规的公司制作或自己购买程序生成二维码。

（5）定位点要设计得当。二维码边缘有3个"回"字一样的定位点，之所以用这3个点是为了能够在倾斜条件下，也能被阅读并识别。甚至，就算是镜像翻转，也可以正常识别。因此，在做视觉设计时，尽量不要破坏那3个定位点，而且要保持3个定位点的颜色对比鲜明，以方便软件快速找到定位点。

> **！TIPS：**
>
> 　如果要在定位点做设计，则一定要记得在设计时随时测试二维码能否被正确读取，以免辛苦制作的漂亮二维码无法被读取。

（6）二维码周围留白边。在二维码的周围留白边，可以方便软件解码时快速找到前面提到的3个定位点，帮助二维码更快速地被读取，如图5-10所示。如果在设计时去掉了白边，则会降低二维码被读取的成功率。

（7）增强黑白点对比度。通常情况下，普通的二维码都是由黑点和白点交错组成的，而扫描解码软件的主要工作就是分析哪些是黑点、哪些是白点来判断它们的位置。因此，设计时加强二维码的黑白对比度（如图5-11所示），可以帮助解码软件加大读取的成功率，并且加快读取速度。

图5-10　二维码的周围留白边

图5-11　不同对比度的二维码

另外，二维码能否成功被扫描，除了以上问题外，还包含了"解析度"的问题。很多企业在做了二维码后，就铺天盖地把同一个二维码放到所有可以放的地方，这样做很容易衍生出一个可怕的问题：二维码可能根本扫不到。

解析度的问题可能来自以下两个方面：

（1）印刷解析度。例如，户外广告的印刷解析度，没有办法跟一般传单印刷解析度相比。当二维码图形没有经过适当的调整，直接放置在户外广告上，消费者可能根本扫不出来。

（2）视频解析度。如果想要在影片里面放二维码，那也必须要处理各种电视信号的解析度问题。例如，企业不能使用自己的LCD屏幕来测试影片二维码，因为电视信号传播到消费者的家里后，会有衰弱，都会变得模糊一些，这对于二维码扫描成功率有很大的影响。

5.1.5 二维码的市场规模

由于二维码非常适合在智能手机上应用，在现代商业活动中，可实现的应用十分广泛，如产品防伪溯源、广告推送、网站链接、数据下载、商品交易、定位导航、电子凭证、车辆管理、信息传递、名片交流、Wi-Fi共享等，如图5-12所示。另外，人们对于手机的依赖性也越来越高，商家通过手机就等于找到于消费者，若能善加利用二维码和消费者互动，就等于加强了广告的效果，因此借由二维码搭配移动广告的呈现方式越来越重要。

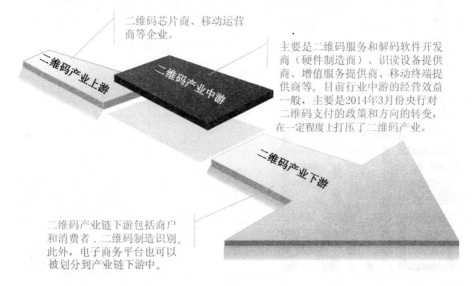

图5-12 二维码产业链

2013年中国二维码市场规模达到450亿元，到了2015年，二维码市场将超过1 000亿元，会有10 000家公司进入二维码行业。二维码是极具市场潜力的业务，这一点已经得到了先驱者的证明。统计显示，在日本、韩国等成熟地区，二维码的应用普及率达到96%以上。

5.2 二维码的营销策略

二维码铺天盖地而来，但如果企业运用二维码只是为了证明自己紧跟时代潮流，使用了最前沿的营销工具，那还是不要轻易趟浑水。二维码营销不能盲目跟风，必须注意以下6个关键点。

5.2.1 定位

任何营销活动首先都要明确目标，这不但为整个过程定下基调，同时，你的目标越明确，活动结束后也越容易评估结果。要对本营销策划所要达到的目标、宗旨树立明确的观点，作为执行本策划的动力或强调其执行的意义所在，以要求全员统一思想，协调行动，共同努力保证策划高质量地完成。因此，首先要明确投放二维码的目的，如图5-13所示。

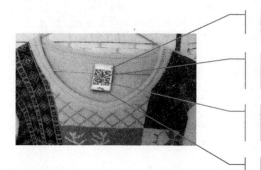

推广新品牌、增加曝光度。

给感兴趣的消费者提供服装信息等相关产品资料。

通过提供免费试穿、优惠券等形式，收集销售线索。

作为辅助手段，吸引消费者参加线上活动或下载APP应用等。

以服装行业为例，列举几个可能的需求

图5-13 明确你投放二维码的目的

> **！TIPS：**
> 这里只是列举几个可能的需求，总之，营销获得的目的越明确，就越容易识别是否实现了目标。

5.2.2 告知用户扫描的价值

现在，你已经确定了目标，下一步就是吸引用户前来扫描二维码。对用户而言，明确的价值就是扫描的动力，不要让用户感到疑惑："这孤零零的二维码是干什么的？"你要明确告诉大家："扫描我，对你有好处！"

在做二维码营销活动前，企业必须明白一点：你的客户绝对不是为了扫二维码，而扫二维码。二维码在体验上，像是实体世界的URL（Uniform Resource Locator的缩写，也被称为网页地址）。跟URL相同，企业很难透过URL告诉用户这里面有什么，通常用户不是因为记住你的URL而前来的，而是透过别处的链接进来的。

例如，在浏览网页过程中，如果在醒目位置只看到一排URL，却没说那是什么的文章，估计很少有人会点击进入。二维码营销也一样，在不知道里头有什么的情况下，将很难取得优良的二维码扫描率。如果里面是优惠券，你应该要在二维码旁边就注明这里面是优惠券，如图5-14所示。

图5-14 告诉用户二维码里有什么

不论你给用户提供怎样的价值，都得让他们明确知晓，最忌讳的就是只放一个二维码，可是却没跟用户说这里面是什么。这样做会导致以下两种结果：

（1）用户不会扫此二维码，因为他没有动机（主要是你没有给他动机）。

（2）用户扫了之后觉得很失望（也会对你的产品或品牌失望），因为内容并不是他所期望的。

这两者都不是企业想要的结果，所以必须要事先说明二维码里面有什么，这样才能有较好的扫描率。对于普通用户来说，二维码工具最直接的方便之处，就是在于二维码能给用户带来精准的产品相关数据，包括商品的价格、产地、品名以及其他一些简介。其实这些也是用户所需要的、实实在在的东西。

> **! TIPS:**
>
> 优惠也是增强二维码诱惑力的关键因素。二维码优惠在生活中并不少见，在大街上出现的大大小小的宣传牌上都能见到二维码的身影。凭借着路过"扫一扫"的举动，消费者就可凭借扫到的二维码拿到相应的优惠价格。从此，消费优惠不再需要团购、上网、信用卡，一个小小的二维码即可轻松搞定。

5.2.3 好看的二维码

不得不承认，二维码真的不好看，有时候极其破坏画面感。而千篇一律的黑白方框二维码实在是让人提不起兴致。所以，为了吸引眼球，不妨设计一款让人眼前一亮的二维码。

二维码的本身是非常难看的黑色方块点的聚合，因此在如何吸引用户眼球时，设计者就要多动脑筋了。例如，德国在线玩具商店就创造性地利用乐高来拼凑出二维码模型，这样不仅可引导用户进入商店而且可促进乐高玩具的销售，关联乐高箱子还可以直接通过二维码解码从网站购买，如图5-15所示。

图5-15 利用乐高来拼凑出二维码模型

TIPS:

　　实际情况中，二维码在大部分应用中都会被作为一种连接纽带来使用，一头连接原有的产品或服务，另一头连接动态化、多样化的附加服务，从而让客户获得更贴近自身需求的体验。其实，在实际操作中还有很多探索的空间，还有更多创意用法等着你来发挥。

　　二维码有比较强的容错度，在二维码生成时，冗余代码最高可以高达30%。这意味着，你可以遮挡30%的图案，把LOGO直接打在画面上，而不是编在代码里，如图5-16所示。当然，这有一定的局限性，因为代码的某些部分不能分割，也不能被删除，比如三个角上的定位符，但这依然为创造性的设计工作提供了机会。

　　例如，在亚洲最高端的专业食品展之一的上海高端食品与饮料展上，有不少消费者发现海尔商用冷柜的展区有二维码蛋糕，扫描二维码就可以成为海尔微信公众平台的粉丝，如图5-16所示，加"关注"后还可以享受免费赠送的美味冰淇淋。

图5-16 扫描蛋糕上的二维码即可成为微信公众平台的粉丝

　　不管你的二维码设计得多漂亮，或者多么充满设计感，位置摆放得多有优势，多么吸引人的眼球，如果不容易被读取，就不算成功。

　　下面看看哪些二维码不容易被读取。

　　（1）用手工拼制出来的二维码，如图5-17所示。

　　（2）用巧克力拼接出来的二维码，如图5-18所示。

图5-17　用手工拼制出来的二维码

图5-18　用巧克力拼接出来的二维码

（3）用纽扣拼接出来的二维码。

（4）用铅笔画出来的二维码。

（5）用便利贴贴出来的二维码。

其实，在提供二维码让用户扫描时，最好不要放太多类型的二维码，通常一个就够了，让用户不用思考即可直接扫描。如果还要让用户去开动脑筋，很有可能会使他放弃扫描你的二维码。例如，制作条码时，可以设置Android、iPhone等分别链接到不同的网页，这样不同平台也只需要一个二维码。

5.2.4　链接页面的设计感和可用性是关键

到这里，用户已经因为某些实用的正面激励或者引人注目的设计而扫描了你的二维码，下一步，他们将来到这枚二维码中所隐藏的页面。企业在利用二维码让用户浏览网页时，要记得用户是通过智能手机扫描二维码后链接到网页的，这里是至关重要的一步。在手机上打开PC端桌面网站的糟糕体验会让用户瞬间点击关闭，营销人员前面的一切努力都烟消云散了。

下面介绍一些二维码链接页面的设计感和可用性分析：

（1）尽量使用较短的网络地址。由于越长的网址产生的二维码越复杂、越难识别，因此应尽量使用短网址（越短越好）。一般使用的网址，黑白点密集判读速度较慢，如图5-19所示；经过处理后的短网址，黑白点颗粒较大，判读速度快，如图5-20所示。

（2）链接网页不要放Flash元素。将Flash做为网站设计的主要元素，利弊相当明显。不得不承认，Flash网站好看，能够提高企业形象，尤其是服装、美容、化妆品等行业。但是Flash不一定能够体现出更多具有价值的信息，而且苹果系统的iPhone和iPad全部都不支持Flash格式文件，如果二维码链接过去的网页是用Flash制作的话，则代表这些拥有高消费能力的人群都无法看到你的产品和活动。

图5-19 黑白点密集

图5-20 黑白点颗粒较大

（3）网页的内容要精简干净。手机网页内容的多少也需要多多考量，由于手机屏幕不大，网页的信息最好限定在一页即可，尽量不要让用户往下拖拉才能看完整个信息，如图5-21所示。

图5-21 网页的内容要精简干净

（4）用户反馈显得尤为重要。智能手机等移动设备不存在鼠标悬停和动画，而且大多数设备都是在被触摸时才有所显示，所以及时提供清晰的操作反馈信息是非常重要的。

（5）尽量创造更好的用户体验。在手机网页设计中，由于空间限制，为了让设计更加有效、可用、可读，所有元素（按钮、导航、图标、文本等）需要有序正确地排列。虽然屏幕的尺寸变小了，网页中的空白部分却依然不可少，因为留白是所有优秀设计的关键，可以创造更好的用户体验。

所以，设计一个界面友好的手机版本网站非常必要。你还可以加入特定代码，来跟踪分析用户的浏览轨迹。

5.2.5 评估营销结果

如果用户在二维码跳转页面中停留了足够长的时间，那么你应该感到高兴，因为你找到了一条与用户互动的有力途径。

通过二维码互动营销活动，可以快速收集顾客的来源、关注点、反馈意见、使用体验等信息，实现对营销过程中的渠道效果、兴趣所向、时间分布、客户满意度等方面、多纬度、多角度进行精准的数据统计以及详尽的数据分析，从而实现营销效果的量化以及商业机会的挖掘。

通过二维码营销活动，既可以盘活、整合、优化传统媒介资源，带动线上线下互动营销，又能丰富微信、微博等互动营销的形式，增强营销的效果；另一方面，也可以帮助广大传统企业通过智能手机这个重要媒介，将大量的客户群进行线上线下的相互转化，让企业赢在移动互联网时代的起跑线上。

二维码可以快速传达企业的营销活动，并利用手机电商实现便捷赢利的目的。二维码营销平台可与企业原有的广告渠道链接，实现"一渠道两次宣传"，实体广告宣传与虚拟客服统计无缝对接，数据安全、详细、精准、互通，可以实现手机在线购买的功能。

二维码可以实现"虚拟宣传员"快速互动。无论将二维码贴在哪一种媒体上，例如网页、海报、杂志、产品宣传册等，它都可以变身为"虚拟营销员"的形象，都能帮你说出更多的企业故事与信息，还能在互动中留下客户的精准联系信息。例如，在产品或赠品上巧妙地融入设计造型的二维码，可以方便消费者四处传播产品的宣传信息，让消费者再次成为你的推销员，如图5-22所示。

图5-22 带有二维码的产品

将二维码置于营业场所中的海报、杂志、水牌、桌贴以及DM单上，甚至可以置于户外广告牌、公交地铁等载体上，消费者打开任何扫描软件扫描二维码，即可快速与企业活动互动，建立用户与企业直接联系通道。同时，营销活动的互动人群还可以将此活动转发到他的人际圈内（如微博、人人、微信等），这样又带动了企业宣传的二次营销。

企业的整个营销流程都可以使用二维码来环环相扣，用户在互动中所得转变成下线的实际利益。例如，商场可以利用二维码发放免费会员卡、购物积分、代金券等，调动顾客来到现场购物的积极性，增加了客流量，制造出更多的营销机会。

> **！TIPS:**
>
> 通过二维码线上线下互动营销的特性，可以将线下的活动信息带到线上，通过"线上引爆"的方式达到最佳宣传效果。另外，与顾客进行线上互动游戏、客户推荐客户等形式，既增加了关注度，又降低了企业推广的成本。

若二维码扫描量过低，这时就该反省下中间的细节，比如，是否是投放位置不利于扫描；宣传推广力度不足；整体活动不够吸引人；整个二维码营销方案的不完善性等原因。

5.2.6　跟踪与分析

当前，微营销也趋向于个性化定制，如果二维码是指向一个非移动版本的网站，如此不友好的体验，那么你也别期望能换来多大的消费群体；如果你只是用二维码把人们导向一个网站，你就失去了很多对数据提供更好的客户服务进行深入调查、探索的机会。

例如，"Microsoft Tag"是微软自行开发的一种二维条形码技术，不过和我们常规看到的那些黑白的二维条形码不一样的地方在于微软用了彩色的三角形来存储数据信息，如图5-23所示。

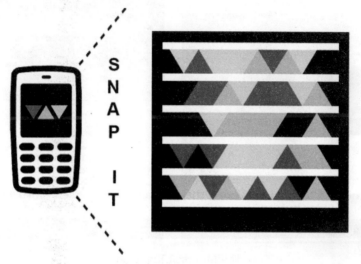

图5-23　Microsoft Tag

另外，这种二维码没有真正储存信息，它所储存的是单独的ID。用手机扫描该标签后，程序会自动从服务器上获取该标签的信息到手机上。这样虽然有必须联网的弊端，但是好处在于对于微软标签的读取都将被记录在服务器上，对于企业来说就很有用，这样可以方便地跟踪统计客户读取自己的微软标签的情况。

运行Microsoft Tag Reader客户端后，会在手机屏幕中间显示一个虚线的红色方框，用户只需要移动手机将要扫描的Tag放在这个方框中间即可。经测试，Microsoft Tag Reader的识别速度非常快，有时候甚至刚刚把摄像头挪过去对准Tag，感觉摄像头还没有对准焦距而Microsoft Tag Reader就已经读取出该Tag里面的内容了，如图5-24所示。

Microsoft Tag的管理和维护可以直接到其官方网站来进行操作。通过使用

Windows Live ID登录之后，用户可以在里面创建Tag、维护Tag分类目录以及查看Tag的点击日志。另外，对于每个Tag还都可以设定其有效期，然后还可以通过Tag的分类目录来管理Tag。当然，最重要的一点就是Tag的使用报告，选择某一项报表之后则会让用户筛选日期来生成三维的柱状图，而且其结果也可以方便地导出到Excel文件中。

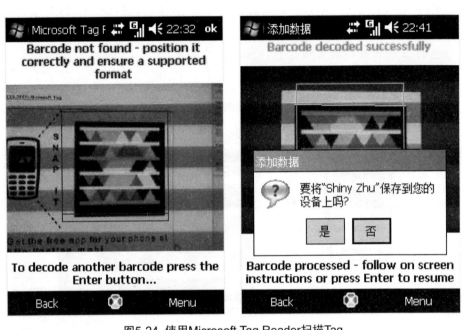

图5-24 使用Microsoft Tag Reader扫描Tag

Microsoft Tag的确比较惊艳，只保存信息编号是其最独特的地方，非常方便统计，而且用户还可以设置Tag的有效时间，应该说前途非常看好。对于企业来说，除了Tag的使用报表以及自定义Tag之外，还有一项很重要的功能，那就是丰富的API。微软提供了Microsoft Tag系统的Webservice接口，用户可以方便地通过Webservices来创建管理自己的Tag和分类目录。

总体来说，Microsoft Tag是一项非常不错的应用，尤其是它的Tag使用分析对于企业非常有用，而这是常规的二维码系统所无法达到的。有了资料统计分析数据在手，企业应谨慎地去评估使用者的接受程度和使用习惯。企业或是广告主，应针对这些数据，做出相对应的广告营销策略调整，以求得营销效益的最大化。二维码营销带来的用户都是精准客户，利用终端工具对其进行分析，根据数据统计不同的喜好、习惯等进行分类，然后从被动营销转化为主动的精准营销，这就相当于一个未成型的"小金库"等着你来经营，如图5-25所示。

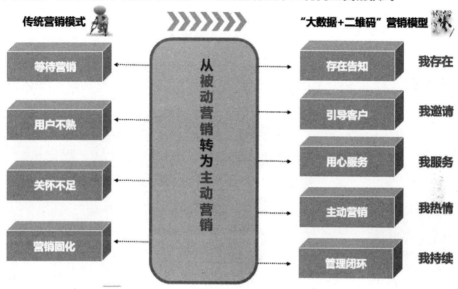

图5-25 二维码精准营销

5.3 运用二维码，开创微营销

随着移动互联网的发展，智能手机普及以及APP应用的流行，二维码借助移动互联网进行企业信息传播，已经成为企业新的关注点和微营销工具。二维码已经和常见的条形码一样走进了我们的工作和生活当中，善用二维码可以拉近产品和客户的距离，直接为产品增值。

5.3.1 二维码营销前期注意事项

以手机二维码为基础的营销是一种新的微营销方式，其应用策略主要表现在技术、平台、目标市场、支付和流程管理5个方面。而前期的工作将决定后续的成果。接下来，笔者将依据多年的二维码营销运营经验，分享下手机二维码营销前期，必须要注意的一些事项，如图5-26所示。

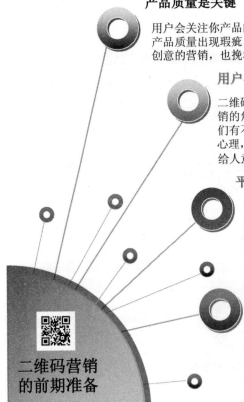

产品质量是关键

用户会关注你产品的新、优、特、稀，可是如果产品质量出现瑕疵，就算是再新颖的营销，再有创意的营销，也挽救不了品牌。

用户心理研究

二维码营销的扫码动力是我们必须要注意的。从营销的角度来讲，给予用户足够的动力，才能让他们有不可抗拒的扫描欲望。所以，摸清楚用户的心理，再去制定相关的营销内容，这样往往会带给人意想不到的惊喜。

平台的选用很重要

如果企业找不到一个好的平台来展示自己的企业二维码，而只是把宣传二维码摆在某个地方，等待大众扫码，那么二维码的价值就大打折扣了，可以说是形同虚设。

换位思考，掌握预期

在使用二维码前要帮客户做好合理的预期。换个角度想，当我们是用户，扫完二维码后没有达到预期的效果那么造成的坏影响也是很大的，即便没有负面影响，没有好的预期也会造成整个营销链条的终结，导致半途而废的结局。所以，在考虑用户心里时就应做好整个系统化链条，做好着陆终端和长期服务呈现。

二维码营销的前期准备

图5-26　二维码营销前期注意事项

5.3.2　创意二维码可以无处不在

企业二维码营销怎么做？在社区、商场、医院，甚至在大街小巷都布满了二维码的身影。但企业真正了解二维码吗？其实，企业想要从二维码营销中获利，就要让黑白平庸的二维码变得更加绚烂夺目，富有趣味性，通过创意营销来吸引更多用户的眼球，如图5-27所示。

随着智能手机的普及，移动互联网已经开始成为商家的必争之地，特别是二维码的运用，极大地加强了线上与线下的互动。二维码，被誉为"移动互联网的最后一段距离"，为移动互联网服务的落地做出了不可磨灭的贡献。

然而，二维码本身并不那么招人喜欢。通常可以看到的大多数二维码软件生成的二维码都是黑白格子，品种单一，吸引力弱。如今媒体传播环境日益丰富，年轻化的消费受众更是喜欢尝鲜，所以二维码在设计上值得一变！

二维码提升商业价值

韩国首尔Emart商场，打造出需阳光照射才会显现的3D二维码雕塑，只有在正午时分,阳光照射在柱子下所形成的阴影才会构成一个二维码，以促进销售。

二维码创新营销

英国农场主在奶牛的身体上喷上独特的二维码，参观者只要用手机对二维码进行扫描，就能链接到这头奶牛的"个人博客"，直观地了解它的健康状况和活动情况。

二维码社交应用增多

二维码"过年贴"应用让每一份流转的礼物变得"有声有色"，随礼物送出一份个性化的问候，满足了各种节日祝福、问候等社交需求。

图5-27 创意二维码可以无处不在

（1）表现形式要充满创意。除了黑白相间的方式，带有个性色彩的彩色二维码也正在被年轻人所接受。例如，在二维码中嵌入公司Logo、个人头像等，颇受一些年轻公司的欢迎。

> ⚠ **TIPS:**
>
> 二维码只是一个工具，如何利用二维码当作工具，并设计巧妙的方法来表现纸上设计的另类创意，这才是难度所在，创意本身才是最难的。例如，日本东京的五家酒吧和咖啡馆举办了一个名叫"只有一杯鸡尾酒"的二维码市场营销活动，活动中在鸡尾酒和咖啡中放入漂浮的二维码，如图5-28所示。消费者使用手机扫描后，可以链接到一个占星预测的手机网站，还能参与一个小竞赛——用户根据里面播放的音乐来猜是谁演奏的。以音乐来作为二维码营销的互动体验，既增加了酒吧的情调，又让酒吧变得更加高雅。
>
>
>
> 图5-28 酒杯中漂浮的二维码

（2）二维码建立秘密惊喜。例如，腾讯应用宝推出的"扫红码得红包"活动，通过微信扫红色二维码即可获得微信红包，如图5-29所示。

图5-29　二维码红包

（3）活用二维码营销渠道。其实，二维码并是不一劳永逸的营销手段，消费者也不是看到任何二维码都会去扫描。二维码，只是个辅助工具，当然，这样的辅助工具用得好也是画龙点睛的一笔。但是，在应用之前，需要认真思考二维码的营销渠道，其主要有微信、网页、线下广告、微博、企业名片、电子邮件以及百科词条等。

5.3.3　把广告做在用户的手机里

如今，大部分企业只是将流行的二维码作为广告的有效补充，虽然做起来似乎很简单，从网络上就可以自己动手，免费生成。但是，现在大部分的二维码广告仍然只是做了一个官网或者优惠活动的链接入口，对于用户来说，这种二维码根本没有设计可言，用户以后也会对这种营销慢慢疲惫。

因为手机设备一直是移动互联网的主要接口，所以在任何媒介中都可以利用二维码将资源进行整合、链接，形成"线上＋线下"的传输媒介，给用户以往不同概念的服务和体验。因此，如何通过二维码让用户深入体验广告，成为企业必须考虑的问题，如图5-30所示。

例如，大众汽车Crafter推广案例应属此类：把现场的户外实物媒体通过二维码链接至移动网站上的视频内容，使展现的信息更为丰富，而且由于二维码的特殊性还能给顾客带来现场与非现场的时空跨越的感觉冲击，使用户留下深刻的印象。

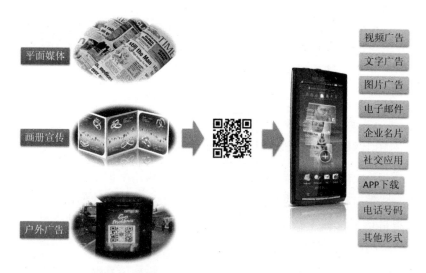

图5-30 通过二维码把广告做在用户的手机里

　　大众汽车为了宣传Crafter货车的载货能力，展开了一场由装满橙子的箱子摆成的二维码活动案例。工作人员将装满橙子的箱子按照顺序进行排列组合，经过长时间的工作，制作出一个超过7米高的巨型箱体二维码，如图5-31所示。

　　使用手机扫描这个箱体二维码，即可看到一段视频显示相应的内容："一辆Crafter货车缓缓驶来，将所有的装满橙子的箱子装走，而且一个不落。"

图5-31 巨型箱体二维码"内藏"视频广告

!TIPS:

　　如果说营销的精髓是内容的话，那么大众的这次营销，精髓就在于其呈现形式本身。这个二维码被放在人来人往的Central De Abasto市场里，看着一个这么巨大的二维码，谁都想驻足一探究竟。而这正中了大众公司的下怀，看着载货容量如此之大的Crafter货车，想购买货车的人想必都会心动。

5.3.4 打造新型移动广告模式

随着智能手机的迅速普及，具有远见的广告主早已把目光转向最具有发展前景及不可忽略的移动广告，而广告平台服务商也正在加紧这方面的布局。

2014年3月31日，全球信息技术研究和咨询公司高德纳（Gartner）发布统计称，全球移动广告支出有望大幅增长，由2013年的131亿美元增加至2014年的180亿美元，并在2017年将进一步增长至419亿美元。

事实上，智能手机用户也正变得越来越适应移动广告，智能手机用户往往更愿意安装带有移动广告的免费应用，并且也乐意收到与他们日常生活相关的品牌信息推送。受益于移动互联网整体产业的快速发展和移动终端的更新迭代，移动应用广告被行业视为新的蓝海，具备极大的掘金机会及战略意义。

以往所有的营销手段大部分都是采用短信、彩信以及微信等形式广告，这类移动营销最大的特点就是便捷，就像一间"移动商铺"。其实，手机二维码营销同样具有这个特点，企业与商家可以在现有的任何形式的广告中设置二维码，只要用户扫描了二维码，即可在任何时间和任何地点对产品进行了解。

如图5-32所示，这是一则微妙的二维码广告，数字点乍一看似乎是像素点组成的喷雾，但如果你更仔细地看，就会发现它组成了一个QR码。

图5-32 微妙的二维码广告

通过手机二维码，用户可以全方位了解广告内容，即不是原有的简单的一个户外或平面媒体的广告内容可以相比的，也不是短短的几十秒的电视广告可以表现的。另外，户外广告有面积的限制，平面媒体有版面的约束，电视广告则有时间的限制，但是二维码却不用考虑这些问题，它具有极大的信息量，可以用手机浏览网页上的所有内容，又不用将消费者限制在计算机前面。

由于二维码非常适合在智能手机上应用，因此从数年前开始，日本及欧美等国家开始广泛把二维码应用到各种营销渠道上，如海报、影片、实体产品等。另外，人们对于手机的依赖性也越来越高，商家通过手机就等于找到消费者，若能善加利用二维码和消费者互动，就等于加强了广告的效果，因此借由二维码搭配移动广告的呈现方式越来越重要。

> **❗TIPS:**
> 如今，二维码在多媒体信息拓展以及开启应用营销方面的作用更加明显。消费者只要扫描商家的二维码即可获得全部的商品打折信息，并可以当作普通的折扣券享受打折；在地铁站、公交站、户外媒体中，只要扫描二维码就可以进入周边服务，诸如餐饮、娱乐、美容等；二维码还可以作为彩信手机报，以随时了解各种信息。

5.3.5 二维码成为移动O2O桥梁

二维码是最小的"端口"，但这个"最小端口"有望成为连接庞大虚拟世界的重要桥梁。企业可以基于二维码给用户带来不同的体验，带来一个发现崭新虚拟世界的机会，能够把普通的商品、物理的经营场所、媒体等各种实体场景与虚拟世界更好地联系起来。

例如，Joe咖啡利用商务人士们喜欢边喝咖啡边看报纸的习惯，让更多的人走进自家的咖啡店。Joe咖啡在报纸上刊登了大版面的广告，并在广告中放入二维码，消费者只要用智能手机扫描二维码，就会收到离他们距离最近的一家Joe咖啡店信息，包括Google地图上显示的通往Joe咖啡店路线，以及一杯免费咖啡的优惠券。这样就能吸引消费者到Joe咖啡店，坐在店里一边喝咖啡一边看报纸了，如图5-33所示。

图5-33 二维码成为线上与线下的桥梁

Joe咖啡登在报纸上的带有二维码的广告，利用人们日常的习惯，寻找到了广告出现的最恰当时机和地点，使人们在看到广告后便走入咖啡店，可以说是在最短的时间内得到广告效果的回馈。同时通过此举，消费者对于前往Joe咖啡馆的路线会有一定记忆度，店内美味的咖啡试喝也很容易培养出一批回头客。

Joe咖啡用一个看报纸喝咖啡的常见应用场景，用二维码广告精准地捕捉店家的目标人群——商务人士，创意互动无疑能为Joe咖啡带来大批新顾客，为其打开知名度，培养忠诚度顾客群体提供了一种可能性。

> **❗ TIPS:**
> 与消费者互动可以有很多种方式，但如何能达成真正有效的互动？正面推广品牌，甚至培养用户的品牌忠诚度，这些都不是简单的有奖活动就能达成的。Joe咖啡的营销案例就具备创意和与用户的深度互动。因此，如何更好发挥社会化媒体的真正价值，并利用整合的方式到达目标消费群体，营销人员仍需花一番功夫好好思考。

应用二维码的信息传递模式，可以使用户居于主动的地位，而非处于单方面接收信息的一方，在信息沟通的桥梁上创造了互动的模式，让用户感到较深的涉入程度。因此，比起一般产品以及服务的宣传方式，用户对于结合二维码所推出的商品会更有兴趣。

二维码互动营销平台不是孤独存在的，而是依靠企业目前的营销方式，企业官方二维码可以印刷在报纸、杂志、广告、图书、包装以及个人名片上等多种载体上，用户通过手机摄像头扫描二维码即可实现快速浏览企业的活动信息、获取优惠券、参与抽奖、了解企业的产品信息。

在二维码营销的作用下，用户手中的商品变成了一个数字媒体，通过手机成为了沟通渠道，这是二维码作为一个"端"的媒体属性。在百货零售、便利店、超市甚至家装建材等行业，都存在着传统商业模式利用互联网方式变成新商业形态的可能性，但这需要看行业场景，分析细分行业的"痛点"是什么。对于O2O，其实如今已经很难分清楚谁在线上、谁在线下了，只要你是被互联网化了，其实这就可以说是新商业的雏形。

> **❗ TIPS:**
> 二维码互动营销平台可以实现跨媒体的链接功能，增强了信息容载量和对手机的适配性。

第6章

社交分享，口碑营销红利

这是一个社交媒体大爆炸的时代，谁不会利用社交媒体这种廉价、高效、传播广的营销方式，谁就失去了一条与用户最直接的沟通渠道。在移动互联网时代，结合着口碑营销的社交媒体微营销，到底怎么做才能最有效？本章将告诉你答案。

◇ 解密社交网络营销
◇ 社交网络的营销方式
◇ 基于社交网络的微营销策略

6.1 解密社交网络营销

社交网络营销型网站一般被人们称为社交站，它是Web2.0或者新世纪的交流平台，最有名的如Myspace、Facebook等。随着网络越来越深入中国人的日常生活中，社交网络的崛起，正改变着企业的营销策略与方式。

6.1.1 什么是社交网络

社交网络源自网络社交，网络社交的起点是电子邮件。互联网本质上就是计算机之间的联网，早期的E-mail解决了远程的邮件传输问题，至今它也是互联网上最普及的应用，同时它也是网络社交的起点。BBS则更进了一步，把"群发"和"转发"常态化，理论上实现了向所有人发布信息并讨论话题的功能。

随着网络社交的悄悄演进，一个人在网络上的形象更加趋于完整，这时候社交网络出现了。社交网络已经成为现代网络达人们必不可少的交往方式，通过一个好的社交网站，网友可以实现在线分享图片、生活经验、开心趣事、在线交友、在线解答生活难题，甚至可以通过一个比较好的社交类网站，实现在线求职，解决自己找工作的难题。国内社交网站的代表如图6-1所示。

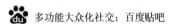 多功能大众化社交：百度贴吧   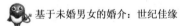 基于未婚男女的婚介：世纪佳缘

基于大众化的社交：QQ空间   基于年轻用户的交友：51

基于白领用户的娱乐：开心网   基于原创性文章：新浪博客

基于学生用户的交流：人人网   基于位置信息的社交：麦乐行

基于网络同居的情感交流：赛客网   基于社会化问答网站：即问即答网

图6-1 国内社交网站的代表

社交网络简称SNS（Social Network Service），通俗来说就是"社交＋网络"，通过网络这一载体把人们连接起来，从而形成具有某一特点的团体。社交网络是社会性服务网络，使得人们可以在社交网站上做以下3件事：

（1）发布自己的信息。

（2）浏览他人的信息。

（3）与其他用户建立连接实现信息的交流。如此，我们便在社交网站上实现了信息的传播。

6.1.2 什么是社交网络营销

企业根据市场需要组织生产产品，并通过销售手段把产品提供给需要的客户被称作营销。社交网络营销是集广告、促销、公关、推广为一体的营销手段，是典型的整合营销行为，其本质就是促进商品销售。

社交网络本身是以聚合人群为特点，在这些网络应用中，人们可以交友，相互联系。有的时候，就算应用本身没有明确的交友功能，但一些活跃的人物都会有大批的跟随者。社交网络营销的核心是关系营销，社交的重点在于建立新关系，巩固老关系，营销人员可以使用4P理论和5R理论作为社交网络营销的基本方针，如图6-2所示。任何企业或创业者都需要建立新的强大关系网络，以支持其业务的发展。

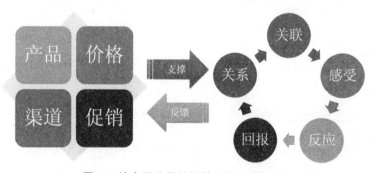

图6-2 社交网络营销的核心是关系营销

1. 4P理论

4P理论是指以产品（Product）为基础，制定一定的价格策略（Price），辅以渠道（Place）和推广（Promotion），进而实现最大的利益。4P理论，对社交网络营销是有很大的借鉴意义的。在移动互联网SNS时代，"大"而"公开"的传统社交网络面临挑战，"小"而"私密"的微社交模式日渐盛行。而在微社交下形成的私密社群具有独特的群体特点，其私密关系链的营销价值也逐步凸显。

（1）产品（Product）：从市场营销的角度来看，产品是指能够提供给市场被人们使用和消费并满足人们某种需要的任何东西，包括有形产品、服务、人员、组织、观念或它们的组合。

（2）价格（Price）：是指消费者购买产品时的价格，包括折扣、支付期限等。价格关系着企业的利润、成本补偿以及是否有利于产品销售、促销等问题。

（3）渠道（Place）：所谓销售渠道是指在商品从生产企业流转到消费者手上的全过程中所经历的各个环节和推动力量之和。

（4）推广（Promotion）：推广是企业或机构用以向目标市场通报自己的产品、服务、形象和理念，说服和提醒他们对企业产品和机构本身信任、支持和注意的任何沟通形式。广告、销售促进、人员推销、公共关系是一个机构促销组合的4大要素。

2. 5R理论

20世纪末，美国西北大学唐·舒尔茨教授提出了整合营销传播的理念，他指出：对于营销组织的最大的挑战是更多地去理解他们的客户和潜在客户的需求，在竞争的市场环境中营销公司必须从原来营销的4P理论转移到5R理论。

（1）Relevance（关联）：指用户需要什么样的产品和服务，而不是企业能生产或者提供什么样的产品和服务。

（2）Receptivity（感受）：指用户什么时候想买或什么时候从生产厂商那里认知产品。

（3）Responsive（反应）：指当用户产生需求时，企业如何去应对需求。

（4）Recognition（回报）：指企业在市场中的地位和美誉度。

（5）Relationship（关系）：指买方和卖方之间的长期互相促进的所有的活动。

人与人之间的交换产生了买卖，人与人是社交网络的实体，他们彼此连接构成了一个四通八达的网络，从而进行着信息的传递，也就有了网络营销。总体来说，社交网络营销就是利用其强大的信息传播速度和社交网站巨大的注册用户来进行产品信息的传播，从而达到营销的目的。这就是社交网络下的网络营销，完全符合了5R理论。5R理论强调营销活动必须从以产品为中心的方式转向以客户为中心的方式，这也是现代整合营销传播的精髓。

6.1.3 社交网络的类型

提到"社交网站"这个互联网界最近炙手可热的名词，人们自然而然就会想到拥有上千万用户的MySpace、Facebook，它们的出现提供了一种新型的人与人之间沟通交流的平台，因而受到广大网民的热捧。

其实，社交网络的用途绝不仅仅局限于沟通交流，在大量新崛起的社交网站中，一些另辟蹊径者正在引起人们的关注：它们有的提供求职、就业平台；有的帮助人们寻找失散多年的亲人、朋友；有的帮助有相同兴趣爱好的人聚集在一起、分享快乐……按照功能的不同，可以把它们大致分为五类，如图6-3所示。

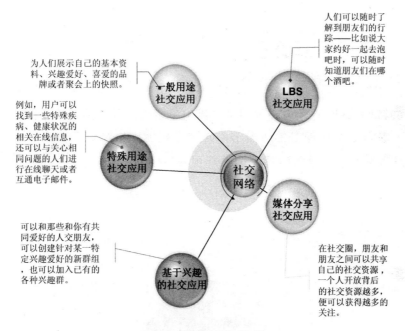

图6-3 社交网络的类型

笔者归纳社交网络营销的7种基本形式，如表6-1所示。

表6-1 社交网络营销的7种基本形式

基本形式	主 要 功 能
博客	博客是社会化媒体最广为人知的一种形式，它是在线的刊物，最近发布的内容将显示在最前面
微信	微信提供了文字、图片、语音、视频、实时对讲等功能，通过微信可以推广品牌、活动、网站
百科	例如维基、百度等百科就像一个公共数据库，人们可以在上面添加内容，或对现有的内容进行修订和增补。最著名的维基站点是维基百科——一本在线的百科全书，仅英文资料就超过150万篇

续表

基本形式	主 要 功 能
播客	可以通过Apple iTunes等软件来订阅的视频和音频内容
论坛	用来进行在线讨论的平台，通常围绕着特定的话题展开。论坛是最早出现的社会化媒体，同时也是最强大、最流行的在线社区平台
社交网站	人们可以在这类站点上建立个人主页，在朋友之间分享内容并进行交流。最著名的社交网站是MySpace，它拥有一亿零七百万用户
内容社区	组织和共享某个特定主题内容的社区。最流行的社区一般集中于照片（Flickr）、书签（del.icio.us）和视频（YouTube）等相关内容

6.1.4 社交网络营销的特点

在移动互联网时代，各种APP应用为手机用户的生活娱乐带来很大的变化，不仅满足用户基本生活需求，同时心理诉求也逐渐在被众多企业所重视，因此成为一个重要的社交网络营销工具。图6-4所示为社交网络营销的特点。

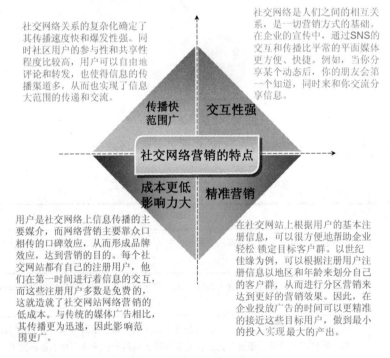

图6-4 社交网络营销的特点

6.1.5　社交网络营销的优势

参与社交网络营销的目的，是为了成为一个社会化品牌，而并不是为了做社交网络营销。这是一个让用户参与的过程，使品牌可以聆听市场的声音、可以跟外面的世界互动。社交网络营销不是一个营销方案，也不是一个可以即时产生商业收益的活动。但是，通过正规专业的管理，从长远来说，社交网络营销对品牌的财务回报率可以是最高的。图6-5所示为社交网络营销的优势。

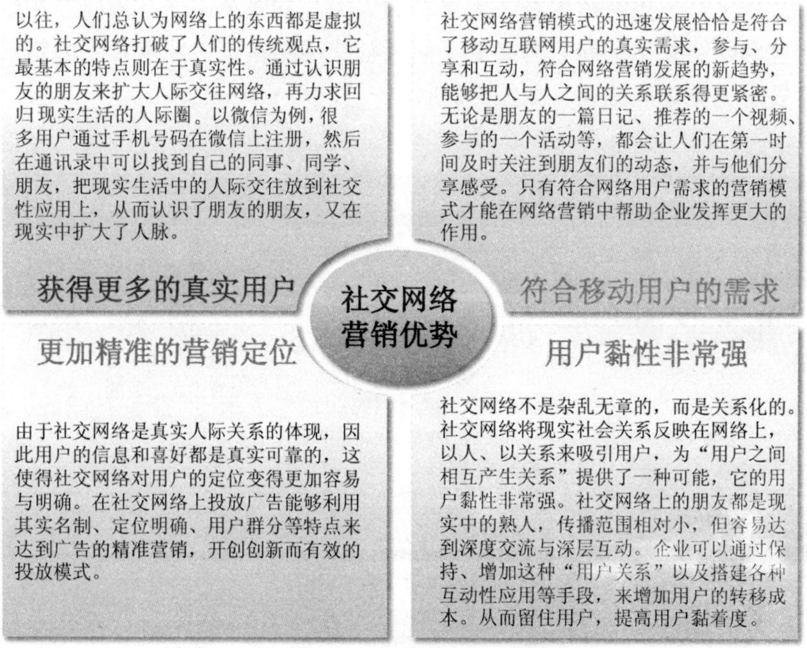

以往，人们总认为网络上的东西都是虚拟的。社交网络打破了人们的传统观点，它最基本的特点则在于真实性。通过认识朋友的朋友来扩大人际交往网络，再力求回归现实生活的人际圈。以微信为例，很多用户通过手机号码在微信上注册，然后在通讯录中可以找到自己的同事、同学、朋友，把现实生活中的人际交往放到社交性应用上，从而认识朋友的朋友，又在现实中扩大了人脉。

社交网络营销模式的迅速发展恰恰是符合了移动互联网用户的真实需求，参与、分享和互动，符合网络营销发展的新趋势，能够把人与人之间的关系联系得更紧密。无论是朋友的一篇日记、推荐的一个视频，参与的一个活动等，都会让人们在第一时间及时关注到朋友们的动态，并与他们分享感受。只有符合网络用户需求的营销模式才能在网络营销中帮助企业发挥更大的作用。

获得更多的真实用户

社交网络营销优势

符合移动用户的需求

更加精准的营销定位

用户黏性非常强

由于社交网络是真实人际关系的体现，因此用户的信息和喜好都是真实可靠的，这使得社交网络对用户的定位变得更加容易与明确。在社交网络上投放广告能够利用其实名制、定位明确、用户群等特点来达到广告的精准营销，开创创新而有效的投放模式。

社交网络不是杂乱无章的，而是关系化的。社交网络将现实社会关系反映在网络上，以人、以关系来吸引用户，为"用户之间相互产生关系"提供了一种可能，它的用户黏性非常强。社交网络上的朋友都是现实中的熟人，传播范围相对小，但容易达到深度交流与深层互动。企业可以通过保持、增加这种"用户关系"以及搭建各种互动性应用等手段，来增加用户的转移成本，从而留住用户，提高用户黏着度。

图6-5　社交网络营销的优势

社交网络的出现，让信息扁平化沟通无障碍，同时也改变了用户的行为。用户不再简单地接受来自企业的直接营销宣传，而是透过网络自我整合分析产品内容，评估可购买性，最后决定购买力。企业营销人员希望通过社交网络影响消费者的哪个行为环节，这决定了接下来的目的、人群圈定、策略、媒介投入以及后续的效果评估和营销总结。

随着社会化媒体的兴起，用户的决策行为产生了微妙变化，不再是单一的线性模式，而更多的是立体的、互动型模式。企业不仅要在各大媒体上发布各种广告，更重要的是和用户一起互动、一起玩儿起来，这样才能和用户成为朋友，并赢得用户的信任和尊重，从而在交流沟通中寻找用户的购买点、通过互动式营销触动用户的购买需求，再通过曝光、覆盖、重复曝光和重复覆盖，让用户对产品认识、熟悉、认知、产生需求，最后购买。让用户购买并不是我们的最终目的，还要让他成为你的忠实用户，成为你的传播者，让他的社交网络成为你的"子社交网络"，为你带来更多的用户，这样才真正成功地实现了产品营销。

6.1.6 社交网络营销的误区

在移动互联网的社交网络中，许多实力强大的企业，借助许许多多的平台和广告成功了；但也有很多花了大量财力人力，却效果不佳。因此，在企业开始进行社交网络营销之前，有必要了解下社交网络营销中经常看到的错漏点，并学会去避免犯这些错误，如图6-6所示。

错失品牌推广机会	不及时回复用户	社交平台太少
大多数社交媒体应用有很多地方可以供企业个性化修改自己的页面，但许多人白白地把那些地方留成空白。例如，在注册时一定要填写完整的公司简介和发展历程，不要错过这些免费的品牌推广机会。	在出现公关危机时，让人等待很长时间会让事情变得更糟。因此，企业需要定期维护社交应用账号，查看消息和文章列表，对一些网友的回帖和评论要积极的响应、互动，服务好用户才能够不断积累人气。	社交网络营销应是持续的，因为社交的根本目的是触达新的用户。此外，每年都会出现新的社交平台。因此，面对不断涌现的社交营销大潮，企业也必须一直保持警醒和前瞻性。
营销战略不够明确	营销活动不连贯	营销内容错误百出
即使许多社交应用是免费的，但仍然需要时间的投入，而时间就是金钱。因此，企业要有正式的线上营销计划，在这个过程中每一步都要有一个清晰的目标。	很多企业三天打鱼两天晒网，没有连贯系统地推广社区，用户需要一个阶段的积累和关注才能够认知某一企业或品牌，并不是一两篇文章或帖子就能够大功告成的。	营销人员在写作的时候，应当随时查看自己写的东西，多次重复检查文章流畅性和可读性。即便是三言两语的篇幅，也不要让文章毁了企业形象。

图6-6 社交网络营销的误区

移动互联网上的产品越来越多，只有进行差异化的社交网络营销，才能让用户眼前一亮。我们都知道，互联网让用户变得越来越聪明，硬广告越来越没人关注，大家更乐意看到那些动过脑子的创意，好的营销必须要"经过"用户的大脑皮层。

6.1.7 社交网络营销的趋势

如今，我们进入了以互联网为基础的经济时代，移动互联网技术的发展和社交分享应用的兴起给用户的消费习惯和企业的经营管理带来了深刻的影响，促使企业消费模式的转变。移动互联网技术的逐渐应用，给企业带来了新的机遇，如何才能抓住机遇赢得先机，已成为各个企业关注的热点。

那么未来的社交网络营销会有那些发展趋势呢？如图6-7所示。

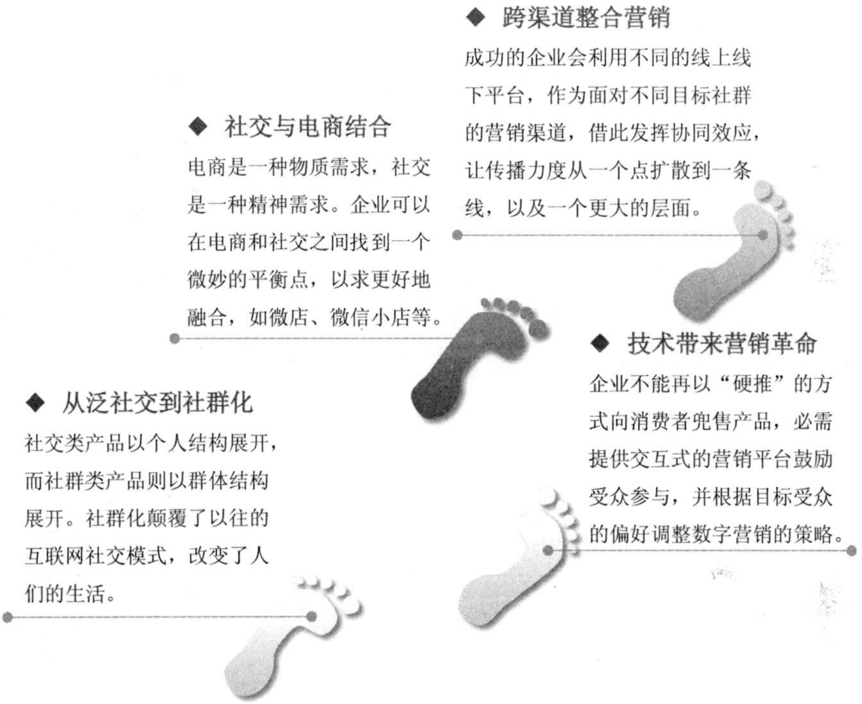

◆ 跨渠道整合营销
成功的企业会利用不同的线上线下平台，作为面对不同目标社群的营销渠道，借此发挥协同效应，让传播力度从一个点扩散到一条线，以及一个更大的层面。

◆ 社交与电商结合
电商是一种物质需求，社交是一种精神需求。企业可以在电商和社交之间找到一个微妙的平衡点，以求更好地融合，如微店、微信小店等。

◆ 技术带来营销革命
企业不能再以"硬推"的方式向消费者兜售产品，必需提供交互式的营销平台鼓励受众参与，并根据目标受众的偏好调整数字营销的策略。

◆ 从泛社交到社群化
社交类产品以个人结构展开，而社群类产品则以群体结构展开。社群化颠覆了以往的互联网社交模式，改变了人们的生活。

图6-7 社交网络营销的趋势

移动互联网极大地改变了信息共享的方式，对营销产生了深远的影响。在过去的几年里，相对于日趋过时的出站策略，入站技术已经有了更多的转变。更多的企业不再从外部内容中嵌入广告，而是通过发布原创内容取得成功，因为这种策略能带来品牌和受众成长等额外收益。

虽然很难预测算法在未来的演变，但社交网络分享将有希望在2014年底赶上甚至超过传统入站链接的地位。

6.2 社交网络的营销方式

随着技术的不断演进以及思路的不断探索，我们欣喜地发现，社交网络与营销之间的关系正逐渐发生着奇妙的变化，一些创新移动应用的诞生告诉我们，企业营销不应该是扰人的，反而应该是新奇、方便与实惠的。当然，要做到这些，就必须熟悉移动互联网时代的社交网络营销模式。

6.2.1 口碑营销

口碑营销以用户体验产品为基础，用户将体验的结果进行小范围1∶1的传播方式，80%的用户对1∶3口碑的信任度超过其他的信息来源，如图6-8所示。口碑营销是一种成本低廉但效果明显的推广营销方式，是社交网络营销的重要手段之一。

图6-8　口碑营销

口碑传播其中一个最重要的特征就是可信度高，因为在一般情况下，口碑传播都发生在朋友、亲戚、同事、同学等关系较为密切的群体之间，在口碑传播过程之前，他们之间已经建立了一种长期稳定的关系。

在移动互联网时代，口碑营销的形式更加多样，企业可针对不同目标用户选择信息传播形式。在网络口碑传播的途径方面，由于移动互联网的发展，企业可以利用的方法越来越多，比较常见的有：微信、微博、电子邮件、BBS、博客、社区交友应用、购物应用后的评价等。综合来看，主要有以下几种网络口碑营销的不同平台：

（1）电商平台自我服务式的口碑营销模块。主要发布经历过网上交易的消费者的口碑信息以给新买家以购物指导，如淘宝网的"购物指南"与买家评价，如图6-9所示。

（2）第三方生活信息及交易平台。用户在获得商家的产品或服务后详尽地写出个人感受，为其他用户提供更加感性的信息，如大众点评网、口碑网，如图6-10所示，随着这些专门化网站的出现，口碑传播方面的针对性以及可信度正不断提高。

图6-9 电商平台口碑营销

图6-10 生活信息平台口碑营销

TIPS:

口碑营销相对于纯粹的广告、促销、公关、商家推荐、家装公司推荐等而言，可信度要更高。这个特征是口碑营销的核心，也是开展口碑营销的一个最佳理由，与其不惜巨资投入广告、促销活动、公关活动来吸引潜在用户的目光，借以产生"眼球经济"效应，增加用户的忠诚度，不如通过这种相对简单奏效的"用户告诉用户"的方式来达到这个目的。

（3）个人或公司网络博客。博客营销有低成本、分众、贴近大众等特点，博客内容往往会形成众人的谈论话题，达到很好的二次传播效果，如图6-11所示。

（4）社区网站或网站化的社区。聚合网友提供某类或几类商品的口碑信息以服务于用户，如浩友网、天涯社区、西祠胡同以及知名网游社区（如魔兽世界百度贴吧，如图6-12所示）、即时通信类的QQ群等。

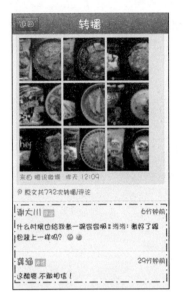

图6-11　博客营销

图6-12　魔兽世界百度贴吧

6.2.2　植入营销

植入营销是指把产品或品牌符号甚至服务内容通过创意策略手段融入影视剧、电视节目、平面媒体、互联网、户外媒体等媒介载体的内容中，通过在这些媒介载体中的再现，使用户在无意识的状态下接受这些信息、留下对产品及品牌的印象，继而影响并改变用户对产品的态度及日后的购买行为。

营销，顾名思义，就是要帮助企业，把产品卖出去。但是，植入营销并不是简单地把企业的产品卖出去就结束了。植入营销不仅要把企业的产品以很高的溢价卖出去，更要将产品的品牌价值和个性深刻地烙在用户的大脑里，最终成功帮助企业打造品牌，提高企业知名度，提高企业产品的销售量。

> **！TIPS：**
> 植入广告必然与媒介载体相结合，并与媒介内容一起构成受众的生活情景或理想境界，将品牌或产品的信息以非广告的形式，在受众无意识的情况下，隐秘地传递给受众。因其隐秘的特性，又被称为隐性广告、隐性营销。

1. 基于非开放平台的植入营销

开心网是国内基于非开放平台的植入营销的典型应用，在开心网上，企业既可以在游戏组件和功能组件，如"争车位"、"买房子"、"投票"、"音乐"、"转帖"中植入产品，还可以联合开心网开发游戏组件。

开心网目前所探索的植入式广告已经具有相当多的品牌，并且已经融入开心网大多数热门游戏之中，从广大用户的使用过程中看，用户并没有对这类广告产生反感，而对于一些陌生的品牌，往往还会产生一定的好感，如图6-13所示。

这种类型广告在唤起注意或提醒的同时，强化品牌心理，在潜移默化之中争取用户的好感，是一种非常完美的网络营销形式，非常值得推广。

图6-13 开心网的植入式广告

2. 基于开放平台的植入营销

人人网是基于开放平台的植入营销的典型应用。在人人网上，企业既可以在第三方开发商提供的热门组建中进行产品植入，还可以自行开发应用程序。

例如，在人人网推出的抢车位游戏中，放眼望去，最突出的就是MOTO的手机广告，将MOTO的手机广告作为停车位的一个背景图标，给用户无形中植入了MOTO的品牌形象，如图6-14所示。游戏中还提到"用MOTO手机车位背景，每天可得100金钱"这样的奖励广告，可以驱使用户使用该背景，从而达到推广品牌的效果。

> **TIPS：**
> 企业在高人气、娱乐性强的社交应用中合理植入广告品牌信息，借助社交应用的人气及流量，根据自身的品牌定位和产品的属性，定制新的社交应用，这样使得广告主、应用开发者和用户达到共赢，同时也有助于品牌与消费者建立良好的互动关系，使企业获得更有效的客户群。

图6-14 将MOTO的手机广告植入停车位游戏

笔者认为，"抢车位"游戏的植入营销主要有以下几个方式：

（1）利用社交游戏：抢车位曾经是非常流行的一款社区交友游戏，且汽车产品能够无缝植入，有效聚集人气。

（2）基于受众体验的互动形式：用户在活动中既能感受到游戏本身的乐趣，又能与其他网友形成互动，推动产品信息传播活动亮点。

（3）易于上手的活动方式：简单快捷的参与方式，可以让用户更容易地参与和融入活动，大多数参与抢车位游戏的用户都对游戏规则非常了解。

（4）软硬结合组合推广：产品信息得到集中展示，并有专属广告位配合，组合推广效果良好。

其实，可植入产品的载体并非只局限于具体的插件中，如互动游戏、虚拟礼物，整个社交网络环境下的产品嵌入营销都可以被纳入植入营销的范畴中。

6.2.3 病毒营销

病毒营销由信息发送者通过媒介传达所要发送的信息，接受者自发性将信息不断传递给一个接受者，使信息被尽可能多的人所了解和认知。其传播的自发性和快速复制性类似于病毒繁殖，故称为病毒营销。

也就是说，企业通过提供有价值的产品或服务，"让大家告诉大家"，通过别人为你宣传，实现"营销杠杆"的作用，如图6-15所示。病毒营销并不是传播病毒而达到营销目的，而是通过引导人们发送信息给他人或吸收朋友加入某个程序来增加企业知名度或销售产品与服务。病毒式营销已经成为网络营销最为独特的手段，而被越来越多的商家和网站成功利用。

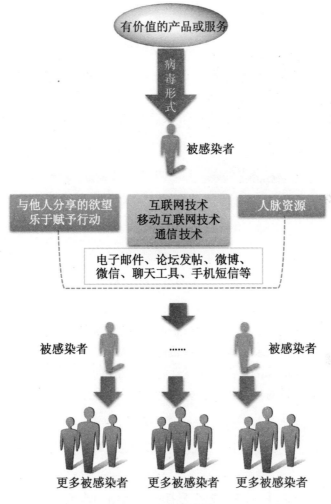

图6-15 病毒营销模式

!TIPS:

　　以人人网为例，病毒式营销在校内网的应用使网络广告业务有了很大的提高。人人网的应用小游戏服务为病毒传播搭建了一个很好的商业传播平台。企业可以根据产品的特性设计出各种小游戏，并通过多种方式（如游戏冠名、游戏界面品牌推荐、游戏内容品牌推荐等）与产品或品牌相关联。例如，娃哈哈在推广营养快线时，将一款游戏中补充能量的按钮命名为营养快线。随着小游戏的流行和推广，品牌的传播效应也在同时获得提升，从而实现了品牌的病毒营销。

美国著名的电子商务顾问Ralph F. Wilson博士将一个有效的病毒性营销战略归纳为6项基本要素，一个病毒性营销战略不一定要包含所有要素，但是包含的要素越多，其营销效果可能越好，如图6-16所示。

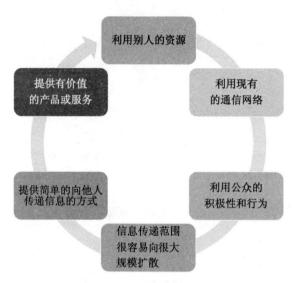

图6-16 病毒营销的6大要素

在社交网络中，用户所提供的个性化信息中就已经包含了其对于商品的选择倾向信息，对这些信息进行深度分析和挖掘后，会被展示在用户的页面上，同时也被展示在用户好友所能看到的页面上。由于人们对好友的信任，往往会倾向于选择其好友选择的商品。这就让社交网络具有了广告价值，根据相关的数据，企业可以有针对性地进行广告制作和投放。

另外，在传播"病毒"时，应该选择那些人群集中、互动性强、传播迅速的平台。例如微信、微博、IM、QQ、论坛、邮箱等都是常用的渠道。

例如，"Vemii-night"APP是一款基于智能手机平台的应用软件，也是一个基于移动互联网LBS应用及酒吧文化圈的真实社交平台，如图6-17所示。对于初次来到酒吧的两个陌生人来说，只要通过"Vemii-Night"这款软件，便可实现交流。

图6-17　"Vemii-night" APP应用界面

　　"Vemii-Night" APP的开发者发现了一个重要的事实：大多数人在现实中不习惯与陌生人搭讪，但是在网络中却很健谈。基于此，"Vemii-Night" APP最大的优势就是把这种移动位置社交的感觉现实化、真实化。

　　例如，当你走进一家酒吧，在手机上打开"Vemii-Night" APP，即可以看到在这家酒吧签到的所有人。你可以和这家酒吧里的任何一个人聊天，这样就打消了直接面对陌生人的不适与尴尬，可谓算得上社交途径的全新拓展。

　　从实质作用方面来看，"Vemii-Night" APP将会结合时下流行的QQ与微博，更加真实地满足人们在扮演不同角色时的交流需求；从长远方面来看，它人性化的交互体验加之精准的文化圈指向，定会释放人们在夜色中的情怀。

　　"Vemii-Night" APP最主要的作用就是打消了在某个身份或某个场景中陌生人与陌生人之间交流的那种隔阂，极大地拉近了人与人之间的距离。虽然这款软件只是服务于特定的人群，但是它所发挥出的即时通信与真实的场景社交功能却有一种跨时代的意义，将"病毒营销"的范围从用户已有的朋友圈扩大至更大的陌生人群。

　　在社交网络中，很多的移动APP架构在传统社交网络的架构之上，但手机独特的环境可以形成一种3层结构，分别是：手机操作系统、手机通讯录以及传统社交网络开放平台、移动LBS应用，如图6-18所示。与PC端社交网络不同的是，由于通讯录的天然存在，使得社交APP无需像PC互联网那样需要另外的开放社交平台。

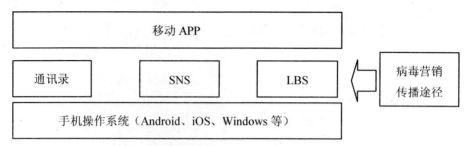

图6-18 手机社交网络的3层结构

依赖通讯录的社会化APP实际上是复制了现实的社交关系到移动互联网领域，它与传统互联网社交网络有着一些微妙的区别，前者更加真实和封闭，依赖通讯录快速形成一个社交网络是社会化APP很好的方式，但并不是唯一的方式。例如，手机的LBS定位能力，可以使位置、距离成为形成社交网络基础的另外的一个选项，以致同样虚拟的社交关系可同样存在于移动互联网领域中。

"Vemii-Night" APP充分体现了LBS在社交互动性方面的优势。除此之外，随着社交网络的普及，笔者认为这类软件还需要体现社交网络的大数据特性，企业如果能做好社交网络的数据分析与处理工作，也能从APP营销中获得更多的好处。

TIPS：

> 在开放的网络结构下，消费者的数字行为变得越来越无序也越来越自主，品牌在社交网络中构建品牌社群经营与消费者的关系，并不能完全满足品牌对消费者行为管理的需要，品牌需要更加全面和完整的管理消费者行为与体验，更充分地整合多种营销手段，整合优势资源，不断积累和沉淀用户关系从而提升用户体验，这样才能不断地实现品牌市场任务。

笔者认为，随着智能手机使用的普及、3G和4G网络环境的改善、海量APP应用的激发，基于社交网络的微营销已受到更多企业所认可并尝试应用。移动终端的移动性、互动性与精准性为跨媒体营销带来了前所未有的新机遇，"APP＋LBS＋SNS"的移动整合营销模式日趋成熟，势必成为新的营销趋势。

6.2.4 邀请营销

邀请营销的方式已经被很多企业使用，因为邀请人通常都是自己朋友，而在网络上，你对朋友是比较信任的，所以邀请营销是社交网络采用的一种普遍营销方法。图6-19所示为邀请营销的主要特点。

实施有效邀请式营销的关键在于如何建立潜在客户的资料库，如果缺少潜在客户资料库，导购也就很难根据顾客的需求发出邀请，更谈不上后期的销售跟进问题。

通过邀请才能获得相关的产品或服务。

有门槛，物以稀为贵，引起用户好奇心。

对于社区化平台来说，更容易建立人际网络。

通过产品设计，邀请人可以成为被邀请人的一个产品使用范例。这样可以降低新用户学习成本，让新用户知道该如何做。

图6-19　邀请营销的主要特点

实施有效邀请式营销的关键在于如何建立潜在用户的资料库，如果缺少潜在用户资料库，营销人员也就很难根据用户的需求发出邀请，更谈不上后期的销售跟进问题。因此，企业进行邀请营销前必须制定完整的营销策略，如图6-20所示。

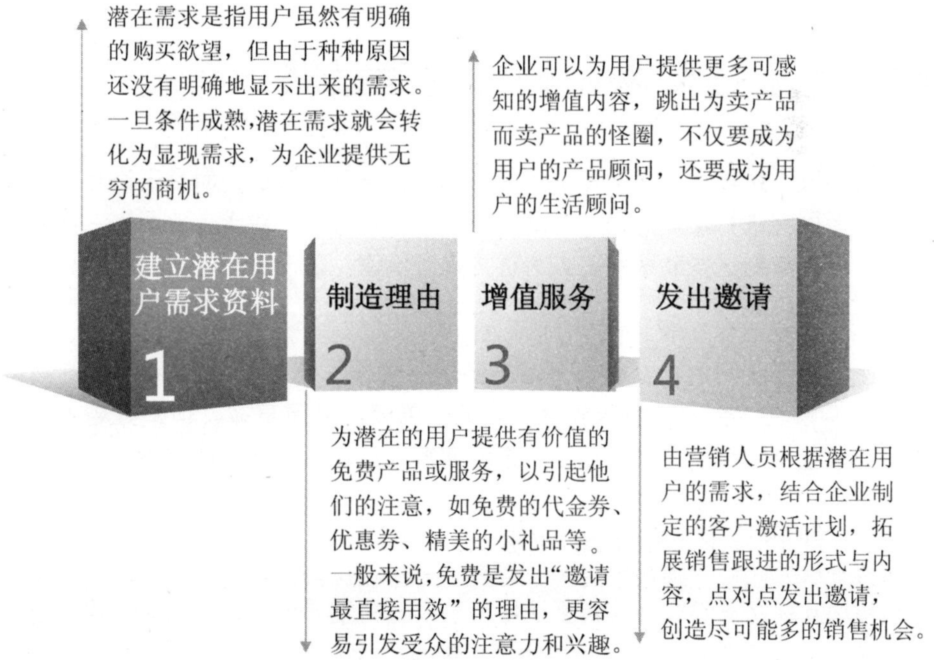

潜在需求是指用户虽然有明确的购买欲望，但由于种种原因还没有明确地显示出来的需求。一旦条件成熟，潜在需求就会转化为显现需求，为企业提供无穷的商机。

企业可以为用户提供更多可感知的增值内容，跳出为卖产品而卖产品的怪圈，不仅要成为用户的产品顾问，还要成为用户的生活顾问。

1 建立潜在用户需求资料

2 制造理由

3 增值服务

4 发出邀请

为潜在的用户提供有价值的免费产品或服务，以引起他们的注意，如免费的代金券、优惠券、精美的小礼品等。一般来说，免费是发出"邀请最直接用效"的理由，更容易引发受众的注意力和兴趣。

由营销人员根据潜在用户的需求，结合企业制定的客户激活计划，拓展销售跟进的形式与内容，点对点发出邀请，创造尽可能多的销售机会。

图6-20　邀请营销的策略

例如，小米手机的性价比在带来用户高关注度的同时，也带来了购买者群体复杂、产生大量跟风客户的问题，而小米手机的用户定位为手机发烧友，这类人群具有对于手机性能有很高要求、手机使用时间长、喜欢进行Android系统的刷机升级等特点。但很多跟风的消费者，将难以理解小米手机对于刷机的优化理念、手机高性能的意义的特点，并容易在使用中对于小米手机产生误解。

对此，小米公司使用邀请式购买的方式，解决了小米手机用户群的优化问题。即基于社交网络，让已经拥有小米手机的用户来邀请新的消费者进行手机的购买，如图6-21所示。

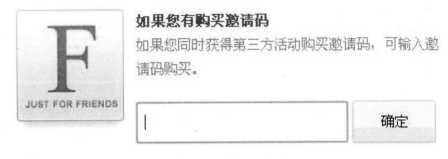

图6-21 小米手机的邀请营销

6.3 基于社交网络的微营销策略

使用移动互联网不仅是为了获取无限量的信息和知识，而且还借此数字渠道与新老朋友进行交流沟通，主动或被动地保持联系。对于企业而言，得知何时且如何参与到这些联系中，并为客户提升价值，是一个非常大的机会，但同时也是一个挑战。

在移动互联网的社交媒体上对产品进行营销，比基于PC互联网的产品营销更难。因此，企业若想达到营销目的，需要思考得更多，但是万变不离其宗，移动社交网络的营销活动，一定要遵循其最基本的微营销策略。

6.3.1 熟悉用户的行为习惯

移动互联网已经成为人们生活中不可或缺的重要组成部分，90%的用户在过去一周内每天都使用移动设备上网，66%的用户每天使用移动设备上网4次以上。有近一半的用户表示宁可放弃电视或台式计算机，也不会放弃移动设备。移动互联网已经渗透到24小时中的各个时段和家庭、工作场所、交通工具、公共场所、户外、学校等各种场景中。其中，移动社交网络对用户的行为影响尤为突出，以微信为例，用户的移动行为分析具体如图6-22所示。

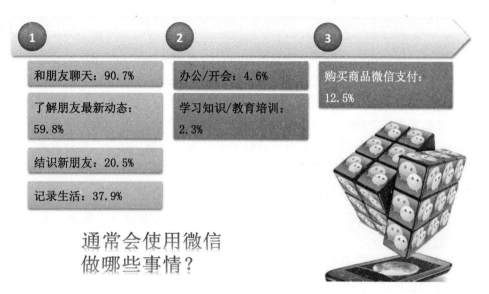

图6-22 微信用户的移动行为分析

在社交网络面前，企业需要学习心理学知识，了解数据分析，熟悉用户的行为习惯，想好以何种方式呈现内容才能迎合用户。对待用户，营销者要有一颗"奴才的心态去猜测主子的玻璃心"。结合图6-23所示内容，企业营销者希望通过社会化媒体影响用户的哪个行为环节，这决定了接下来的目的、人群圈定、策略以及媒介投入，以及后续的效果评估和营销总结。

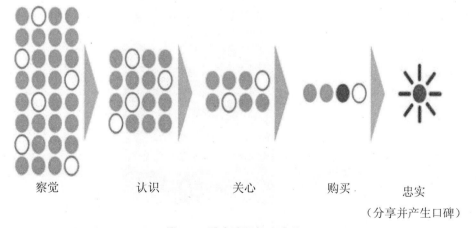

图6-23 用户购买行为变化图

6.3.2 整理APP的产品特点

APP为手机用户的生活娱乐带来很大的变化，不仅满足了用户的基本生活需求，同时用户的心理诉求也逐渐在被众多企业所重视。

在这种要求下，企业可以把对人的关注、人的个性释放以及人的个性需求的满足推到空前中心的地位。企业与市场可以逐步建立一种新型互动关系，建立用户个人数据库和信息档案，与用户建立更为个人化的联系，及时地了解市场动向和用户真正需求，向用户提供一种个人化的销售和服务，用户根据自己需求提出商品性能要求。企业尽可能地按顾客要求进行生产，迎合用户个别需求和品味，并应用信息，采用灵活战略适时地加以调整，以生产者与消费者之间的协调合作来提高竞争力。

通常情况下，企业的后台数据都能真实反映企业的状况，企业可以根据这些数据分析总结用户的喜好和需求，找出至少5个通过用户考验的APP产品特点。

6.3.3 把用户当作朋友对待

社交圈子就是一张无形的网，这张网或大或小，正所谓"你见或不见，它就在那里"。图6-24所示为常见的移动社交圈。

图6-24 移动社交圈

在移动社交圈中，社会化媒体是一种与其他人的对话方式，任何企业在展开社会化营销时都应该清楚考虑自己的产品特点。什么样的产品特点才是真正符合用户生活或心理诉求、真正引起用户共鸣的呢？笔者认为，企业只有与用户谈论他们感兴趣的、想知道的、期待拥有的内容，用户才会跟你对话。

例如，你是做餐饮行业的，而你的朋友喜欢旅行。如果你要向他推销你的产品或服务，你是直截了当地跟他谈论你的餐馆可以手机订餐、可以手机支付、可以参加团购等产品功能，还是跟他谈论你如何能够让他在旅行时，不仅可以玩得开心，还能吃得过瘾呢？

如果你选择第一种，恭喜你，你可以成为一名电话销售或者保险推销人员。如果你选择第二种，同样恭喜你，你已经知道把握需求且进行微营销。

6.3.4 对话的地点一定要合适

通过上面提到的3点原则，企业已基本确定了：对方有什么习惯、我要影响哪个习惯环节；我有什么；我怎么和他说话。最后，剩下的就是在哪儿说话的问题。例如，在饭桌上不适宜说如厕的相关事情、在会桌上不适宜说吃饭的事情、在KTV里不适宜说工作的事情，什么话都得找一个恰当的场景和恰当的时间说出来，效果才会事半功倍。

人们可以自行挑选与朋友的沟通方式，且最终将会选择一个最佳的社交媒体平台。社交媒体平台可以细分为很多类，如果你想全部都覆盖到，可能到"累死"的那天还不知道自己得到了什么。

目前，最常见也常用的社交媒体平台主要有：微博、微信、博客、视频、论坛等。每个媒体有自己独特的特性和魅力，你期望达到的目的和所要影响的人群决定了你选择的社交媒体是哪些。

在笔者看来，企业需要学会判断他们的用户以及潜在用户常用的社交媒体平台，并决定如何与他们接触。企业需要参与到这些联系当中，因为这里恰恰是他们目标用户聚集的地方。

> **❗TIPS：**
> 社交媒体可以用来与顾客建立联系，借此，企业可以参与到网络社区的活动当中，而这个社区最显著的成果是其凸显的数字化和即时、真实的网络对话。企业可以阅读、参与甚至测量分析这些对话，它们都会是自己的资本。

6.3.5 内容以"娱乐为王"

在笔者看来，"好玩"是社交媒体APP必须具备的品质之一。例如，苹果公司发布的苹果商店年度十大最火APP，热门游戏"糖果大爆险"荣登首位，如图6-25所示。无论在地铁里，还是银行排队时，都能见到各种人群拿着手机、iPad聚精会神玩游戏的场景。"糖果大爆险"是iPhone和iPad年度下载量最高的免费软件，其他热门游戏包括"神庙逃亡2"、"卑鄙的我"、"愤怒的小鸟：星球大战"等也纷纷上榜，此时便可知"娱乐为王"的精神。

图6-25 "糖果大爆险"APP界面

互联网的历史就是一部不断将用户的真实关系链扩展为"真实＋虚拟"的泛关系链历史，使人与人之间基于兴趣、内容、生活、地域、血缘等维度建立起来的错综复杂的联系能够被互联网化，并得到无限延展。

因此，企业进行移动互联网的社交网络营销时，应该将品牌、产品或相关元素与用户的需求挂钩，并通过娱乐性和趣味性的形式呈现出来，比如可以将产品作为游戏中的小道具展现。

例如，"开心城市"是由开心网开发的一款城市经营类游戏，通过庄稼的种植收获、商品销售、酒店经营等，用户可以积攒财富扩大地盘，建造自己理想的城市，并且作为市长管理这座城市。如果想要和更多开心城市的朋友交流，可以加入开心网上的"开心城市官方群"。

"开心城市"的创新亮点是强化了虚拟游戏与现实生活的结合，用户在玩游戏的同时就能了解自己所在城市的生活细节，在游戏的延展性和植入性方面有巨大的潜力空间，如图6-26所示。

那么，好玩儿的APP应该怎么做呢？

（1）推出系列游戏，增强可玩性和互动性。"开心城市"是开心网推出的"开心"主题系列社交网游之一，自上线伊始，开心网凭借最初的"争车位"、"买房子"组件中的"花园"游戏，黏住了本被认定为没有社交需求的白领人群，成功占领这一市场，成为最受白领欢迎的社交网络。同时，"偷菜"游戏风靡全国，引发开心网用户的爆发式增长。其后相继推出的"开心"系列游戏——"开心餐厅"、"开心庄园"在游戏设计理念上逐步引领用户需求，游戏的开发和运维水平同步得到提升，而"开心城市"游戏的主题定位在"建城"上，集合了此前经营类网游的经典环节，游戏的可玩性和互动性均有明显增强。

图6-26　开心网推出"开心城市"等游戏

（2）开通"抢购"功能，打通O2O闭环。"开心城市"上线了"抢购"功能，用户可以在规定的时间内，将在开心城市游戏中积累的虚拟货币用于抢购或参与抽奖获得真实物品，包括游泳健身券、演唱会门票、iPhone等产品和服务。"抢购"也是开心网将用户线上线下的真实互动进一步深度融合而进行的产品创新，同时也开创了新型的线上展示和推广方式，不仅为用户提供了更交互的网络环境，也为企业的品牌推广搭建了创新平台。

在移动社交游戏中，用户维护关系的重要性远大于游戏娱乐形式本身。据相关数据显示，96.8%的用户选择游戏时需要与好友互动，但并不一定需要好友同时在线。即时性在移动社交游戏中显得并不重要，与好友互动、借助各类关系链进行关系维护，才是刺激参与的最终原动力。尤其是在"开心城市"、"开心庄园"这类移动社交游戏中，用户习惯以"多频次、微互动"的方式与好友保持关系、维护联系，最终形成互动。

例如，在"开心城市"游戏中，用户可以将城市经营中的快乐和成就发布到个人动态上，让好友一起分享你的喜悦；经常关注好友的动态，还有机会获得各种各样的奖励；也可以发布愿望，好心的好友可能会送你想要的物品。

随着一个个移动社交游戏植入广告案例的成功出炉，越来越多的企业开始尝试并接受这种新型营销，这无疑也为处于盈利困境中的传统社交平台带来了新希望。

6.3.6 具备实用价值

所谓实用性，就是要善于从用户的需求出发，发现他想要什么、需要什么，满足其所需利益，充分体现移动社交网络为他带来的价值。比如天气预报、交通工具时刻表、图片剪辑等APP，都容易被用户留住并长期使用。

例如，开心网就加入了"运势"功能，用户可以看到每日运程、今日运程等内容，如图6-27所示。在"运势"界面中，点击右上角的"分享"按钮，进入"分享运势"界面，用户还可输入内容，设置权限、地点以及分享的社区平台，如图6-28所示。点击发表按钮，即可将运势情况分享到新浪微博等社区平台。这样，好友也可以通过你得知近期的天气情况，充分体现了开心网无所不在的社交功能。

图6-27 查看运势

图6-28 分享运势

TIPS:

开心网是一个典型的传统社交网络平台。如今，这些传统社交网络平台都在逐渐向移动化发展，移动社交网络的市场将会比基于PC的社交网络更大，这缘于手机更易用且可以一直随身携带。另外，社会化媒体已经引发了很多商业上的讨论，它与手机的结合是一种进步，将很可能带来社交网络的立体化发展。

6.3.7　能吸引用户参与

任何好的社交网络应用都会与用户互动起来，使其广泛参与。这就要抓住人性方面的元素，比如好奇、欲望、分享、愤怒、健康、懒惰、善良、感性、嫉妒、虚荣等。当然，究其应用本身也要设置互动性强的内容，只有能吸引用户参与，才能进行下一步的传播。

例如，开心网的"签到"功能可以让朋友或同伴之间互相跟踪地理位置，在特定的时间知晓彼此所在的位置。

（1）在"开心网"APP主界面点击中间的"＋"号按钮，弹出功能菜单，点击"发位置"按钮，如图6-29所示。

（2）执行操作后，进入"附近"界面，选择你所在的地点，如图6-30所示。

图6-29　点击"发位置"按钮

图6-30　选择你所在的地点

（3）进入"签到"界面，用户可以输入签到附言、设置权限、上传照片等，并点击"发表"按钮，如图6-31所示。

　　（4）执行操作后，即可完成签到操作，如图6-32所示。在"附近的人"界面中，其他好友便可以查看你的位置。

　　地理位置功能包含了巨大的商业机会，有实体店的企业可以通过提供激励来与现有及未来的消费者进行互动，并为他们提供价值。企业可以为在店内签到的消费者提供奖励，借社交网络的口碑传播力量触动他的交际圈，以带来更多的消费者。

> **！TIPS：**
>
> 　　地理位置服务也可以用于大型的营销活动。即使用户在某地并没有多少朋友，他也可以在特定时间查看人们聚集的地点，因为地理位置服务可以根据地点查看活动，同时个人信息也不会在非好友用户间出现。

点击

图6-31　"签到"界面

图6-32　成功签到

6.3.8　让用户愿意去分享

　　基于视频、图片等内容分享应用是社会化媒体的重要组成部分，Youtube、Vine（"推特"视频分享应用）、Snapchat（图片分享应用）、Instagram（图片分享应用）等都入选了苹果商店的2013年度十大下载量最高APP。由此可见，一款好的APP一定是很多人愿意去分享，愿意去传播的。

　　微营销已成交为第一要务，借助社交网络的传播途径，通过社交互动、用户自生内容等手段来辅助商品的购买和销售，这个过程中由于用户的主动性，成交变得更加直接和可靠，也就是说社交网络的内在逻辑可以推动微营销在其中的成功。

分享是社交网络的核心关键词，但是让用户正面分享你的产品却不是一件容易的事情。不管企业如何献身说法，都会被理解成广告，不管承不承认，现在的广告效果越来越不理想。单一广告成本成倍增加，广告效能却直线下降，最直接的原因是可信度存疑，用户觉得与己无关。

社交网络的出现改变了这种局面，社交网络用户在传播信息的时候，这则信息的真实性实际上是由这些独立的个体来承担和夯实。个人在转发一个信息的时候，实际上是以个人的信誉为信息的真实性、准确性加注，其他用户转发的那一刻也已经表征了自我的立场。这远比其他传统媒介所发的报道更有力量，更值得信任。

另外，用户在社交网络中分享的是与自己相关的内容，这些分享的内涵其实就是"真实"。用文字记录自己的生活、体验、想法；用图片记录自己的生活。在文字、图片和视频下是真实的世界，背后是真实的人，这就是社交网络的关键。

社交网络提供给企业一个非常便捷的监控工具，能够实时了解网络中发生的与企业或产品相关的需求和信息，主动和用户建立关联，提供帮助，如图6-33所示。通过这种主动拥抱的方式可以拉近和了解消费者，与之建立和保持良好的关系。

大学生虽然摆脱了父母的束缚，但是经济上仍然是要依靠父母的。想要购买一个 3C 产品，可能需要攒上几个学期的生活费，买到后自己也快要面临毕业，没有时间用，这不得不说是一个遗憾。"人人分期"专门为大学生提供分期购物平台，让他们更加轻松地得到自己想要的产品，为用户带来价值，让他们乐于与其他朋友分享。

图6-33 人人网针对其用户（学生）推出特色的分期产品

例如，像开心网、人人网、QQ空间这样的平台，因为已经有了海量的用户基数，就像有一只手已经搭到了用户，第三方互联网产品只要通过分享，将内容推送到这些平台，就能够触达无数广大用户群。

最终，企业可以以这部分用户为主要对象开展促销活动，极力改进服务，使他们进一步成为稳定的客户。有了信任，也有了与个人息息相关的购买行为、分享、针对性服务。微营销在社交网络上，不仅降低了用户购买门槛，更提高了用户购买的有效性，当然也为企业增加了许多免费的自身品牌推广员。

第7章

LBS营销，精准定位推送

LBS之于营销的真正价值在于：基于情境的搜索营销，基于消费基因的推荐引擎，以及基于数据挖掘的即时营销。LBS服务的价值与二维码类似，就像浏览器是接触Web互联网最重要的入口一样，LBS服务也必将成为移动互联网的入口之一。

◇ 解密LBS微营销
◇ LBS的微营销策略

7.1 解密LBS微营销

在移动互联网时代的微营销中，LBS是个值得期待的领域，并且存在很多的机会，如图7-1所示。作为当下移动互联网最热门的应用，LBS吸引了越来越多的品牌广告主以及代理公司的视线，并初步显现出商业价值。

图7-1 LBS下的生活圈

7.1.1 什么是LBS

LBS（Location Based Service，基于位置的服务）是通过电信移动运营商的无线电信讯网络（如GSM网、CDMA网）或外部定位方式（如GPS）获取移动终端用户的位置信息（地理坐标），在GIS（Geographic Information System，地理信息系统）平台的支持下，为用户提供相应服务的一种增值业务。

LBS的组成，如图7-2所示。

（1）WEB服务器：起着中心管理单元的作用，包括用户接口、与定位服务器通信、与LDAP服务器通信等。

（2）定位服务器：用于甄别合法用户访问，并提供用户位置信息。

（3）LDAP服务器：保管所有LBS服务所需的信息。这些信息可以分布式存储在多个服务器中，每个服务器可能只负责管理某一商场或某一区域的信息。

（4）WAP网关：建立用户代理与WEB服务器的数据访问通道，从而支持LBS信息的发送、接收、通知等操作。

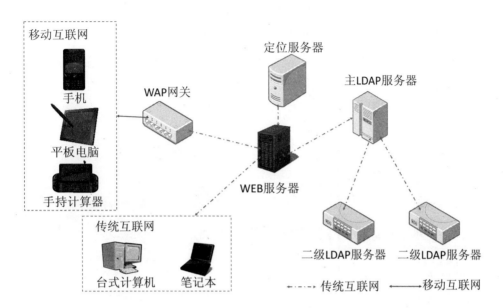

图7-2　LBS的组成结构

7.1.2　什么是LBS营销

LBS营销就是企业借助互联网或无线网络，在固定用户或移动用户之间，完成定位和服务销售的一种营销方式。通过签到这种方式，可以让目标客户更加深刻地了解企业的产品和服务，最终达到企业宣传企业的品牌、加深市场认知度的目的。这一系列的网络营销活动就被称为LBS营销。

LBS是移动营销中最有代表性的一种应用，基于用户所处的具体位置，提供有针对性的服务。这种服务可以是娱乐，也可以是消费，更可以是促销。例如，你去某个城市游玩，中午想吃饭了，打开手机应用LBS，你会很快知道附近哪家餐厅在打折，路线怎么走，吃完之后去哪里游玩，路线怎么走等，如图7-3所示。

微营销的本质是线下营销：一方面是将户外的手机在线用户引导到线下消费场所；另一方面是即时激发已经身处线下商圈的用户的购买行为。

LBS营销的主要功能如下：

（1）社会化营销。LBS应用除了提供位置信息外，还是一款移动社交APP，在社会化媒体营销深受重视的今天，驱使着广告主在这个领域抢占先机。

（2）O2O营销。LBS应用将虚拟的网络生活和现实生活打通，从线上延伸到线下，帮助广告主实现营销的终极目的，促进线下人流和销售。

（3）可挖掘更多营销方式。LBS应用作为一种新型的媒体渠道，还有非常广泛的营销"蓝海"未被发现和使用，让广告主有更大的发挥空间，使得营销更具创意和想象力。

搜索附件的餐馆　　　　　　　查看优惠详情　　　　　　　查看具体路线

图7-3 LBS服务

不过，当前LBS应用服务，十之八九提供的是签到服务。签到本是Foursquare的立命之本，它主要提供基于用户足迹的"Check in"（签到）功能、位置分享，以及激励用户参与且带有浓厚娱乐和游戏趣味的虚拟头衔、勋章等机制。

7.1.3 LBS的市场现状

目前，中国LBS服务市场已进入成长期。LBS并非3G时代的特色业务，早在20世纪90年代国外已经开始发展LBS各类服务，我国也在2002年由GSM运营商推出首例LBS服务，如图7-4所示。但是由于当时移动通信的带宽很窄、GPS的普及率比较低，最重要的是市场需求并不旺盛，所以整个市场并没有像预期的那样顺利启动，在一个很长的时间内，都无人问津。

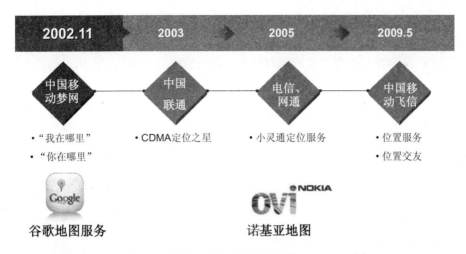

图7-4 国内外LBS的发展

2008年后，随着3G时代到来，巨大的市场需求极大地推动了中国LBS市场的发展。在城市规模扩大和交通路线延长的背景下，人们驾车出行或者搭乘公交（地铁）时对定位导航的需求不断增长。更重要的是，基于LBS的社交、电子商务、游戏等增值服务层出不穷，让广告主、商家和用户有了更多使用LBS的理由，如图7-5所示。

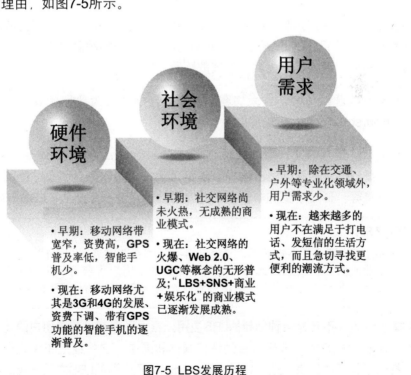

图7-5 LBS发展历程

目前，国内手机LSB发展迅速，但市场占有率并不高。多数着眼于未来，以智能手机为开发平台，对非智能手机未投入较大资源。同时，有调查显示，对LBS感兴趣并且想要尝试的用户数量已超过50%，如图7-6所示。

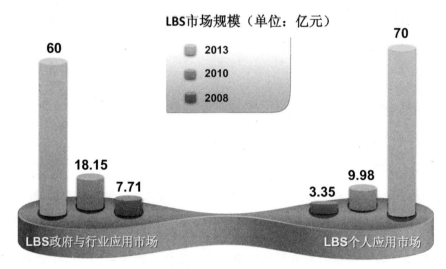

图7-6　近年来的LBS市场规模

智能手机时代的来临，似乎打开了一扇新的商业窗口。几乎所有的互联网企业都在探究手机上的赚钱之道，LBS再次进入人们的视野之中。目前，国内LBS市场格局，形成了两大共同发展的阵营。

- 第一阵营以街旁、盛大切客、开开、网易八方为典型代表，采用类似Foursquare的服务模式。

- 第二阵营有嘀咕、新浪微领地、16fun、大众点评等LBS应用，它们在传统LBS应用基础之上增加了创新元素，比如任务、明星、游戏、商户信息等，形成了更加丰富多彩的应用模式，进一步细分了LBS市场。

TIPS：

LBS的商业模式并不难理解，通过和各种品牌企业或者商户合作，在LBS平台上推广企业或商户的信息。比如在某商户处签到，用户可获得一定的优惠或某个特别的徽章，或者是当用户在某区域签到时，系统推送这个区域内的商户广告。

笔者认为，不管是何种创新的LBS应用，根本所在都是基于用户的地理位置信息，这种业务模式不同于以往的任何媒体和渠道，它将线上和线下结合在一起，打通了其间的通道。这可能就是Foursquare及中国的LBS应用一夜之间火起来的原因。

目前，国内LBS领域的厂商数量众多，但普遍还处在发展初期，并没有哪一家应用拥有绝对的市场优势。另外，各个LBS应用都积累了一批忠实用户，但彼此之间的用户重合度很小，媒体受众相对来说就很分散。如果想要充分利用LBS进行新型市场营销，就需要将LBS应用整合起来，形成一个更广泛的媒体渠道，才能发挥更大的营销优势。

随着移动互联网的深入发展，定位技术的不断提升，用户对位置服务的认知度日益增强。笔者觉得LBS必将成为移动生活中不可缺少的一部分。

7.1.4 LBS的应用趋势

LBS能够广泛支持需要动态地理空间信息的应用，从寻找旅馆、急救服务到导航，几乎可以覆盖生活中的所有方面。未来，LBS应用的发展趋势如图7-7所示。

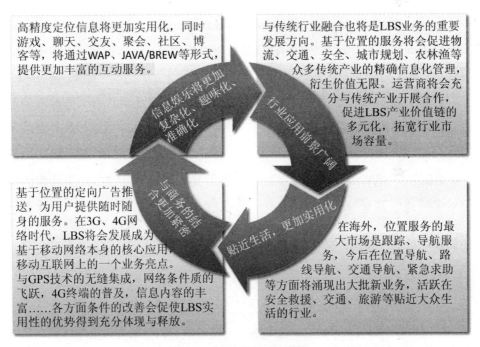

图7-7 LBS应用的发展趋势

LBS在国外的代表是Foursquare，在国内有街旁、百度身边、新浪微博、微领地等，这些消费类移动互联网服务提供商正试图以技术的力量主导一场线下市场的营销变革。因此，笔者认为，集成高精度GPS定位技术的混合定位技术A-GPS（Assisted GPS，辅助GPS技术）将成为LBS发展的主流方向，在LBS与GPS产业竞合的过程中，LBS将会逐步对后者产生极大的替代效应。

> **❗ TIPS：**
>
> GPS通过卫星发出的无线电信号来进行定位。但在很差的信号条件下，这些信号可能会被许多不规则的建筑物、墙壁或树木削弱。这样，普通GPS导航设备可能无法快速定位，而A-GPS系统可以通过运营商基站信息来进行快速定位。而A-GPS则可以提高GPS卫星定位系统的性能。

7.1.5　LBS的用户行为

LBS的发展趋势是向用户提供智能化、个性化的位置服务。以用户行为轨迹数据为基础，进行轨迹简化、POI（兴趣点）匹配、时空融合、习惯分析等处理，建立起用户行为特征模型，从而实现向不同用户提供个性化位置服务的功能。

在LBS应用中，针对用户行动轨迹的产品设计是一个值得深入探讨、有很大想象空间的话题，对用户的行动轨迹数据进行挖掘，可以衍生出众多有趣的应用。

目前，国内外的用户习惯差异很大，国外用户是真正会为了做签到而签到，因为他们觉得这是自己希望做的，而国内的用户则更希望通过参与签到获得什么，对商业化的需求很大。

最近国外JiWire的调研报告显示：地图及签到依然是LBS最受欢迎的操作，不过突出一点的是：打折信息、优惠券是排名第二的需求。这可以看出LBS带来的商业价值和用户需求的对接。LBS人群特性以及对位置商业生态系统的影响数据，如图7-8所示。

> **❗ TIPS：**
>
> 一旦记录了用户的行动轨迹，就可以对轨迹数据进行分析、挖掘，掌握用户的行为特征，从而为用户提供具有直接针对性、个性化、智能化的基于位置的服务，改变目前LBS服务单纯依赖于签到、弹性社交、问答等几个简单模式，从而极大改善用户的使用体验。
>
> LBS是一种基于位置为中心的服务方式，通过确定了用户的准确位置，然后为用户提供基于他所在位置的准确地理服务，其服务理念的中心都是围绕着位置这个"位置"展开的，这样的服务对于用户来说更具有价值，对于商家来说则针对性也更强，与我们未来生活的方方面面都是密不可分的。

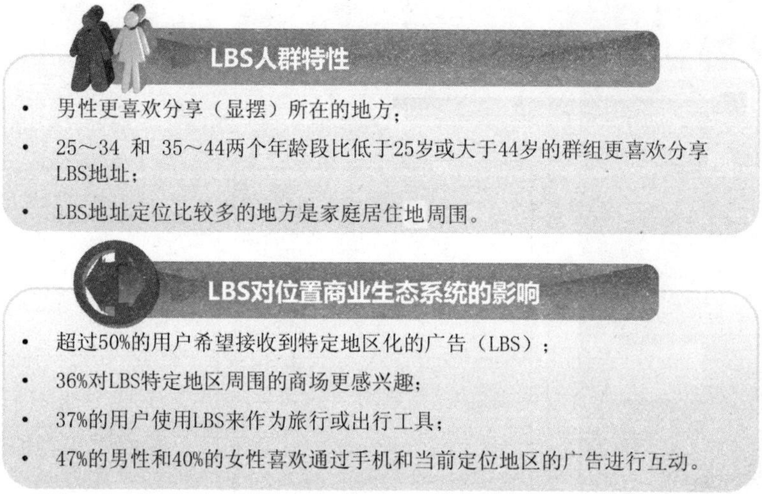

LBS人群特性

- 男性更喜欢分享（显摆）所在的地方；
- 25～34 和 35～44两个年龄段比低于25岁或大于44岁的群组更喜欢分享 LBS地址；
- LBS地址定位比较多的地方是家庭居住地周围。

LBS对位置商业生态系统的影响

- 超过50%的用户希望接收到特定地区化的广告（LBS）；
- 36%对LBS特定地区周围的商场更感兴趣；
- 37%的用户使用LBS来作为旅行或出行工具；
- 47%的男性和40%的女性喜欢通过手机和当前定位地区的广告进行互动。

图7-8 LBS用户行为分析

7.2 LBS的微营销策略

长期以来，商家们非常注意研究自己潜在客户群的组成情况，如研究哪些人经常路过自己的商店门口。对于经常路过的人，商家自然也有所了解。但对于经常光顾自己商店的老顾客，商家是否已掌握他们的具体情况？这些人从事何种职业？商家今后应该通过何种方式，才能同这些顾客进行更多接触？商家如何使老顾客再次光顾？

笔者认为，或许Foursquare及其他LBS手机应用程序能够帮助商家们较好解决这个问题。本节将介绍LBS的微营销策略，让商家们牢牢抓住属于自己的顾客。

7.2.1 签到模式

LBS微营销模式的最大挑战在于要培养用户每到一个地点就会签到（Check-in）的习惯。而它的商业模式也比较明显，可以很好地为企业或品牌进行各种形式的营销与推广。

例如，国内比较活跃的街旁网现阶段则更多地与各种音乐会、展览等文艺活动合作，慢慢向年轻人推广与渗透，积累原始用户。LBS应用最核心的产品机制是在某个地点签到，而有机会赢取一枚特殊的徽章，如图7-9所示。

图7-9 "街旁"APP中的徽章

徽章对于LBS用户有非常大的吸引力，这也是品牌与LBS应用合作最简单的一种方式，利用用户赢取徽章的动力，与LBS应用合作发行具有特殊含义的品牌徽章。徽章一旦获得，将永远保留，对于品牌来说，将是长期的曝光，能够较好地让用户记住品牌形象。

当下主流LBS应用是以"签到"模式为基础的营销，但对于大多数个体商户而言，"签到"似乎并无实际效益："签到"与实际消费间总有虚实相间的价值鸿沟，企业希望除线上"签到"的飙升外，更能够掌握用户的实际消费诉求，为何他们"签到"，却不"行动"，最终导致线上消费的外流他处。

因此，"签到"模式不能只基于"位置"，而是"位置+营销+行动"三面出击，企业不仅需要知道用户在哪儿，更需要知道用户为什么在那儿：LBS服务商提供的将不仅是用户的区位坐标以及本地商家资讯的发布平台，更是千万签到者实际消费行为的反馈渠道。基于用户，真正从顾客出发，让"签到"成为制胜营销的铿锵利器，而非LBS博受众一悦的堂皇附庸。

7.2.2 搜索周边生活服务

LBS应用的第二个模式就是基于地理位置的搜索服务，比较容易想到的就是基于地理位置的周边搜索。LBS应用能够广泛支持需要动态地理空间信息的应用，从寻找旅馆、急救服务到导航，几乎可以覆盖生活中的所有方面。以下是常见的一些例子：信息查询、车队管理、急救服务、道路辅助与导航、资产管理、人员跟踪、定位广告、移动黄页、网络规划。

以点评网或者生活信息类网站与地理位置服务结合的模式，其代表是大众点评网、"折扣王"网站等。主要体验在于工具性的实用特质，问题在于信息量的积累和覆盖面需要比较广泛。目前大众点评已经推出了Android和iPhone客户端，用户可以搜索周边的一些美食、酒店、电影、休闲娱乐等信息。

（1）进入"大众点评"APP主界面，如图7-10所示。

（2）切换至第二页菜单，点击"查周边"按钮，如图7-11所示。

图7-10　"大众点评"APP主界面

图7-11　点击"查周边"按钮

> ⓘ **TIPS:**
> 笔者认为，LBS行业需要找到一条与线下服务结合的模式，让用户真正获得线上到线下的体验感。而从目前来看，本地化生活消费类的O2O搜索平台是一个很好的契合点。当然，LBS无论是与O2O、团购，还是旅游消费等领域结合，都是不同形式的尝试和创新，是为了满足用户个人需求而提供的服务。

（3）默认进入"商户"界面，点击"附近"按钮，用户可以设置搜索范围，如图7-12所示。

（4）点击"生活服务"按钮，用户可以设置搜索的生活服务类别，如银行、汽车、医院、培训、美食、酒店、婚庆等，如图7-13所示。

（5）例如，选择"美食"选项后，用户即可查看周边的美食信息，并会显示相应的距离，如图7-14所示。

图7-12 设置搜索范围

图7-13 设置搜索的生活服务类别

（6）点击相应的餐厅查看详情，可以看到餐厅正在举行的优惠活动，如图7-15所示。

图7-14 查看周边的美食信息

图7-15 查看优惠活动

（7）点击相应的优惠活动进入在线订购界面，如图7-16所示。

（8）点击"立即抢购"按钮，进入"提交订单"界面，设置相应的数量、手机号、验证码后，点击"提交订单"按钮，如图7-17所示。用户可以直接使用微信、银行卡或支付宝进行手机支付，完成线上订购操作。

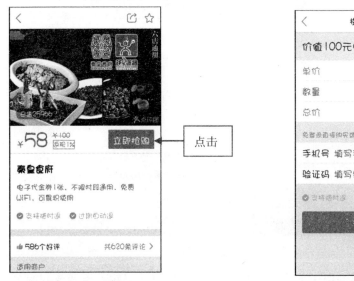

图7-16　在线订购界面　　　　　　　　　　　图7-17　提交订单

在LBS和电商领域的交界处，会有很多创新性的移动APP诞生，而创新的生活模式势必会影响我们的日常生活。在本案例中，百步淘通过结合LBS和C2C，将线上线下打通，为大众构建了一个基于O2O模式的本地化生活服务类应用。

7.2.3　LBS与旅游结合

说到LBS就不能不说旅游这一领域。旅游具有明显的移动特性和地理属性，LBS和旅游的结合是十分切合的，尤其是利用LBS应用分享攻略和心得体现了一定的社交性质，其典型代表有去哪儿网、携程旅行、嘀嘀打车等。

1. 有备无患，票务提前订购：去哪儿网

旅游出门第一件事就是票务订购，目前提供票务订购的手机应用比较多，这里主要以去哪儿网为例，同时挑选一款其他软件进行对比，用户在各种软件中挑选价格更加便宜的商家进行订购。去哪儿网作为一个旅游搜索LBS引擎，使旅行者能够在线比较航班和酒店的价格及服务。

"去哪儿旅行"APP的机票订购系统可以为用户搜寻到打折的特价机票，如图7-18所示，在设置"出发城市"、"到达城市"、"出发日期"等按钮

后，点击"搜索"按钮即可。

图7-18 搜索机票

"去哪儿旅行"APP无需注册即可使用多种方式（银行卡或支付宝）付款，如图7-19所示。如用户选择"支付宝支付"选项，则会跳转至支付宝界面，如图7-20所示，根据界面提示输入支付密码即可在线完成支付。

图7-19 选择付款方式　　　　　图7-20 支付宝付款

旅游与移动终端具有天然的相通点：旅行过程就是移动，在行进中完成"吃住行游购娱"众多项目。去哪儿网就是看准了这个市场需求，才推出了基于LBS

的无线客户端。通过"去哪儿旅行"APP，用户不仅可以搜索、购买机票，还能实时登机和查询到达航站楼、机型、准点率、是否含餐食、飞行时间等信息。

另外，如果用户在陌生的城市，也可以通过"我的位置"功能搜索附近的酒店、景点、交通、娱乐、餐饮等信息，并获知目的地的电话、地址、价格、设施、服务内容、点评、图片等众多详细信息后最终决策，如图7-21所示。APP会对酒店周边的景点、娱乐、餐饮、机场车站进行推荐，供出游者选择。LBS应用的地图模式和导航功能让旅行者不仅可以看到还能找到想去的地方。

图7-21　"我的位置"功能

2. 无需导游玩转景点：景点通

许多人都抱怨旅游团看似便宜，一旦进团后却发现四处要花钱，如景区交通（缆车、光观车等）、购物消费等。许多人抱着"来都来了，不在乎这点"的想法无奈掏钱，原本花几百元报的团，最后回家一算却用了上千元。那么，对于热爱旅游的用户，完全可以找一款不错的手机应用，来帮自己实现真正的自助游，在玩得更顺心的同时，还能更省钱。

景点通是一款旅游手机应用软件，该软件覆盖了观光、休闲、历史、文化等各种类型的地理信息。对于旅行前没时间做功课、到达景区内不知道游览路线、不愿花钱请导游的用户，这绝对是一款不应错过的省心、省时、省钱的手机应用。

首次进入景点通应用时，会要求用户设置定位模式。进入"周围景区"界面后，用户可以通过地图模式查看景点，如图7-22所示。点击相应景区缩览图，进入详情界面，在此可以查看游览季节、时间等信息，如图7-23所示。

图7-22 查看周围景区

图7-23 详情界面

- 点击"指路"按钮，即可显示具体的路线，如图7-24所示。

- 点击"攻略"按钮，即可查看详细的景点攻略和介绍，如图7-25所示。

图7-24 查看具体路线

图7-25 查看攻略

- 点击"到此一游"按钮，用户可以发表评论进行签到，还可以显示位置、上传照片、@朋友，以及将旅行心得分享到新浪微博和微信朋友圈，如图7-26所示。

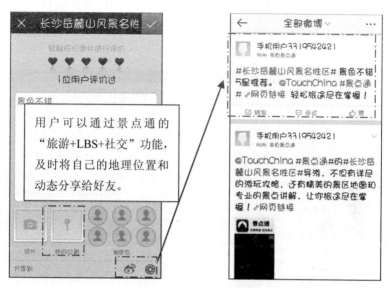

图7-26　分享旅行动态

3. 打造私人出行计划：嘀嘀打车

在当今快节奏的生活里，很容易因为交通问题错过一些约会，其损失的可能不仅仅是金钱，甚至还有别人对自己的印象。对于热爱旅游的用户，在外地更加要了解交通方面的情况，不然很可能要吃大亏。查公交线路、叫出租车、查询列车与航班，用户完全可以通过自己的手机完成这些功能。

例如，"嘀嘀打车"是一款叫出租车的手机APP应用。用户使用"嘀嘀打车"APP可以马上叫车，也可以进行预约。用户进入APP后，点击"现在用车"按钮直接说明需求即可，如图7-27所示。

如果需要预约，进入软件后，点击"预约"选项，填写预约的时间、起始位置等信息并点击"确认发送"按钮即可，如图7-28所示。等用户上车后，到达目的地，司机在"嘀嘀打车"司机端会输入本次打车的费用。

> **!TIPS:**
> "嘀嘀打车"APP的原理非常简单，与电话叫车服务类似。即用户在手机中发送一段语音说明具体的位置和要去的地方，用车信息会被传送给用户附近的出租车司机，司机可以在手机中一键应答，并和用户联系。

从2014年1月10日起，"嘀嘀打车"APP在32个城市开通微信支付付款，仅仅在一周之内，订单量就超过了百万，补贴金额累计超过2 000万元。为鼓励用户接受微信支付这一新兴的付款方式，嘀嘀打车推出重磅活动：只要使用微信支付，乘客车费立减10元、司机则立奖10元，同时每天随机产生1万个免单名额。

图7-27 点击"现在用车"按钮

图7-28 点击"确认发送"按钮

> **!TIPS：**
>
> 　　笔者认为，"嘀嘀打车"接入微信支付的成功，不仅在于对乘客、司机的便捷性，更在于真正实现了移动互联网的价值闭环。一直以来，传统行业苦于进入移动互联网不得其门而入，线上和线下的支付手段很难衔接，导致线上、线下业务只能分开运营。微信支付就是传统各行业以低成本、快速、便捷融入移动互联网的大好机会。

　　腾讯之所以大手笔投资"嘀嘀打车"，并购买大众点评的20%股份，核心就是"移动支付+LBS"。基于地理位置的盈利模式才是核心，"嘀嘀打车"只不过是一个过渡产品，最终都要整合到LBS地图应用中。

7.2.4 会员卡与票务模式

　　LBS应用可以实现一卡制，捆绑多种会员卡的信息，同时电子化的会员卡能记录用户的消费习惯和信息，充分使用户感受到简捷的形式和大量的优惠信息聚合。代表有豆角优惠券、免费达人、布丁优惠券等，这些移动互联网化的应用正在慢慢渗透到生活服务的方方面面，使我们的生活更加便利与时尚。

例如，"豆角优惠券"是一款集快餐、优惠券、电影票、团购、商家优惠信息于一体，基于LBS地理位置提供一站式生活优惠服务的O2O手机APP。

初次打开"豆角优惠券"APP时，软件会要求用户选择相应城市，如图7-29所示。"豆角优惠券"APP按照餐饮美食、休闲娱乐、电影票、购物、酒店住宿等生活需求进行了归类，每个分类下面都有详细的介绍及用户评论信息，比较有参考价值，同时也可以按照周边、优惠、搜索、团购等方式进行查找，如图7-30所示。

图7-29　选择相应城市

图7-30　"豆角优惠券"APP首页

"豆角优惠券"通过手机APP帮助人们简单方便地获取和使用城市生活消费优惠信息，基于位置周边、目的地定制满足人们的及时消费，如图7-31所示。

"豆角优惠券"APP有收藏、喜欢、分享等功能，将人的因素加进去，突出社交化，让人们表达自己的倾向，如图7-32所示。同时，用户可以将喜欢的商家活动直接通过手机通讯簿发送给好友，更加方便结伴而行，如图7-33所示。

图7-31 显示用户周边的优惠信息

图7-32 完善的社交功能

图7-33 将喜欢的商家活动发送给好友

　　基于LBS功能，豆角优惠和微信一样有"摇一摇"功能。当用户不知道吃什么或者不知道玩什么的时候，豆角优惠引入了"摇一摇"功能，随机向用户推荐美食娱乐优惠信息，如图7-34所示。不过，此功能是基于你的周边位置而推荐一些可能感兴趣的地方，不同于微信可以摇出几千里外的微信好友。

　　"豆角优惠券"采取的是两大运营模式，一种是传统的互联网平台，一个是手机客户端平台，这是根据不同用户习惯决定的，并且二者是一致的。在笔者看来，移动和非移动的互联网服务将向低频次消费和高频次消费两极分化。

用户在PC前会进行一些也许一生只做一次的查询和购买，而手机APP则解决吃饭娱乐等天天发生的事情，这就使得利用移动设备寻找优惠券优势凸显。但这并不意味着把纸质优惠券电子化放入手机就顺理成章地建立起了商业模型。

图7-34　"摇一摇"功能随机向用户推荐美食娱乐优惠信息

目前，手机票务的实质是缩短信息在企业与用户之间的流通时间，企业的利润来自于之前信息不对称对其造成的额外成本，比如效果不佳的宣传费用、非高峰期的上座率等。因此，只有使企业、移动平台和用户三方受益的营销方式，才能成为企业的常规运营手段。

目前看来，团购的方式需要商家让利太多，因而不在此列；优惠券折扣适中，未来能让三方都满意。但是，目前的市场状况却是优惠券分发的方式使企业收入甚微，要改变局面，则需完善用户发现、决策、到店消费、分享的优惠券使用过程，利用"LBS＋APP应用"实现完整的O2O闭环。

> **① TIPS:**
>
> 目前来看，增强移动应用的社交属性、互动性也是每一款手机应用软件未来的发展趋势。另外，从数据角度来讲，用户一旦使用优惠券或积累了积分，就很自然地帮助LBS平台收集到了大量消费数据和行为轨迹，这让后续的精准营销变得顺理成章。

7.2.5　社交互动，口碑分享

LBS社交应用主要有以下两种模式：

（1）地点交友，即时通信：不同的用户因为在同一时间处于同一地理位置而构建用户关键信息，代表是"兜兜友"，如图7-35所示。

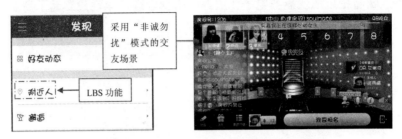

图7-35 "兜兜友"的交友功能可谓十分强大

（2）以地理位置为基础的小型社区：地理位置为基础的小型社区，代表是"区区小事"，如图7-36所示。

"区区小事"是一款集生活、社交于一体的位置服务软件，该软件能通过定位系统确认用户所处位置，通过提供状态发布匹配、话题发起讨论、活动组织参与、投票参与等多种交流途径，让用户与街坊邻居，或是与工作所在区域的同事、朋友，或是与感兴趣的特定区域中的朋友进行交流。

图7-36 "区区小事"APP主界面

社会化媒体平台上的口碑对于品牌来说是提升形象和驱动销售的最直接动力。目前几乎所有LBS应用都可以绑定各类微博和常用的SNS网站，通过LBS客户端的地点、签到、徽章以及商家优惠信息等都可以同步到这些平台，如图7-37所示。

嘀咕的"签到"对于大型连锁商家无疑是与顾客直接对话的最佳模式；然而，对于本土大多小商小贩，也许"区区小事"基于"邻居"的社交互动模式，更适宜中国LBS发展。企业可以通过在LBS应用中设置巧妙的营销机制，让用户成为品牌的传播因子，并以这个用户为核心，通过他的好友圈子形成更大范围的口碑传播。

图7-37 "街旁"APP可以将信息同步到各类微博和常用的SNS网站

7.2.6 "LBS+团购"模式

LBS与团购都具有明显的地域性特征，但是团购又有其差异性，如何结合？美国的GroupTabs给我们带来了新的想象：GroupTabs的用户到一些本地的签约商家，比如一间酒吧，到达后使用GroupTabs的手机应用进行签到。当签到的数量到达一定数量后，所有进行过签到的用户就可以得到一定的折扣或优惠。

目前，在国内也兴起了一大批基于LBS的团购应用，如传统团购网站糯米网、美团等，地图应用百度地图、腾讯地图等，以及社区应用盛大切客等。基于LBS的团购模式就是利用LBS确定用户的地理位置，提供与用户位置相关的团购，它将传统团购和LBS结合起来，提供给用户消费的便利性。

例如，在百度地图的"附近搜索"界面中，有团购活动的商家会直接显示相应的团购标识，如图7-38所示。另外，用户也可以直接搜索"团购"关键词，通过地图模式查找附近的团购活动，如图7-39所示。

又如，盛大切客增加了团购和优惠栏目，通过该栏目，用户可以查找附近正在开展的各种团购活动以及周边的优惠项目。

以上两个案例告诉我们，团购与LBS的结合已经开始，而且是一个比较不错的应用结合，相信会得到越来越多的人的喜爱，如图7-40所示。其实这也是一个比较明显的信号，团购开始转型做本地服务，而本地电子商务则正在兴起。

图7-38 搜索附近商家

图7-39 查找附近的团购活动

图7-40 基于LBS的团购推荐服务

!**TIPS:**

　　基于LBS的团购模式拥有一个美好的发展前景，未来它不仅是服务，更将成为一种生活习惯，成为团购的标配。不过在发展过程中，还需要各方面的共同努力，如图7-41所示。

图7-41 基于LBS的团购推荐服务

7.2.7 移动广告推送服务

如果说传统的移动广告是帮助品牌提升形象服务的话，那么LBS定位式的移动广告推广则是帮助了本地企业和社区商家找到了推广的契机。定位式广告的最大优势在于，它能够直接推动用户进行消费。正如手机广告网络Millennial Media公司总裁兼CEO保罗·帕美瑞（Paul Palmieri）所说："手机可以把消费者直接领到你的店里。你没法一边用笔记本电脑一边逛商场，但你手里可以拿着智能手机。"

典型的方式，当用户登录LBS客户端，LBS会自动检索用户当前所在位置，并显示附近正在或即将举行活动的地点，如图7-42所示。用户可以点击查看活动详情，并选择前往任意一个地点签到、赢取徽章、参加活动。

 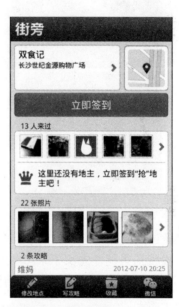

图7-42 "街旁"APP会自动定位进行活动推荐

LBS定位式广告特别适用于有线下门店的品牌，通过签到营销机制能将消费者直接领到门店，促进线下人流。

> **TIPS：**
>
> 企业需要注意的是，仅仅局限于以地理位置定位进行相应的信息推送，很容易掉入"众口难调"的"泥潭"。与互联网上的大众需求相比，移动互联网微营销面对的是无处不在的个性化需求。照搬互联网的商铺点评模式，无法让移动中的用户真正体会到随时随地消费导航的便利。笔者认为，真正"杀手级"的微营销应用尚需一种能即时满足消费需求、尽可能减少用户操作，与位置、情境相配套的推荐引擎，这些都还需要企业和开发者一起努力。

7.2.8　"LBS＋游戏"模式

"LBS＋游戏"模式是指在游戏的虚拟生活中，可以让用户利用手机购买现实地理位置里的虚拟房产与道具，并进行消费与互动等，将现实和虚拟真正进行融合的一种模式。这种模式的特点是更具趣味性，可玩性与互动性更强，需要对现实中的房产等地点进行虚拟化设计，开发成本较高，比签到模式更具黏性。

国外的代表是Mytown，国内则是16Fun。例如，16Fun是一款基于地理定位的手机社交游戏，将用户现实生活中常去的地点与"炒房产"的游戏模式相结合，带给用户一种全新的玩法，如图7-43所示。

图7-43　16Fun（一路疯）游戏界面

用户通过到周围地点报到赚取点数，提升等级，同时还可以将自己喜欢或者觉得有投资前景的地方买下来，并且向来这里报到的其他用户收取租金，不论是你平时上班的大楼还是常去的餐厅，只要你在游戏中有足够的等级和现金就可以买下来。

16FUN社区交友游戏把传统游戏里的概念：经验、货币、升级、成就、玩家互动（保护，打斗）、物品都搬进来了，现实当中的社会情况，同时也能反映在游戏里。通过周期性地计算和统计，每个城市的房产价值都会随着用户的行为发生变化，带给用户一个与现实相联系的感觉。

在商业模式方面，除了借鉴签到模式的联合商家营销外，还可提供增值服务，以及类似第二人生（Second Life）的植入广告等。但是由于需要对现实中的房产等地点进行虚拟化设计，开发成本较高，并且由于地域性过强导致覆盖速度不可能很快。

第8章

微视短片，热点内容营销

如今，越来越多的微视频、微电影频频跃入网民的视野，并成功演变为众网民乐于互动的话题。轻广告凭借其热点内容的强大吸引力，正在以不可阻挡之势，抢夺微营销手法之冠。利用微视频、微电影进行有效传播，不仅可以打破传统的营销模式，而且也是微营销模式的一大创新。

◇ 解密微视频营销
◇ 微视频的营销模式
◇ 微视频的推广技巧
◇ 微电影的营销策略

8.1 解密微视频营销

微视频广告作为一种崭新的形式，是这个时代的产物。而对企业来说，微视频也是在移动互联网时代塑造产品口碑的一种有效形式，真实性对口碑塑造来说同样不可或缺。对企业来说，创造更优秀内容的微视频还是最关键的。

8.1.1 什么是微视频

传统视频包含电视广告、网络视频、宣传片等各种方式，而微视频的出现，带给大众的将是随时随地随意的视频享受，如图8-1所示。

图8-1 视频营销的发展历程

随着网络成为很多人生活中不可或缺的一部分，微视频营销又上升到一个新的高度，各种手段和手法层出不穷。微视频广告指的是企业将各种视频短片以各种形式放到互联网上，达到一定宣传目的的营销手段。微视频广告的形式类似于电视视频短片，但平台主要集中在移动互联网上。

8.1.2　什么是微视频营销

随着网上视频的日渐流行，一种新广告模式开始在手机上悄悄流行，这就是微视频的传播。与草根的崛起一样，微视频营销将一并成为这个时代的典型特征之一，如图8-2所示。

中国当下有6亿互联网用户、5亿手机网民，微视频营销以其新颖独特的方式吸引网民的高度关注。视频营销作为最精确有效的传播方式将大力提升企业的品牌知名度，增加产品销量。

创业故事纪录片

中国梦、创业、创新成为这个时代最响亮的词句，用故事讲出老板的创业人生，做成纪录片、微电影，可从创业人生、企业文化、产品价值、公益事业、未来愿景等多方面进行讲述。让观众读懂一个人，就读懂了一个企业的内涵和魅力所在。

创意解说视频

创意解说视频是众多广告主所青睐的传播形式，因为活泼开朗的气质使它更加受广大观众的喜爱。广告界因为有了创意解说视频，从此有了一把产品介绍的利器；微电影界有了创意解说视频，便从此有了一朵带来点击量的奇葩。

微电影、病毒视频

微时代的到来，以移动互联网为依托，微电影、病毒视频通过浓缩的电影叙事将新经济时代人们的感性诉求与营销完美地融合，极大地挖掘出视频的商业价值，扩大企业品牌的宣传效果。

图8-2　微视频营销的核心产品

8.1.3　微视频营销的优势

"视频"与"移动互联网"的结合，让这种创新营销形式具备了两者的优点：它具有电视短片的种种特征，例如感染力强、形式内容多样、肆意创意等，又具有互联网营销的优势，如图8-3所示。

1. 成本低廉

电视广告的费用需要几十万元甚至上千万元，而微视频的成本一般不过几千元，而且还可以免费放到视频网站中进行传播。

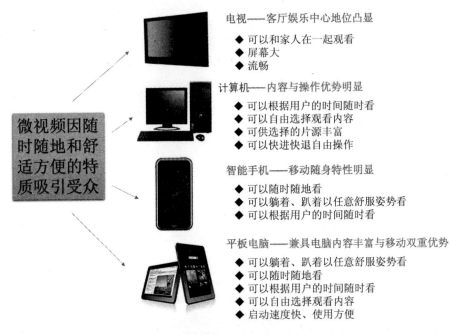

图8-3 微视频营销的优势

2. 目标精准

在网络上有着相同视频兴趣倾向的网民的组合称为"群（Group）"。微视频可以使企业更精准地找到那群潜在用户，并通过有效的可行途径影响他们，发掘、培养他们的兴趣点。

微视频中那些令人感兴趣的内容能吸引受众，而受众的不断支持、回复、上传又能产生良好的内容。一传一受的交互方式，促进了群组织的形成。因此，企业可以在特定的群投放产品。例如，餐饮企业在"吃货群"投放美食视频广告，或者在这个群征集作品，就能取得不错的效果。

3. "互动+主动"性

互联网营销具有互动性，这一点也被微视频营销所继承。观看者的回复可以为该视频造势，有较高争议率的视频点击率也往往高调飙升，如图8-4所示。

与此同时，用户还会把他们认为有趣的视频转贴在自己的微博或者其他论坛中，如图8-5所示，让微视频广告进行主动性的"病毒式传播"，让宣传片大范围传播出去，而不费企业任何推广费用和精力。这一优势是电视广告所不具备的。

图8-4　用户通过手机可以及时回复

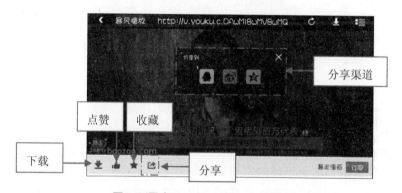

图8-5　用户可以通过手机分享视频

另外，与其他互联网营销形式不同，微视频感染力更强，因此引起用户的主动传播性也更强。

4.传播速度快

微视频营销的这个特性已经在诸多案例中显露无疑。例如，在一次美国竞选演讲时，某个候选人发现台下有一名印度裔的听众，结果他无意之间称呼这位听众为"非洲短尾猿"。这种说法带有很强的种族歧视色彩，这段视频被传到YouTube上，在非常短的时间被愤怒的网民们复制粘贴、快速传播，导致他的名声在几个月的时间快速下降，最终落选。

5.效果可监测

在视频应用中总能看到大量的数字，如被点击量、转载次数、评论等，如图8-6所示。种种数字让企业微视频营销的"每一笔费用都可以找出花在了哪里"。收集网友的评论，也可以总结这次视频广告的得失，大大提高效果监测率。

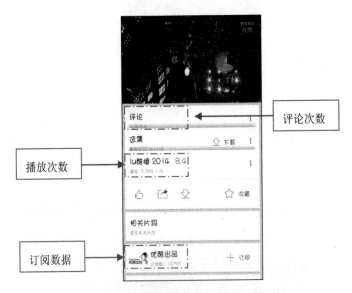

图8-6　微视频的营销效果可监测

8.1.4　制作微视频营销的内容

微视频的优势有很多，而且内容创作更加的自由，视听语言的运用也更加灵活。除了视频，与之相伴的还有详细的文字和图片介绍，这方面的优势是电视、电影媒介无论如何都无法追赶的。以汽车之家为例，除了一段视频外，还辅助以相应的专题、图集、文字介绍，再加上涉及的车型的数据库，真可谓集众长于一身了，如图8-7所示。

微视频营销的内容必须符合以下几个原则：

（1）高人一等。基本上是用高人进行高超技艺表演。因为是高人而由不得用户不信。这些由高人带来的高特技表演势必会让用户高兴地观赏，并且乐意与他人分享和谈论。例如，球王罗纳尔多连续4次击中门柱的神奇视频就是2005年其为赞助商NIKE拍摄的一段广告，结果在全世界范围内引发了一场激烈的讨论。尽管耐克事后承认该视频是经过处理的，但是并不妨碍这支广告在互联网上的病毒性传播。

（2）网络炒作。炒作是一种不断翻新的商业技巧，基本的目的是聚人气，也就是吸引大众的注意力，最终目的是名气和金钱。炒作就是有意通过透露某种似是而非的绯闻或异常现象来吸引媒体报道，以使自身达到某种得名或获利的目的。

图8-7　在微视频营销中各种辅助内容

（3）用情动人。大家熟悉的是恶搞，但是还有一种就是善搞，以情系人，用情动人。传递一种真情，用祝福游戏的方式快速病毒性传播。例如，《满城尽带黄金甲》首映时，就是采用与QQ和MSN进行合作，用一群漂亮的宫女，配以十分搞笑和圣诞祝福的文字，借由MSN和QQ大规模传播，一时间黄金甲在网络上泛滥，达到了很好的宣传造势的目的。

（4）引人发笑。搞笑的视频广告会带给人很多欢乐，而带给人欢乐的视频，人们就更加愿意去传播。

（5）恶俗、恶心、恶搞。因为俗所以招人鄙视，但因为恶俗所以让人关注。例如，搜狐视频的"大鹏嘚吧嘚"恶搞歪唱也是备受网友追捧的一个杀手锏，如图8-8所示。现今恶搞视频数不胜数，但视频恶搞也要看恶搞主题与电影片段是否契合。

图8-8 "大鹏嘚吧嘚"恶搞歪唱系列视频

8.1.5 微视频营销的趋势

在移动互联网微营销时代，硬广告营销正处于短板期，而微视频的出现，则恰好迎合了用户的情感和心理需求，为企业带来了更多的营销机会。对于企业来说，在广阔的互联网与移动互联网营销世界，微电影营销拥有更多的发展前景。

（1）品牌视频化。如今，很多企业都开始将品牌广告通过视频展现出来，这个趋势非常明显。例如，《努力 汽车梦》是由新浪汽车和上海大众联合策划的国内首部汽车网络概念剧，用视频节目的形式整合社会热点事件，以汽车品牌为事件的契入口，围绕汽车的主题，将时尚的场所、娱乐的热点和尖锐的青年观点完美地结合在一起，形成良好的品牌效应。

（2）视频电商化。用户一直想拥有自己的特权产品和购物体验，企业也一直努力去满足用户的个性化消费需求。在微视频营销时代，用户可以在视频的终端向企业提出自己的需求，而企业则可以根据用户的需求变化，为其定制相应的产品及服务。如果这样的营销变革最终发生，企业将省去无数的中间环节和市场费用，而用户则能够获得最实惠、最优质、最及时的商品和服务。

（3）视频网络化。在所有媒介上，可视化内容都会根据媒体本身的优点演变成新的表现形式。移动互联网上的视频也根据自身的特点进行类似的演变，从简单的新闻重播演变到用户自己制作视频。

（4）广告内容化。将广告转化为微视频中的一个重要组成元素，或者成为一个剧情纽带，间接地吸引用户，润物无声、潜移默化、细水长流般，不仅排除了自卖自夸之嫌，而且可以让用户都不知道谁在卖、谁在夸。例如，湖南卫视的热播电视剧《因为爱情有奇缘》中就植入了不少广告，随便就可列举出很多：香飘飘、诗婷露雅化妆品、亲亲八宝粥、静心口服液、太太口服液、乐行代步工具、金龙鱼面粉、农夫山泉、绝味鸭脖、世纪佳缘、超人小电器、六月香豆瓣酱、霍香正气丸，所有演员用的手机都是魅族MX3，以及比亚迪汽车，如图8-9所示。

图8-9 《因为爱情有奇缘》中的植入广告

（5）客服视频化。视频客服系统的到来，标志着互联网视频营销时代的到来。尽管在视频客服系统之前，在线文字系统、在线会议系统已经有七八年的历史了，但它们都不是真正的视频营销范畴。网站视频客服系统真正地让网站产品可以视频展示，其转化率是文字与图片远远不能比拟的。

8.2 微视频的营销模式

目前，微视频营销主要有6种模式：视频贴片广告、视频病毒营销、视频事件营销、视频互动模式、视频整合传播、视频UGC营销模式，这些基础模式已经被企业多次运用，并且涌现出大量成功案例。

8.2.1 视频贴片广告

贴片广告指的是在视频片头片尾或插片播放的广告，以及背景广告等。图8-10所示为优酷视频中的片头广告。

图8-10 贴片广告

点击"了解详情"按钮，即可查看想要的广告内容，如图8-11所示；点击"跳过广告"按钮，即可跳过广告直接播放想看的视频（不过该功能仅限会员使用）。

例如，图 8-7 中的视频贴片广告介绍的是陌陌，点击"了解详情"按钮后即可进入陌陌的微电影主页。

图8-11 贴片广告

作为最早的网络视频营销方式，贴片广告可以算电视广告的延伸，其背后的运营逻辑依然是媒介的二次售卖原理。随着网络视频的骤然热火，视频广告也迅速发展起来，但是当你在手机上打开视频要观看的时候，却出现几十秒的广告，你是不是有一种想关掉视频的冲动。网络视频贴片广告则解决了这种状况，通过选择广告的方式进行广告信息的展示。

例如，美国的视频网站Hulu最先推行了"用户选择广告"的模式，取得了巨大成功。根据监测结果，在Hulu网站上，被赋予选择权的用户点击广告的概率是没有被赋予选择权用户的两倍。

作为中国视频网站的领头羊，土豆网近期也开始采用此种贴片广告的播放模式。土豆网近日对外宣布，已在其网站部分性地尝试让用户自己选择广告。用户可以根据自己的喜好，选择接下来要观看的贴片广告。

8.2.2 视频病毒营销

视频病毒营销是另一种重要的微视频营销模式，借助好的视频广告，企业可以进行无成本的互联网与移动互联网广泛传播，这方面的成功案例比比皆是。如何找到合适品牌诉求的"病毒"是企业和营销人需要重点思考的问题，在进行视频创意时尽力使广告更加"可口化"、"可乐化"、软性化，以更好地吸引用户眼球。

近日，一段名为《乾隆来了之见鬼》的视频在网络上迅速走红，如图8-12所示。看过此视频的绝大多数网友都称它为"笑死不偿命"的视频。在这段8分钟的视频中，先后融入了很多经典的电影镜头：《2012》、《猿族崛起》、《帝国的毁灭》、《007之黄金眼》、《非诚勿扰》、《窃听风云》、《唐伯虎点秋香》、《疯狂的石头》、《大腕》等。

图8-12 《乾隆来了之见鬼》的视频片段

该视频起初只是在优酷里被少数网友在各自的朋友圈里传播，但接下来令人意想不到的奇迹发生了。在短短几天间里，这个视频在各大视频网站已被疯狂点播超过50万次，社区论坛的网页浏览量也达到约20万次，微博转发也有超12 500次。在开心网和人人网也登上热门版块，在各大社区论坛，也被推荐到部分首页。

事实上，这部视频是为炒股软件企业"钱龙"量身定制的广告视频，如图8-13所示。从一些视频网站上可以看到该视频的走红程度，从首次被传到优酷后，就被各大视频网站转载，又被网友以各种恶搞标题、趣味性标题重新传播视频，很快就在其他媒介形成热潮。从该视频传播的路径看：从视频网站转移到SNS网站和各大论坛，再到微博，《乾隆来了之见鬼》创造了视频病毒营销的一个高潮。

在视频中介绍产品

图8-13 《乾隆来了之见鬼》的视频片段

在这个信息像病毒一样传播和扩散的网络时代，视频同样可以营造出一个目标消费群体。在本次事件中，钱龙黄金眼的广告会传给无数对股票感兴趣的人，其中有很多都可能是股票的潜在群体，从而激发新的需求。

当用户在微博平台评价某一微视频的时候，同时也传播了微视频的内容，让其他网友"所见即所得"。这种"视频＋口碑＋内容"的传播组合形式，很容易诱发其他网友的主动观看：点击一下就可以了解大致内容，有兴趣可以接着看，当前页面不理想可以直接链接到视频网站上，多层次的选择为网友提供了良好的体验。当网络视频被传播得更广，那么其营销价值就越为明显，也就更能得到发展。

视频病毒营销的发生原理或许可以概括成"内容即媒介"，好的视频自己会"长脚"，能够不依赖需要购买的媒介渠道，仅靠无法阻挡的魅力即可俘获无数网友作为传播的中转站，以病毒扩散的方式蔓延。

　　当然，一个好的企业视频营销还必须个性鲜明、与品牌结合紧密，千万不能只顾提升广告的"病毒性"而忽略品牌信息的传播。

8.2.3　视频事件营销

　　由于每一个用户的媒介和互联网接触行为习惯不同，这使得单一的视频传播很难有好的效果。事件营销一直是线下活动的热点，国内很多品牌都依靠事件营销取得了成功。其实，策划有影响力的事件，编制一个有意思的故事，将这个事件拍摄成视频，也是一种非常好的方式。另外，有事件内容的微视频更容易被网民传播，将事件营销思路放到视频营销上将会开辟出新的营销价值。

　　例如，T-Moblie（英国电信运营商）在伦敦的一地铁站里预先安排好350名舞蹈者，将他们装扮成路人散布在车站的人群中。随着音乐响起，这些舞蹈者纷纷跳起来，周围不明真相的群众也加入到队伍中来，由旁观者变为分享者，并将其拍成视频传到网上，引得上千家媒体竞相报道。

8.2.4　视频互动模式

　　视频作为重要的信息媒介，其价值日益凸显，值得关注的是，视频推广正呈现出跨平台、多元化的营销新趋势。视频互动指通过在线多人以视频形式进行聊天、表演、唱歌、教学、游戏等在同一个网络视频环境下进行的交流模式。随着移动互联网的不断发展，单纯的文字交流已不能满足人们的网络交流形式，视频互动模式俨然成为一种新型的互联网交流模式。视频行业的发展，现在已从单纯的用户观看视频到了用户可以自己上传、录制、进行互动方向发展，如图8-14所示。

图8-14　用户自制的游戏教学视频

目前，网络上相对成熟的视频互动平台包括新浪UC、呱呱社区、YY语音、手机QQ视频等。视频互动模式类似于早期的Flash动画游戏，借助Flash技术，企业可以让视频短片里的主角与网友真正互动起来。用户通过手指点击手机屏幕就能控制视频内容，这种好玩有趣的方式，往往能让一个简单的创意取得巨大的传播效果。目前，这种互动模式还在继续开发中。

8.2.5 视频整合传播

由于每一个用户的媒介和移动互联网接触行为习惯不同，这使得单一的视频传播很难有好的效果，如图8-15所示。

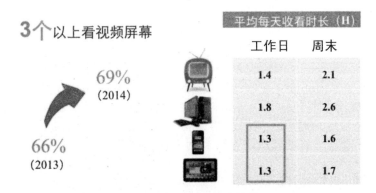

图8-15 多屏观看视频成趋势

因此，企业可以采用视频整合传播模式。具体方法如下：

（1）视频事件营销首先需要在公司的网站上开辟专区，吸引目标用户的关注。

（2）跟主流的门户、视频网站合作，提升视频的影响力。

（3）对于移动互联网的用户来说，线下活动和线下参与也是重要的一部分，因此通过互联网上的视频营销，整合线下的活动、线下的媒体等进行品牌传播，将会更加有效。

> **TIPS:**
> 在微营销领域，企业可以将视频当作自己的线上平台，在其中加入相应的营销手段，如宣传产品的亮度，或通过优惠来吸引其他人的关注等。视频营销的厉害之处在于传播即精准，首先会因产生兴趣而关注视频，再由关注者变为传播分享者，而被传播对象势必是有着和他一样特征兴趣的人，这一系列的传播过程就是在精准筛选目标用户。

8.2.6 UGC营销模式

UGC（User Generated Content，用户生成内容）的概念最早起源于互联网领域，即用户将自己原创的内容通过互联网平台进行展示或者提供给其他用户。UGC模式就是调动民间力量参与视频的积极性，主动产生作品。最简单的形式是以征文的形式征集与企业相关的视频作品，在征集的过程中实则也是变相在为这则广告做宣传。

例如，2006年百事打造了"百事我创•周杰伦广告创意征集活动"，把视频广告的创意权交到用户手中，让用户自创广告创意内容，并由周杰伦担任主角进行拍摄，这不同于以往由品牌和专业广告公司决定广告创意的操作方式，如图8-16所示。

图8-16 "周杰伦百事我创"视频广告

网友的参与程度非常高，不到两个月就收到3万多个富有创意的广告剧本，共计60多万人参与对作品的评论，100多万人次参与对作品打分，平均每分钟最高4 000多人次在线浏览作品。最终《贸易起源篇》广告脚本以335 447的最高得票数获胜，而且广告中的两名配角也由全体网民推荐并投票产生。

评选过后，中国第一支网友创造的视频广告开拍，百事不断将拍摄视频花絮上传网络，甚至安排剧本创作者亲自到达拍摄现场，见证广告的产生。通过前期的长期预热，加上"周杰伦百事我创"视频广告上线倒数活动的开展，可以想见，当这支广告一经发布，将会立刻引起互联网上广泛转载，影响巨大。

UGC正在成为互联网领域被十分看好的新的应用和商业模式，甚至形成了一种新的媒体形式，其潜在商机巨大。虽然从本质上来说，这不过是百事公司为宣传而进行的一次颇为成功的公关活动。但是，在此过程中，从广告脚本创作、到筛选脚本、到广告片配角的选择都是由网民决定，不仅在某种程度上实现了广告自主权的回归，而且使用户充分参与到广告产品的制作中。一次自觉的公关活动成就了一次不自觉的全民创意整合。

8.3 微视频的推广技巧

你是否在观看网上点击量超百万的视频时心中会思量："究竟怎样才能获得如此高的点击量？"当然，很少有视频放在移动互联网上就能自动自发地进行快速传播，一般都是营销人的努力让视频流行起来以获得轰动效应。

8.3.1 传统推广

传统推广方式是指在各大视频网站注册账号，然后把之前拍好的视频上传上去，并根据不同的视频网站的要求，写好你要表达的东西，最关键的是标题、关键词和描述语。

下面以优酷APP为例，介绍上传视频的具体操作方法。

（1）打开并登录优酷APP，进入"首页"界面，如图8-17所示。

图8-17 "首页"界面

图8-18 点击"我的上传"按钮

（2）点击"我的"标签，切换至"我的"界面，点击"我的上传"按钮，如图8-18所示。

（3）执行上述操作后，进入"上传"界面，点击"上传新作品"按钮，如图8-19所示。

（4）执行上述操作后，进入"我的上传"界面，用户可以选择本地视频或者现场拍摄一段视频，如图8-20所示。

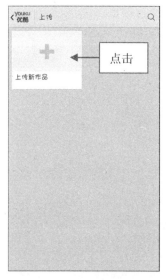

图8-19　点击"上传新作品"按钮

图8-20　"我的上传"界面

（5）点击"本地视频"按钮，选择保存在手机中的相应视频，如图8-21所示。

（6）输入相应的名称和视频介绍，如图8-22所示。

（7）点击"原创"按钮，用户可以设置筛选条件，如图8-23所示。

图8-21　选择视频

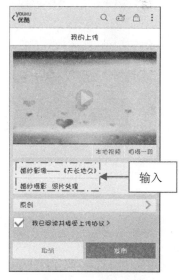

图8-22　输入相应信息

（8）点击"发布"按钮，返回"上传"界面，即可开始上传视频，并显示上传的进度，如图8-24所示。

图8-23 设置筛选条件

图8-24 开始上传视频

（9）上传结束后，其他用户即可通过手机搜索并观看该视频，如图8-25所示。

图8-25 观看视频

目前，国内比较流行的56网、土豆网、酷6网、优酷网等网站都提供免费上传视频服务。

8.3.2 首页曝光

首页的曝光率是非常高的，通过付广告费即可出线在视频应用的首页或热门推荐频道中，特别是商业性的视频，如图8-26所示。那么，具体怎么付费就要跟具体的负责人沟通了。当然，也有一些不用花钱也会帮你做推广的类别，比如热点事件等。

图8-26　首页曝光

8.3.3　设计视频标签

很多视频网站都允许以关键词作为视频的标签，用来提高搜索排名，让你的视频能够出现在相关的搜索里，如图8-27所示。

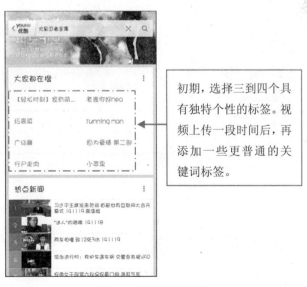

初期，选择三到四个具有独特个性的标签。视频上传一段时间后，再添加一些更普通的关键词标签。

图8-27　视频搜索标签

8.3.4 优化视频缩览图

如果一个视频与其他多个视频同时进入观众的视野，一个引人注目的视频缩略图则是吸引观众眼球的有效策略，如图8-28所示。

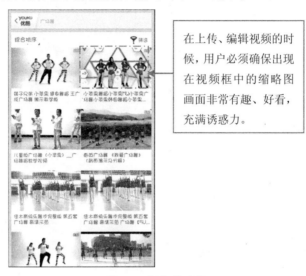

在上传、编辑视频的时候，用户必须确保出现在视频框中的缩略图画面非常有趣、好看，充满诱惑力。

图8-28 视频缩略图

8.3.5 多种方法整合推广

一个视频想要获得更多的流量，无疑要做网络整合营销，网站的线上营销手法众多，并且效果也比较显著，如图8-29所示。

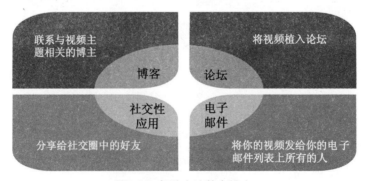

图8-29 多种方法整合推广

8.4 微电影的营销策略

微电影是指以互联网、手机、移动视频浏览器等这类"新媒体平台"为主要播放渠道，具有完整故事情节，超小规模投资的"类"电影视频。

微电影营销，不同于商业化的影视大片，也不同于大众言论的视频短片，它是介于两者之间的一种新媒体网络化的营销手段。微电影的投资规模小，不需要企业耗费太多的成本就能完成营销推广活动，而且其覆盖内容十分广泛，包括时尚、情感、教育、公益、商业定制等各种主题，能够帮助各种不同类型的企业与商家创新微营销的发展模式。

8.4.1　内容侧重于趣味性

微电影营销的关键在于"内容"，微电影的内容决定了其传播的广度。如果说传统电影的内容强调意义性，那么微电影的内容则更侧重于趣味性。例如，黑人牙膏在圣诞节推出6个有趣的圣诞专题广告，如图8-30所示。PPTV网络电视结合圣诞节元素，为用户打造圣诞专区。前期通过大量预热，后期则通过互动环节，与站外SNS互通，实现客户专题广告在网络用户中的高频次曝光，从而增强品牌的记忆属性。

用户看到一些或经典、或有趣、或惊奇的视频后，总是愿意主动去传播，自发地帮助推广企业品牌信息，此时视频就会带着企业的信息在互联网以病毒扩散的方式传播。

图8-30　有趣的圣诞专题广告

8.4.2　结合艺术性与商业性

微电影只要参与到了市场竞争、经过市场检验的，就是具备了商业性的。所谓商业性的区别只在于微电影有没有最大化地发挥其在市场的商业性，创造更多的经济收益。而艺术性却没有明确的标准，因为每个受众的喜好并不一致。但是，艺术性最起码的标准应该是具备一定的品质和内涵。

因此，要结合微电影的商业性与艺术性，无论是作为主创人员还是作为受众，都应该先有对商业性不排斥并加以利用的心态，并对艺术性有一定能力的掌控，才能真正做到平衡。一味地反对商业性炒作，吹捧艺术的小众化或者是一味地用低俗品味取向迎合大众，认为赚钱就是一切，都不是对艺术性和商业性的平衡，是不可取的。

8.4.3 微电影的类型要丰富

微电影作为近几年来新兴的一个传播模式，已经被受众所认同，而微电影的各种类型也丰富着不同受众的眼球，如图8-31所示。

目前出品的微电影，以剧情片、爱情片、喜剧片为主，话题大多集中在青春、爱情、梦想、亲情等方面。笔者认为，微电影要想实现长远发展，就需要在影片类型上进行多种尝试，如纪录片、动画片、音乐片等。此外，公益微电影、院线电影番外篇也应成为微电影营销的新思路。

🔘 **草根恶搞型**
以叙事形式插入产品，然后加入幽默搞笑等大量效果元素，使原本无奇的故事增添了生趣，另外该类型的微电影在场景选择和人物形象选择上面都偏向草根型，符合一般小众的生活特点。

🔘 **青春爱情型**
采取叙事的形式，但是微电影情节中的场景和主要演员的选择上面都是以青春靓丽为主，吸引观众的眼球。在场景布置上也很花心思，致力营造出温馨浪漫的环境，来衬托出爱情这一主题。

🔘 **励志奋斗型**
以叙事为主，但是影片风格上面更为自然真实，以真实、感人的故事引起观众的共鸣。

🔘 **亲情感人型**
场景的选择上以温馨为主，而人物的语言对话也是及其富有感情和内涵的。

🔘 **唯美风景型**
着重风景的展现，以唯美清新的画面夺得观众眼球，并在其中穿插人物的爱情、生活故事等。

图8-31 微电影的各种类型

"微视频"的"微"主要在其"短"、"精"。微视频的出现及其"普众化"，意味着我们真正进入了"超视像"的媒体时代，微视频的传播突出显示了视像的奇异和另类。微视频的制作、上传和浏览的主体主要是年轻人，互联网在年轻人的使用中，促生了如粉丝社群、网络恶搞、动漫游戏等现象。

8.4.4　邀请用户创造内容

微营销大时代让企业与用户站在了同一水平线上，用户即是产品的消费者，也可以是产品的口碑传播者，或者成为企业传播内容的原创制作者。

例如，《原创精选》是一档由优酷出品并于2011年9月10日推出的推荐各种创意搞笑视频、优质微电影和动画及其他优秀热门视频的周播节目，宗旨为"有创意，有思想，有态度"的网络视频排行榜，如图8-32所示。其中就诞生了不少经典的原创微电影。

用户的创造性是无穷的，与其等待网民被动接收视频信息，不如让网民主动参与到传播的过程中。在微电影营销时代，企业完全可以发挥出终端用户的能动性，让他们为企业来设计传播内容，这样一方面能够让企业更加贴近新时代的受众，另一方面也能在用户中创造更好的口碑价值与营销效果。

图8-32　优酷网的《原创精选》与《原创微电影》频道

在社会化媒体时代，用户不仅希望能够自创微电影内容，同时也喜欢上传视频并与他人分享。有效整合其他社交媒体平台，提高微电影营销的互动性，可以进一步增强营销的效果。比如微电影发布之后，留意网友的评论并互动等。

8.4.5 把营销理念渗入情节中

没有了故事的微电影，不能称之为"微电影"，顶多只能叫做视频广告片。笔者认为，最好的广告是一个营销理念，怎样把理念用故事情节的手法表现出来，微电影在这方面还有很大的发展空间。

例如，2012年伊利就曾制作了一部故事性与商业性并重的微电影——《不说话的女孩》，收获了不错的品牌传播效果。图8-33所示为微电影《不说话的女孩》片中场景。

图8-33 微电影《不说话的女孩》

回顾本次营销活动，不禁发现唯美浪漫的故事情节是制胜关键。《不说话的女孩》整部影片时长3分钟左右，用2分半的时间表现了男女主角的相识、嬉戏到互相倾慕，就在观众将要以为这是一个俊男爱上哑女的俗套的故事时，影片用半分钟不到的篇幅揭开了女孩不说话的秘密，令观众大感意外的同时又赞叹编剧的匠心独运。

《不说话的女孩》没有直白地告诉消费者"伊利奶片真好吃"，而是选择通过含着伊利奶片都不愿意说话的女主角，巧妙地将伊利牛奶片"真爱滋味，不需言语"的品牌理念通过一个浪漫的故事委婉地表现出来，品牌的自然融入使得该微电影获得了大量的用户自主传播。据悉，《不说话的女孩》上线第一周的点击率就已经超过500万，在优酷网、土豆网及腾讯网两天的总浏览量已超过3亿次。

微电影在未来更多将是故事导向，一个具有完整故事情节的视频才能够称作微电影，才能引起大众的共鸣，达到真正的营销效果。在笔者看来，为了广告而做的微电影，不仅得不到理想的传播效果，而且会让用户感到反感。

第9章

全微营销，热门工具一网打尽

随着移动互联网时代的来袭，全社会开始进入一个"微生活"的状态，企业主们也开始将品牌推广或者产品宣传转移到"微营销"这一全新渠道上。前面已经介绍了不少微营销工具和方法，本章将重点介绍热门的QQ、大数据、O2O以及APP等微营销技巧。

◇ QQ微营销，聚集着大量潜在客户
◇ 大数据微营销，从海量到精准
◇ 微O2O，上下完美打通
◇ 微APP，第三屏大营销

9.1 QQ微营销，聚集着大量潜在客户

"手机QQ"是由腾讯公司打造的移动互联网领航级手机应用，目前已经全面覆盖至各大手机平台。根据腾讯2014财报披露，QQ总活跃用户8.29亿，而智能终端月活跃账户突破了5.21亿。"手机QQ"APP给人们的印象是一个移动的沟通工具，可以随时随地与亲朋好友聊天。"手机QQ"APP一开始只是对PC QQ服务进行简单移植，但随着运作理念的转变，现在已开始针对互联网时代用户使用场景的需求，开发设计产品，让品牌伴随着行业和用户一起成长，与用户越来越接近，帮助企业提高在线沟通效率并拓展更多的商机。

9.1.1 模块设置和沟通技巧

QQ营销能够实现及时地面对面的交流，及时地反馈和回答交流者双方的问题和答案。在交流中增进买卖双方成功的概率，因此成为现在流行的一种微营销手段，也是目前应用最广泛的网络营销方法之一。

1. QQ模块设置

QQ作为中国最大的IM软件，已经融入了人们的生活，而人们离不开QQ，就如同在生活中离不开手机一样。QQ与我们的生活息息相关，在如此重要的"生活工具"上进行营销推广活动，是需要学习一些设置技巧的，如图9-1所示。

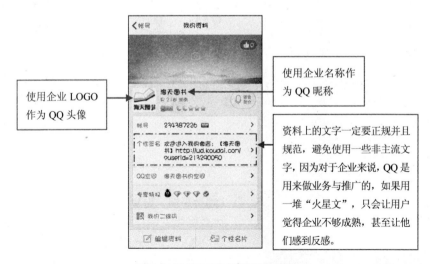

图9-1 手机QQ的资料设置技巧

（1）QQ头像的设置。企业最好用自己的真实头像或者是店面的标志性头像，因为用自己的照片做QQ头像的话会给用户带来一种无形的信任感。

（2）QQ昵称的构思。同QQ头像的设置原理一样，QQ昵称的设置也要正规、稳重、富有特色。企业在昵称设置上最好使用实名（自己的名字或者是店面的名字）。在现代互联网环境下，采用真名昵称更能增加用户对企业的信任；此外，实名容易记忆，在网名泛滥的时代，会显得突出，让人印象变得深刻。

（3）QQ资料的填写。QQ资料必须丰富、真实，这样做的目的是给用户带来安心感，让用户觉得自己可靠与值得信任。虽然QQ资料造价换不来任何好处，但如果用户一旦发现商家资料造假，将会产生不可挽回的负面影响。

在以上三项设置完成之后，商家应该尽量保持着QQ的活跃，比如发布说说、在空间内更新日志与更新相册等，以增强真实感、亲和力以及与用户互动的环节。

2. QQ沟通技巧

QQ的沟通属于软性营销方式的一种。在笔者看来，QQ推广的本质在于与用户间的交流互动。商家如果想要抓住这一本质，让推广达到很好的效果，就必须掌握QQ沟通这种软性推广技巧。

（1）慎用语气助词。在与用户沟通的过程中，随便使用"哈哈、嘿嘿、呵呵、HOHO、晕、倒、啊、哦"等语气助词，很有可能给用户带来不愉快的心理体验。很多时候商家在利用QQ与用户进行沟通时，因为在聊天过程中用错了词汇，而使成交率变低。

（2）注意称呼称谓。企业在使用称谓的时候要谨慎，不可以随便称呼别人，或者是称呼中带有贬低用户的意思。一般情况下，对于不怎么熟悉的人，笔者建议，最好称其为"您"或者是"X先生"、"X女士"，这样会显得比较懂礼貌。

（3）控制聊天速度。QQ沟通主要是通过打字来进行的，这涉及一个非常重要的问题，那就是聊天速度的问题。针对这个问题，企业应该采取"就慢不就快"的原则，无论自己的打字速度有多块，都要迁就用户的打字速度，根据用户的节奏来进行交流。从企业方来说，用户打字速度跟不上自己，容易造成其思路的混乱，进而产生沟通障碍；从用户体验的角度来讲，其有话说不出，内心肯定会对商家产生不满。

> **！ TIPS:**
>
> 此外，在聊天中，商家要特别注意回复的速度，回复速度要适中，不宜过快，也不可以让用户等待太久。回复问题主要针对用户提出的疑问或者问题来进行解答，比如说用户问了商家一个关于产品与服务的问题，商家一定要在合适的时间给与用户详细的回答，这样才能让用户有被重视的感觉。

（4）慎发图片表情。在使用表情时要尽量避免使用那些可能会引起抵触情绪、让人反感以及降低自身品味与形象的图片，例如一些过于低俗与不雅的图片。企业可以根据与用户的关系以及聊天所处的情形，适当地选择所要发送的图片。

9.1.2 QQ群营销技巧

QQ群是腾讯公司推出的多人聊天交流服务。群主在创建群以后，可以邀请朋友或者有共同兴趣爱好的人到一个群里面聊天。在群内除了聊天外，腾讯还提供了群标签、群公告、群相册、共享文件、群视频等方式进行交流。

1. 他人的群营销技巧

企业如果想要进行QQ群营销，就必须多准备几个QQ号。对于QQ营销者来说，养QQ号就像养博客一样，必须将QQ的级别提升上去，这样才能让营销效果变得更加显著。当你决定了用QQ群营销或者交流，第一步就是加群。在这里介绍几种可以获得QQ群的途径：一是通过朋友或同事的介绍；二是在一些网站、论坛等媒介上寻找推荐群；最后，企业还可以直接在QQ中进行搜寻。

举一个例子，如果企业是设计行业的，则可以在"群组"界面点击"查找群"按钮，然后输入关键词，点击"查找"按钮，就会出现相关行业的群，如图9-2所示。用户还可以根据"同城"或"热门"等条件进行筛选。

企业最好根据活跃度来选择要加入的群，因为很多人数多的群往往发言的人很少，而且有时可能几天都没有人发言，而活跃度高的群，就不用说了，其发言率一定很高，且人数也不会很少，十分便于企业进行推广。

如何在群内进行互动沟通是QQ群微营销的关键环节，下面重点介绍一下进群后的推广技巧与注意事项。

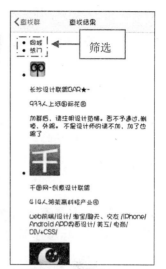

图9-2 查找群

（1）报到与群名片设置：在群主批准入群后，企业首先需要报到，介绍一下自己的姓名、业务、联系方式等，此外，企业还可以根据群成员名片的风格，设置一下自己的群名片，尽可能在群名片中把自己的姓名、业务、联系方式、公司介绍等填写准确。

（2）群内容初步了解：企业进群后除了设置群名片外，还可以看一下群之前的聊天记录、共享文件、群活动，这样对群会有比较初步的了解。对于商家来说，进群很重要的一步是获取一些群的信息，这样对自己的专业及业务开展都有好处。企业可以把群通讯录分类整理到自己的系列表中，或者下载群共享里面对自己有用的资料，还可以从历史聊天记录中寻找与自己业务相关的群成员。

（3）群聊天技巧掌握：企业在群内发言时要掌握好时机。如果群内的话题刚好是自己熟悉的，就可以发表自己的见解或分享有用的信息；如果是自己主动发言，则可以发布比较新鲜的与群相关的信息；如果发布内容中有链接，则需要在链接前说明主题内容。

（4）群沟通注意事项：在群里发言虽然理论上群成员都可以看到，但有时信息太多会容易被淹没，这就要注意群成员间直接的沟通。企业在遇到与自己业务相关的潜在客户、供应商、行家高手、热心且人脉广的群成员时最好的方式是申请加为好友，然后利用私下点对点的沟通、群里组织的活动甚至跟对方私下约会等方式来进一步互相认识。

2. 自创的群营销技巧

对于企业来说，除了加群营销外，还可以自己建群推广。建群的营销效果会比加群更好，因为毕竟是自己的地盘，不受别人的限制，权限相对来说也大得多。不过，虽然建群的好处很多，但也需要商家花费更多的心思来维护好群，让群具有更高的营销价值。

（1）尽量建高级群。企业应该尽量多建200人、500人的高级群。建议开通QQ会员功能，因为一个会员可以额外多建4个500人的群，另外，级别较高的QQ号也可以添加更多的500人群。

（2）群名要有针对性。群名要有特点，这样容易让人记住，印象深刻，最好包含一个标志性词汇。

（3）善于利用群邮件。商家利用群邮件来定期发布有价值、成员感兴趣的信息，通常可以以软文形式，或者在行业知识分享之中插入自己的广告。

（4）保持群活跃度。只有群有一定的活跃度，群内的成员才会喜欢群，才会对群产生归属感，这时候商家在群里进行推广，群成员才不会觉得反感，甚至有时还会持支持的态度。

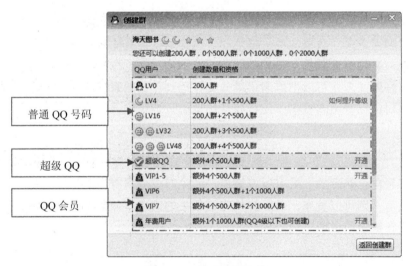

图9-3 QQ号码建群资格

9.1.3 QQ空间营销技巧

QQ空间其实就是一个博客，所以要利用QQ空间做好营销，原创文章的写作是最基本的。在QQ空间中，心情日志更加逼近人的内心，情感越真实，就越能取得更多潜在客户的信任。但是，企业不能在QQ空间总是发布心情日志，有时也要适当写一些商业文章。

企业也可以适当地在空间发布一些产品的图片来吸引用户购买商品，不过必须注意不要一下发布太多的图片，因为这样会让用户感到反感，从而使其屏蔽产品消息。笔者在这里建议，商家每天发布一条产品图片信息，并辅助以产品介绍是比较合适的选择，如图9-4所示。

> **TIPS:**
>
> QQ空间的营销优势是天生具备的，企业利用好这个窗口能够帮助自己赢得更大的市场。笔者认为，人们对空间的认可是一种交流的体现，更是一种认知的兴趣，这一切就像一个放大镜，放大了商品的营销途径，使得商品达到一传十、十传百的功效。QQ空间中的商业气息流露着情感的交流，这样的优势可以完善人们眼中的微营销模式，为微营销带来更大的利益。

QQ空间就像是一个对外的窗口，可以实现多种形式下的信息并存，产生最直观信息接受体验，随时都会受到用户的关注。此外，QQ空间立足的是熟人关系和朋友圈，从QQ上过来的流量熟知度非常高，这样能够提高交易的成功率。

企业在空间里发布一条最新的说说，会立刻引起很多好友的关注和转发，访客量和浏览量完全是透明的，从而方便商家去掌握和深入地了解用户数据。

图9-4 发布空间图片

另外，用过QQ空间的人都知道，空间里互动的途径有很多，用户可以留言、评论、回复等。QQ空间带来的互动沟通不仅仅是感性方面的，其更多的是带着一种友好的认知度。比如说，QQ空间会提醒商家，某个朋友或者QQ好友要过生日了，商家通过生日祝福可以拉近与用户间的距离，如图9-5所示。

QQ空间的互动还表现在宣传的力度上，它会超出人们的预料范围，不受时间限制、广泛地进行推广。QQ说说内容也会进入好友圈，能引起一定的关注度；此外空间又是和QQ窗口绑定的，便于用户更好、更加深入地去了解商家的营销商品。

图9-5 空间礼品赠送功能

QQ空间作为一种老式的传播媒介，仍然具有强悍的营销能力，因为相比于微信，QQ空间在用户黏度等方面一样具有明显的优势。在QQ空间，企业可以添加任何与营销推广相关的个人资料、相片、日志和动态等信息。QQ空间是天生的营销工具，这里土壤肥沃，可以向用户展示任何商品信息，而且传播力度非常大。

最后，在QQ空间进行推广时，企业如果能合适地把握住用户对于广告、产品的敏感度，就能很容易引起关注，并且获得不错的销量。因为，交易双方都是熟人关系，一方面信任感很足，另一方面朋友也会为企业做宣传，这种口口相传的效果和效率能够让企业收获更大的营销效益。

9.1.4 QQ邮箱营销技巧

QQ邮箱营销是通过电子邮件的方式向目标用户传递有价值信息的一种微营销手段。邮件营销是网络营销手法中最古老的一种，邮件营销比绝大部分网站推广和网络营销手法都要老。

在QQ邮箱主界面点击右上角的菜单按钮，在弹出的菜单中点击"写邮件"选项，如图9-6所示。执行操作后，即可进入"写邮件"界面，在其中输入收件人、主题等信息，用户还可以点击附件按钮添加图片、视频等文件，如

图9-7所示，点击"发送"按钮即可发送邮件。

图9-6 点击"写邮件"选项　　　　　图9-7 "写邮件"界面

QQ邮箱营销是一个闭环图，经过长期循环的邮件发送与优化从而达到良好的邮件营销效果。下面介绍一些QQ邮箱营销的技巧。

（1）称呼收件人。谨记在"收件人"一栏填上收信人的名字及邮件地址，这不仅是基本礼貌，而且有些电子邮件过滤软件会将在TO、CC或BCC几栏中没有填写收信人电子邮件地址的信件当成垃圾邮件处理掉。

（2）尽量简单。应把邮件内容整理得尽量易懂且直接，将内容清晰分段，再配合小标题，用户就易于阅读及理解。

（3）不要传送附件。电子邮件病毒经常爆发，读者一般也都提高了警觉，不易打开附件。因此，企业可以将要发布的内容全放在电子邮件之内，以免被误会是恶意邮件而遭到丢弃甚至举报。

（4）提供联系方式。虽然收件人很少会直接联系发送邮件的企业，但此举有助澄清这封邮件不是垃圾邮件，也不是来自伪冒网站的。因此，提供联络方法，如电子邮件、电话号码与传真号码等，可给收件人留下一个正面的印象。

（5）切忌频繁发送。通常情况下，一个月发送一到两次是最合理的。

（6）选择干净的邮件设计。正确的邮件设计是简洁的文字加以适当的图片，而且一定要有足够的白色空间，以便浏览者容易留意到你的邮件的每个元素。

（7）为用户提供价值。最好的邮件信息是对读者有用的。例如，一个销售服装的企业，可以在邮件中提供一个季节性的潮流风格指南；一家企业汽车公司可以发送一些安全驾驶的技巧。

（8）挖掘用户需求。为了挖掘潜在用户的兴趣，企业需要了解的不仅仅是他们的邮箱地址。首先你需要做一个兴趣调查，询问他们的职业和兴趣爱好。建议每年进行一次类似这样的调查，以便获得用户的最新情况。

9.1.5 生活服务营销技巧

在手机QQ中，加入了"生活服务"功能，如图9-8所示。"生活服务"功能采用了类似微信的公众平台营销模式，进一步对接了线下商家，实现了社会化媒体工具与O2O营销模式的深度融合，如图9-9所示。

"生活服务"平台和微信公众平台的概念类似，提供生活服务账号查找、关注、信息展示等操作。和微信不同的是，手机QQ的"生活服务"更加侧重本地生活服务，走的是精品路线。前期手机QQ的"生活服务"主要面向腾讯内的业务体系，如QQ电影票、腾讯新闻等，后期则可能会向周边的商家开放。

手机QQ引入"生活服务"平台后，新版手机QQ将先于微信推出移动支付，主要是和财付通合作，在手机QQ内完成用户消费闭环。

手机QQ的移动支付主要有3种方式：

图9-8 "添加生活服务"界面

图9-9 类似微信的公众平台营销模式

（1）二维码支付：通过扫描二维码跳转到支付页面，再通过财付通完成支付。

（2）公众号支付：通过点击"生活服务"的公众号，进入到支付页面当中，通过财付通或QQ钱包完成付款，如图9-10所示。

（3）外部支付：手机QQ可以唤起外部支付类APP，调用手机本地的支付应用，如各种银行客户端、财付通客户端等，完成支付，如图9-11所示。

图9-10　QQ钱包支付

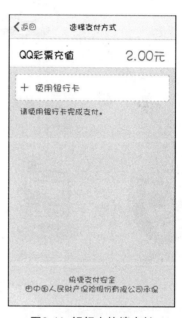

图9-11　银行卡快捷支付

"附近的群"、生活服务平台、移动支付三大功能表明，QQ手机版是"用生命在跟微信赛跑"，当然也是其深度移动化战略的一步。QQ的使命是满足多场景、多终端的沟通需求，手机只是其中的一部分，未来无论是PC、手机、智能电视还是可穿戴设备都将可以使用QQ。

9.2 大数据微营销，从海量到精准

互联网的发展带动了云计算、虚拟化、大数据等IT新技术的兴起，各行业的互联网化日趋明显，全新IT时代正在来临。其中，大数据的兴起和发展成为新IT时代行业互联网化最为典型的特征之一，并使微营销进入了精准营销时代。

9.2.1 什么是大数据微营销

大数据微营销是基于多平台的大量数据，依托大数据技术的基础上，应用于移动互联网广告行业的营销方式，如图9-12所示。

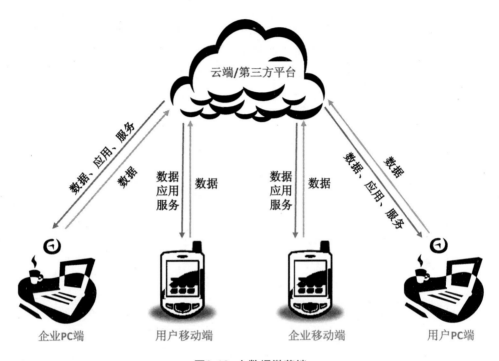

图9-12 大数据微营销

大数据微营销是指通过互联网与移动互联网采集大量的行为数据，首先帮助企业找出目标受众，以此对广告投放的内容、时间、形式等进行预判与调配，并最终完成广告投放的营销过程。

大数据微营销衍生于移动互联网行业，又作用于移动互联网行业，依托多平台的大数据采集，以及大数据技术的分析与预测能力，能够使企业的广告更加精准有效，给品牌企业带来更高的投资回报率。

9.2.2 大数据微营销的价值

大数据时代的来临，让用户洞察到进一步发展的可能，数据的捕获、存储、解读和利用可以提供各种尺度上的深刻见解。不用设计问卷，大数据能在不可取样的环境打破"无时限取样"的限制，过往洞察手段做不到的，大数据都可以做到，如图9-13所示。

 **DATA** 大数据

 PC端 移动端 社交媒体 购物 搜索 ……

INSIGHT 洞察

 用户年龄、性别、职业、触媒习惯、地域分布、行为轨迹、手机、竞品分析……

ACTION 行动

调整营销策略、个性化内容推荐、打造品牌形象、优化产品设计、精准广告投……放、应对竞品冲击、征信辅助等

VALUE 价值：推动企业发展，实现整个企业的品牌和市场目标。

图9-13 大数据微营销的价值

例如，诺德斯特姆公司（Nordstrom）开发了一项新技术，通过追踪消费者智能手机的Wi-Fi信号而记录消费者活动，如图8-4所示。

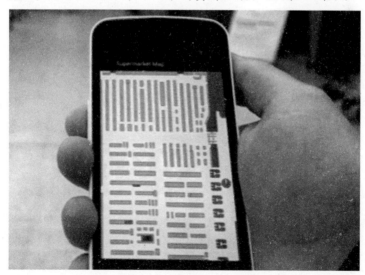

图9-14 追踪消费者的活动

该技术通过购物者手机、应用的视频监控和信号尽可能多地了解消费者信息，如消费者在不同货架间的停留时间，在购买之前会花多少时间打量商品等。

> **⊘ TIPS：**
>
> 当然，也有不少消费者表示并不希望商家通过手机追踪自己的购物情绪，毕竟手机涉及大量的个人隐私。

大数据营销的核心在于让网络广告在合适的时间，通过合适的载体，以合适的方式，投放给合适的人。大数据微营销随着数字生活空间的普及，全球的信息总量正呈现爆炸式增长。基于这个趋势之上的是大数据、云计算、微营销等新概念和新方式的广泛兴起，它们无疑正引领着新一轮的移动互联网风潮。

9.2.3 大数据微营销的策略

大数据，精准；微营销，趋势。

移动网络和大数据是全局零售革命最大的特征。过去的观点是，吸引到店铺来的才是顾客。如今，店铺已经不重要了。由于移动网络的存在，用户随时可以通过手机或其他移动终端逛商店、下订单或付款，完成购买。

因此，企业必须掌握大数据微营销的策略，如图9-15所示。

图9-15 大数据微营销的策略

1. 用户洞察

精准营销总在被提及，但是真正做到的却少之又少，反而是垃圾信息泛滥。究其原因，主要是过去名义上的精准营销并不怎么精准，因为其缺少用户特征数据支撑及详细准确的分析。

企业只有积累足够的用户数据，才能分析出用户的喜好与购买习惯，甚至做到"比用户更了解用户自己"。这一点，才是许多大数据营销的前提与出发点。如果能在产品生产之前了解潜在用户的主要特征，以及他们对产品的期待，那么你的产品生产即可投其所好。

另外，大数据还可以帮助企业筛选出重点客户。例如，从用户访问的各种网站可判断其最近关心的东西是否与你的企业相关；从用户在社会化媒体上所发布的各类内容及与他人互动的内容中，可以找出千丝万缕的信息，利用某种规则关联及综合起来，可以帮助企业筛选重点的目标用户。

2. 传播策略

品牌传播的有效性可通过大数据分析找准方向。例如，可以进行传播趋势分析、内容特征分析、互动用户分析、正负情绪分类、口碑品类分析、产品属性分布等，可以通过监测掌握竞争对手传播态势，并可以参考行业标杆用户策划，根据用户声音策划内容，甚至可以评估微博矩阵运营效果。

新媒体时代，品牌危机使许多企业谈虎色变，然而大数据可以让企业提前有所洞悉。在危机爆发过程中，最需要的是跟踪危机传播趋势，识别重要参与人员，方便快速应对。大数据可以采集负面定义内容，及时启动危机跟踪和报警机制，按照人群社会属性分析，聚类事件过程中的观点，识别关键人物及传播路径，进而可以保护企业、产品的声誉，抓住源头和关键节点，快速有效地处理危机。

3. 商业智能

在大数据时代，一切都存在着可能，智能商业带来的价值转型正在悄然发生，而我们也正在体验这一切改变。

总体上来看，商业智能（Business Intelligence，简称BI）的发展有以下几个特点：实时、操作型、与业务流程的集成、主动以及跨越企业边界等。商务智能的实时特性，可以让公司与顾客拉近距离，而实时商业智能可以迅速地处理数据，并给出及时、有效的决策。

大数据为BI带来了海量数据。对挖掘来说，大数据量要更容易对比，它加速了BI效率和整合性能力的提升。因此，有人大胆预测：与大数据相关的商务智能分析将引领管理信息化的发展。

商业智能通常被一些大企业作为强有力的掘金石，从而在实现信息化建设后进而贯彻决策的解决方案，而在当前中小企业应用的商业智能的过程中还存有一定的瓶颈，中小企业的实施成本及对商业智能的认识及发展力度还存在一定差异。

如今，传统数据仓库的性能已无法应付庞大的数据信息，但是大数据技术使我们能够访问和使用这些宝贵的、大规模数据集以应对越来越复杂的数据分析和更好的商业决策制定。

4. 市场预测

基于大数据的分析与预测，对于企业家提供洞察新市场与把握经济走向都是极大的支持。对于数据对市场预测及决策分析的支持，过去早就在数据分析与数据挖掘盛行的年代被提出过。

数据不仅仅对于优化现有的业务有着巨大的经济价值，它同时也为新业务的发掘打开了机会之门。不论是优化现存的业务，还是发掘新兴业务模式，大数据和新的数据技术都史无前例地为企业打开了机会之门，即可以个性化服务好每一个客户。

9.3 微O2O，上下完美打通

移动互联网的飞速发展使得微O2O营销模式越来越普及，这种模式充分利用互联网与手机应用跨地域、无边界、海量信息、海量用户的优势，同时挖掘线下资源，进而促成线上用户与线下商品与服务的交易。

9.3.1 微O2O的营销模式

微O2O模式最重要的特点是：推广效果可查，每笔交易可跟踪。

微O2O模式和传统电子商务模式最大的区别是：一种是把用户从线上带到线下消费，一种是把线下的群体带到线上消费，如图9-16所示。

微O2O营销模式又被称为离线商务模式，是指线上营销线上购买带动线下经营和线下消费。微O2O通过打折、提供信息、服务预订等方式，把线下商店的消息推送给互联网用户，从而将他们转换为自己的线下客户，这就特别适合必须到店消费的商品和服务，比如餐饮、健身、看电影和演出、美容美发、摄影等。

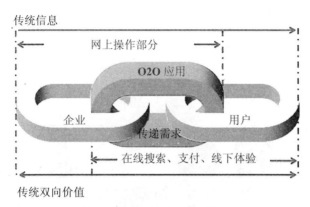

图9-16　微O2O的营销模式

9.3.2　团购是O2O的原型

团购是大家最熟悉的一种O2O模式，也是大家最容易理解的一个网站类型。团购在买家与卖家中间起一个媒介的作用，让买家觉得买的东西比平时更低价，让卖家能快速地卖出自己的商品，从而提高自己的收入。

例如，一张价值近百元的3D电影票，团购只需二三十元就能美美看一场电影；一顿价值两百元左右的双人午餐，团购只需60元左右就能约上朋友美美吃上一顿……这样便宜的好事，抛开服务位置远近与预约等门槛不计，用户自然觉得喜欢，并且乐意掏腰包去尝鲜体验。

基于微O2O的团购模式具有以下两大特点：

（1）微O2O的本地化优势。生活服务类商品能够通过团购平台被消费者普遍接受，从事实上证明了这种在线支付购买线下服务，再到线下去享受该服务的模式的可行性。以团购网站为代表的微O2O模式主要采用"移动应用＋到店消费"模式，将支付模式和客流引导相结合，推广效果便于检查，每笔交易可跟踪，这就是微O2O模式的最大优势，而这种优势在本地化的服务市场中得以充分施展。由于本地化运营能力的价值日益凸现，原有仅以流量和成交量等指标为主的衡量企业竞争力的体系将进一步得到完善。

（2）微O2O的专业化服务。微O2O营销可以为最终买单的用户提供独特的需求满足，能够彻底转变传统消费行为中因市场不透明和信息不对称而导致的消费者弱势地位，如图9-17所示。用户可以通过手机随时随地参加团购，更多地了解产品的规格、性能、合理价格区间，并参考团购组织者和其他购买者对产品客观公正的评价，在购买和服务过程中占据主动地位，真正买到质量好、服务好、价格合理、称心如意的产品，达到省时、省心、省力、省钱的目的。

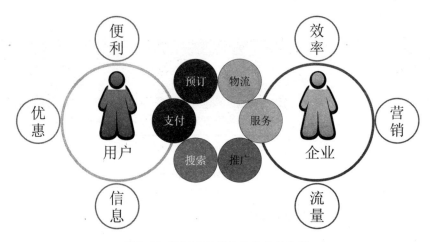

表9-17 微O2O对用户与企业的作用

9.3.3 优惠拉动消费群体

今天的市场上，已经很难找到没有竞争的商品或者服务，而且它们还越来越相似、同质，甚至价格也接近，因此消费者的选择实在太多了。

根据某研究机构得出的数据显示：对于企业来说，保持一个客户的营销费用仅仅是吸引一个新客户的营销费用的20%。对于一种消费品或者服务来说，向现有客户销售的成功概率大于50%，而向一个新客户销售产品的概率平均不会超过5%。客户忠诚度下降5%，则企业利润下降25%；如果将每年的客户关系保持率增加5个百分点，则可能使利润增长85%。更多的新客户来自现有忠诚客户的推荐。

因此，企业永远都要思考这样一个问题：在完全相同的消费条件和选择条件下，如何让自己的老客户在心中的选择天平上，自觉不自觉地在倾向自己产品的一端放上一根决定性的"稻草"？

如今，大部分商家都广泛采用为顾客积分的销售手段来留住老客户，甚至连一个小餐馆都有会员卡或者优惠折扣，通过积分吸引顾客持续长久消费，同时商家也通过积分给顾客一定的优惠，达到双赢的效果。为顾客积分，帮顾客省钱，让顾客将实惠带回家，已经成为一种流行的销售手段。

例如，"微生活会员卡"APP是腾讯移动生活电商旗下的O2O产品，以二维码为入口连接消费者与商家。在微生活会员卡平台上，广大消费者可享受移动互联网的便捷，获得生活实惠和特权，如图9-18所示；同时该平台更是精准的泛会员管理与营销平台，帮助商家与企业建立泛用户体系，搭建富媒体的互联网信息通道。

图9-18 手机会员卡

微生活将凭借腾讯的强社交关系优势，通过会员卡在用户和商家之间建立社交关系，然后再在本地化电商上做服务。企业可在微信上建立CRM服务系统，这有利于企业建立会员体系，进行精准营销。

在微O2O模式中，优惠策略执行得当，同样可以大力提升已有客户的忠诚度、提高对新客户的吸引力。微生活会员卡平台使用用户的手机成为本地消费身份的凭证，通过微信号、QQ号的唯一识别体系，找到企业的精准用户，用CRM系统记录会员消费轨迹，使用特价菜、积分返券等方式培养用户习惯。

随着微生活会员卡平台与商家CRM的打通，将产生一个关系型的开放O2O生态圈，也是一个规模足以自足的庞大生态，同时还是一个因为在沟通联络方面的强大属性而具有很大活跃度的生态。如此再循环，更多的商家和用户将会因此生生不息。

9.3.4 微O2O的产品设计运营

由于移动互联网的出现，线上虚拟世界和线下真实世界的互动时代已经到来，O2O只是这个互动中的一个分支（即商务行为互动），它使人和人之间的关系（影响力）发生变化。微O2O的商务行为互动是移动互联网产业大发展的关键，也是打破互联网入口，进入移动互联网碎片化的触发行为。

微O2O的产品设计更是如此，线上线下互动的商务逻辑是产品设计的关键，除了基于O2O互动的商务逻辑外，一个可运营的微O2O产品设计还包含操作体验、管理监控、客服运维和数据服务的最基本要求，如图9-19所示。目前，以数据化运营为驱动方式的时代已经来临，而O2O的互动使线下和线上形成稳定数据采集源成为可能。因此，O2O产品设计需要考虑基于数据的运营机制。

图9-19 微O2O产品设计要求

微O2O是线上线下的互动，企业必须在互动中发挥线上和线下各自的优势。

（1）线上优势具体包括：线上后台的强大计算能力、多界面操作、数据分析能力等。

（2）线下优势具体包括：手机的LBS定位、拍照能力、距离优势等，结合这些优势是O2O产品设计的重要因素。

O2O产品设计一定要考虑用户关系要求（手机通讯簿、微信、陌陌等）、用户信息要求（微博、印象笔记等）、用户娱乐要求（手机游戏、音乐、电影等），因为这些如果和线下的LBS、拍照能力、地图能力相结合，将为企业在O2O互动的营销行为和消费体验方面提供更多精彩应用。

9.3.5　O2O从线下到线上

线下服务作为电子商务发展的瓶颈之一，就是传统服务行业最好的"反攻武器"。因此，传统服务行业通过自身努力建立完整的线下服务系统，反向出发，通过收购、招聘成熟的互联网人才，从线下到线上建立微O2O服务，或许是中国电商发展的可行性趋势。

线下到线上的主要优势体现在，传统行业在开业多年后都有了一定的客户基础，实体店的矗立也更好地建立了客户对于商家的信心，而通过网络招募会员可以进一步扩大卖场的影响。PC互联网和手机移动互联网成为一个线上销售平台，而线下实体店则作为具体的服务地点，让用户对售后服务有了一个更直观的认识。

例如，iTaxi Media公司携手盛大游戏推出国内首个线下移动APP Store连锁店，该连锁店的最大特点是可在出租车内使用Wi-Fi下载游戏应用。iTaxi Media公司在蓝色联盟旗下所有运营出租车内搭载全新3G智能触屏，并全线开通Wi-Fi功能，如图9-20所示。盛大游戏表示，双方将依托出租车内的设备，共同打造一个移动互联网游戏分发平台。

图9-20　出租车内的3G智能触屏

据悉，在搭载相关App Store的出租车内，乘客只要在智能触屏上选择iTaxi游戏频道，就可以欣赏盛大游戏的MV，更能够抢先体验游戏。乘客如果对游戏有兴趣，可以通过iTaxi Wi-Fi将游戏下载至手机，实现O2O转化。

笔者认为，线下线上由竞争转化为整合，是完善消费者体验的实际需求，传统线下渠道与线上电商平台的结合，满足了消费者不同的需求及体验。总之，线上线下商业走向融合，也是商业模式创新的需要。微O2O可以用移动互联网的方式改造传统企业的生产关系，但微O2O领域既要有传统产业（线下）的基因，又要有移动互联网（线上）的生产关系，这样才有可能成功转型。

9.4　微APP，第三屏大营销

当前，很多企业把建设一个宣传型网站作为互联网宣传的第一步，在互联网上展示企业形象和主营业务，吸引浏览者关注其网站，从而达到促进销售、提升企业价值的作用。同样，在移动互联网时代，谁先占领用户的手机桌面，谁就是"明日霸主"。可以说，APP是移动互联网时代的企业标识，是用户第三屏中的微营销利器。

9.4.1　APP的微营销用途

APP最初只是作为一种第三方应用的合作形式参与到移动互联网商业活动中去的。随着移动互联网越来越开放化，APP作为一种盈利模式开始被更多的互联网商业大亨看重，如淘宝开放平台、腾讯的微博开发平台、百度应用平台等都是APP商业化的具体表现，一方面可以积聚各种不同类型的网络受众，另一方面可以借助APP平台获取流量，其中包括大众流量和定向流量。

目前，APP在营销过程中的主要用途如图9-21所示。

图9-21　APP在营销过程中的主要用途

同时，APP营销还具有丰富多样的创意表现形式，如图9-22所示。

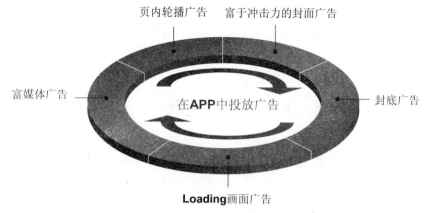

页内轮播广告　　富于冲击力的封面广告

富媒体广告　　在**APP**中投放广告　　封底广告

Loading画面广告

图9-22　APP营销的创意表现形式

9.4.2　品牌APP微营销策略

随着智能手机的普及越来越广，移动设备应用的覆盖面也越来越广，开发人员越来越多，成熟的框架越来越多，门槛和成本越来越低，这些都为品牌APP开发提供了更有利的市场环境。品牌作为技术的尝鲜者和践行者，成为了推动移动新技术的领头人。

简单讲，品牌APP营销就是把企业的产品特定形象通过APP深刻地映入消费者的心中。在专家看来，品牌营销是指企业通过利用消费者的产品需求，然后用质量、文化和独特性的宣传来创造一个品牌在用户心中的价值认可，最终形成品牌效益的营销策略和过程。

笔者认为，企业产品的核心竞争力在于它的附加值。但附加值是从哪里来的呢？这来自于用户对品牌的认同。为什么苹果电脑卖得那么贵，还能卖得那么好？就是因为苹果产品具有很高的附加值，很多用户喜欢苹果这个品牌。所以说，好产品是企业竞争力的基础，但只有基础是不够的，还需要用品牌APP营销的方法把好产品的价值激发出来。主要方法如下：

- 利用APP广告自身的特点，如：精准性、互动性、位置化、延续性、强用户黏性等，决定了它能够为企业提供更具个性化、到达率的广告服务。

- 智能手机的价格决定着它所对应的消费人群的收入水平（也较高），而APP是打发碎片化时间的最好方式。

- APP的形式丰富，种类繁多，可以针对不同的人设计不同的APP，而且APP的广告位唯一，精准性更强，结合手机表现的创意空间更大，这也为经典且难以复制的营销案例的诞生创造了条件，促使品牌和产品在竞争中脱颖而出。

如今，越来越多的品牌选择用APP来讲述品牌故事。如果是以现有消费者为中心的品牌APP，那么它应该为目标受众解决问题并提供所需的品牌信息。如果品牌APP是以潜在消费者为中心，则需要向潜在消费者讲述一个关于品牌或产品的故事，或是通过娱乐互动展现品牌精神。

例如，作为化妆品零售领域的佼佼者——屈臣氏，在各方面一直都走在前列，在移动互联网时代也不例外。早在2011年6月，屈臣氏APP便在App Store上线，仅用了4天时间，下载量排名就冲至生活类APP第二名，并持续该排名达两周以上。打开屈臣氏APP，在各界面之间切换，随之变换的明快颜色让人眼前一亮，如图9-23所示。

图9-23 屈臣氏APP首页

为了维护品牌APP与用户之间的关系，品牌还要注重与用户的对话方式和使用情景。用户会在许多场景中使用APP，灵活运用移动设备的特有功能，包括GPS、重力感应器、内置麦克风和摄像头等，将极大改善用户体验。

例如，"IKEA Now"可以将所有宜家卖场中的家具添加到应用为用户虚拟的客厅、卧室或者厨房中，让用户在购买之前先对喜欢的家居进行摆放预览，如果觉得满意，可以直接通过应用程序进行付款，在填写好收货地址和时间之后，宜家选择距离用户最近的卖场将货物送到消费者的家中。另外，宜家在保留传统产品目录的同时，将产品目录的部分内容数字化，通过"IKEA Catalog APP"的方式呈现，并且加入了一些很酷的增强现实感的互动功能等，如图9-24所示。

笔者认为，用户体验和品牌形象的完美结合是成功品牌APP设计的基础。因此，企业需要注意的是如何在APP中植入品牌信息且不会惹恼消费者。

图9-24 IKEA Catalog APP

例如，宜家家居APP开启了用户更多的"隐藏"灵感，浏览更多产品信息、3D模型、视频短片等让人惊喜的数字体验。通过全新的互动功能，居家生活热爱者可以随时通过手机展开一段探索之旅，轻松获得无限灵感，发挥自己的创意。这些也是宜家家居APP的品牌价值所在，如图9-25所示。

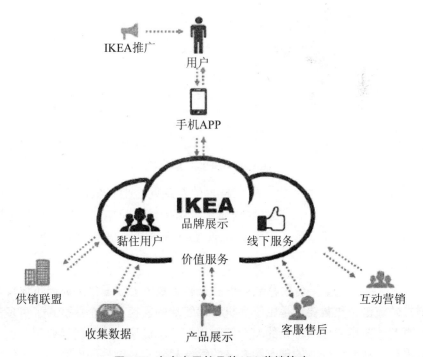

图9-25 宜家家居的品牌APP营销策略

9.4.3 APP微营销推广技巧

当互联网进入移动互联网时代，众多企业与个人开发者希望从中掘金。2014年，整个APP生态圈中占比较重的开发市场规模将超过500亿元，全国数百万企业网站潜在的APP开发需求呈爆发式的增长，而目前国内APP开发年营业收入综合不到20亿元。由此可见，企业级APP定制开发将是移动互联网中孕育着巨大商机的新兴项目之一。

随着智能手机和平板电脑等移动终端设备的普及，人们逐渐习惯了使用APP客户端上网的方式，而目前国内各大电商，均拥有了自己的APP客户端。这标志着APP客户端的商业使用，已经开始初露锋芒，如图9-26所示。

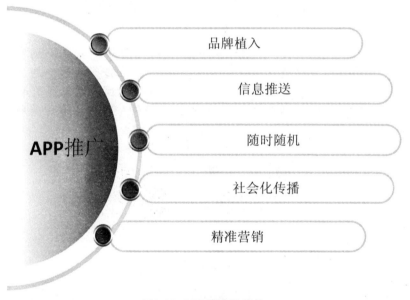

图9-26 APP推广的优势

随着移动互联网的兴起，越来越多的互联网企业、电商平台将APP作为产品销售的主战场之一。相关数据显示，APP给手机电商带来的流量远远超过了传统互联网（PC端）的流量，通过APP盈利也是各大电商平台的发展方向。

同时，各大电商平台向移动APP的倾斜也是十分明显的，原因不仅仅是每天增加的流量，更重要的是由于手机移动终端的便捷，为企业积累了更多的用户。更有一些用户体验不错的APP使得用户的忠诚度、活跃度都得到了很大程度的提升，从而为企业的创收和未来的发展起到了关键性的作用。

　　企业可以针对用户APP下载碎片化的特点，整合移动互联网和PC互联网四大渠道，覆盖手机用户下载APP的主要通道，从而高效推广APP，如图9-27所示。

　　（1）移动互联网：利用优质手机WAP和APP媒体资源直接推广APP，通过高关注度广告结合机型定向有效引导用户下载。精选优质手机WAP及APP媒体，结合机型定向，锁定用户手机（如iPhone）投放高关注度广告，吸引目标消费者点击。用户点击广告后，可直接跳转至其官方下载页面，实现高效下载转化。

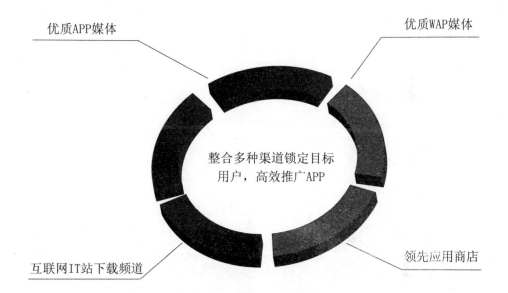

图9-27　APP推广渠道

　　（2）PC互联网：整合互联网IT网站下载频道和iPhone应用商店，覆盖主流下载渠道，硬性广告和软性推荐结合推广APP。

- 在智能手机用户经常访问的互联网下载站和论坛中推广APP，并针对用户下载APP的习惯，结合硬广位置和推荐、排行榜等软性资源，促进用户下载。

- 与国内领先APP商店建立战略合作关系，将企业APP迅速上传到各大应用商店，同时利用应用商店推荐位，最有效推广APP下载。

TIPS:

　　应用商店作为APP的"栖息地"，扮演着最基础的角色，同时也是APP推广的第一步。作为APP信息的第一来源，应用商店在应用描述方面要保证真实而有创意，能够吸引挑选者的眼球，另外，把握好应用的更新及分类也是至关重要的。

第10章

移动支付，微营销成交的节点

随着智能手机的普及，使用手机的时长将会超过使用计算机的时间。随着移动支付技术的发展，微营销的成交节点逐渐形成，以后移动购物将成为主流。移动支付不仅意味着支付方式的变革，更意味着一种全新的生活方式和商业时代的到来。

◇ 微支付，主流支付方式详解
◇ 移动支付，形成微营销闭环

10.1 微支付，主流支付方式详解

智能手机的普及带动了移动互联网的发展，移动互联网的发展推动了微营销进程，而微营销的电商业务发展需要有移动支付做支撑。现在，移动支付在整个移动互联网当中的作用越来越明显，互联网系、银行系、电信运营商系已经开始针对移动支付市场展开激烈的交锋。

根据移动支付的使用场景，可以将其分为近场移动支付和远程移动支付两大类，如图10-1所示。

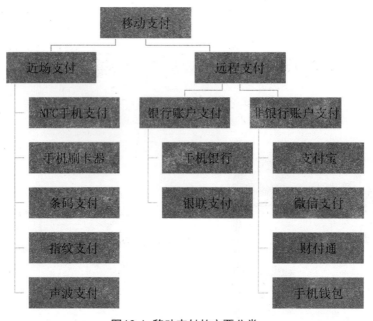

图10-1 移动支付的主要分类

10.1.1 手机银行

手机银行是金融机构将传统的金融服务从柜台向手机终端的延伸，不但提供了银行卡账户管理、理财等金融服务，而且缴纳手机费、市话费、水电煤气费、学费、交通罚款、车船税和保险费等多种费用，都可以通过手机银行来实现。

作为网银的补充和延伸，"移动"的APP银行也正在改变人们与银行互动的方式，用户只需将手机号与银行账户绑定，就能让手机成为一个掌上的银行柜台，随时随地体验各项金融、商务以及生活服务。

例如，笔者的好友王先生以前常常因为忙碌而无法及时购买电影票，因此错过了不少影片，后来笔者劝他开通了手机银行，直接就可以用手机选择电影院并完成付款，王先生也觉得特别方便、安全，还省了不少时间，如图10-2所示。

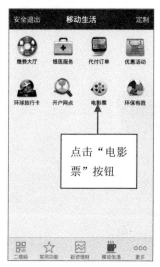

图10-2 手机APP银行

10.1.2 银联支付

"银联支付"系列手机应用涵盖了便民服务、金融服务、商旅出行、休闲娱乐、电子商城等多种应用，可轻松为手机充值、购买保险、查询银行卡余额、预订酒店机票、代购火车票和购买时令商品，随时随地提供"一站式"移动支付生活服务。

中国银联手机支付是以手机中的金融智能卡为支付账户载体，以手机为支付信息处理终端的创新支付方式，它不仅将手机与银行卡合二为一，还把银行柜台"装进"持卡人的口袋，用户的手机就会成为口袋里的个人POS机。用户可以随时随地登录中国银联手机支付客户端，让生活更简单、安全、便捷，如图10-3所示。

作为银行卡组织，中国银联始终坚持与银行、商户、持卡人等合作共赢，推动银行卡产业发展，服务经济社会发展。伴随着中国经济的崛起，中国银联已成为世界上发展速度最快的银行卡组织。中国银联的高速成长，不仅便利了人民生活，推动社会经济发展，更日益成为中国与世界交流合作的重要纽带。

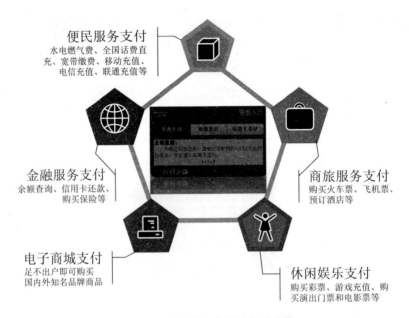

便民服务支付
水电燃气费、全国话费直充、宽带缴费、移动充值、电信充值、联通充值等

金融服务支付
余额查询、信用卡还款、购买保险等

商旅服务支付
购买火车票、飞机票、预订酒店等

电子商城支付
足不出户即可购买国内外知名品牌商品

休闲娱乐支付
购买彩票、游戏充值、购买演出门票和电影票等

图10-3 银联手机支付的主要功能

"银联随行"APP是中国银联的另一款移动支付应用，提供银行卡账户管理、信息查询、金融自助、便民支付、远程购物等服务。"银联随行"APP是中国银联整合丰富的线上和线下资源，为广大用户倾力打造的领先型即时支付产品。

"银联随行"APP在微营销领域的作用也非常突出，例如，用户可以通过"银联随行"APP享受更多的本地消费优惠。在主界面点击"卡惠"按钮，进入"卡惠"界面，设置好搜索条件后，在列表中选择相应的消费项目，如图10-4所示。执行操作后，即可进入"优惠详情"界面，显示了优惠详情和商户信息，如图10-5所示。

"银联随行"APP是一个全面实现用户、品牌、渠道点对点互动、共享多赢的第三方平台，用户只要通过注册并添加银行卡，点击优惠券、抢特权菜单，就可方便地享受品牌店面的折上折优惠。

世界营销大师克里曼特·斯通曾说过："未来的营销，不需要太多的渠道，只要让你的产品进入消费者的手机，就是最好的营销。"笔者同样认为，企业通过银联推广的移动支付APP进入手机等移动终端，意味着更精准、更快速的营销。

用户可以随时收藏自己感兴趣的商户。

点击电话图标📞，可直接拨打商家电话。

图10-4　选择消费项目　　　　　　　　　图10-5　"优惠详情"界面

10.1.3　支付宝

　　支付宝钱包是支付宝官方推出的集手机支付和生活应用为一体的APP，通过加密传输、手机认证等安全保障体系，让用户随时随地使用手机淘宝交易付款、手机充值、转账、信用卡还款、买彩票、水电煤缴费等。

　　随着电子商务的发展，网民使用习惯逐渐形成，以淘宝网为代表的阿里巴巴甚至成为网络购物的代名词，支付宝在此过程中也得到了充分发展。

　　（1）涵盖各大支付领域。在移动支付过程中，支付宝在PC端的传统优势逐渐显现出来，在PC端积累的应用场景可以复制或者略加创新搬到移动端。据悉，在诸多团购、电影票等垂直领域APP中，均支持支付宝快捷支付。这无疑是支付宝在移动化过程中的重要补充。目前，支持支付宝钱包付款的生活服务类APP包括美团网、糯米网、格瓦拉电影网、1号店、国美在线等。

　　（2）轻松理财支付。"银行不改变，我们就改变银行"，这是阿里巴巴集团掌门人马云曾说过的话。当时，有无数人认为他这是痴人说梦。但是在2013年6月，支付宝推出余额宝之后，银行已经感到了危机的存在。天弘基金凭借余额宝在货币基金中的一枝独秀，一举超越基金行业老大华夏基金，排名基金行业第一。余额宝让用户的"电子钱包"变成了"会挣钱的电子钱包"，如图10-6所示。

（3）探索线下支付。支付宝钱包还推出线下支付的主品牌——"当面付"，目前采用的技术是"声波支付"和"条码支付"，如图10-7所示。

图10-6 余额宝

图10-7 当面付

（4）渗透社交支付。正在积极开拓线下的支付宝钱包除了与线下商家合作外，也在努力渗透社交支付场景。"一起AA"功能适用于聚餐这样的线下场景：如果5个人在一起AA制聚餐，当其中一人埋单之后，他就可以用支付宝钱包来向其他几位伙伴收取餐费，如图10-8所示。

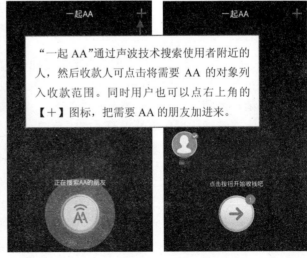

图10-8 "一起AA"付款

（5）打造微营销闭环。例如，支付宝的"会员卡"功能配合CRM系统，可以帮助线下商户实现会员、优惠、储值、支付、营销等一体化的闭环。当用户领取了某个商家的会员卡后，可以享受该商家会员卡的折扣和优惠，如图10-9所示。另外，用户还可以将各种各样的电子券，如电影券、团购券、优惠券等加入支付宝钱包，随时随地地管理与使用，如图10-10所示。

图10-9　支付宝手机会员卡

图10-10　支付宝电子券

TIPS:

支付宝提供的充值缴费功能包括水电煤缴费、手机充值、固话宽带缴费、校园一卡通充值、教育缴费、有线电视缴费、交通罚款代办以及加油卡充值和物业交费等，几乎涵盖了生活中所有可支出项目。

10.1.4　微信支付

微信支付是由腾讯公司知名移动社交通信软件微信及第三方支付平台财付通联合推出的移动支付创新产品，旨在为广大微信用户及商户提供更优质的支付服务，微信的支付和安全系统由腾讯财付通提供支持。

2013年6月16日，很多用户意外发现微信有了购买功能，并且还能成功购买和支付，尽管当前开通购买支付功能的只是少数几家公众账号，但是这只是一个开始，以后肯定会更多。用户只需在微信中关联一张银行卡，并完成身份认证，即可将装有微信APP的智能手机变成一个"全能钱包"，如图10-11所示。之后，即可购买合作商户的商品及服务，用户在支付时只需在自己的智能手机上输入密码，无需任何刷卡步骤即可完成支付，整个过程简便流畅，如图10-12所示。

图10-11 绑定银行卡

图10-12 微信支付

如今，开店成了很多创业者的首选。而在微信上面，用户也可以开店，不过只有申请微信支付接口才可实现微信开店。微信支付接口的申请流程如图10-13所示。

图10-13 微信支付接口与微店申请流程

图10-14所示为企业的微信支付营销方案。企业可以通过图文消息、自定义菜单、关键字回复等方式向订阅用户推送商品消息，用户可在微信公众账号中完成选购、填写收货地址、支付的流程。企业也可以把商品网页生成二维码，发布在线下和线上的媒体，如车站、楼宇广告以及网页广告。用户用微信扫一扫后可打开商品详情，在微信中直接购买。

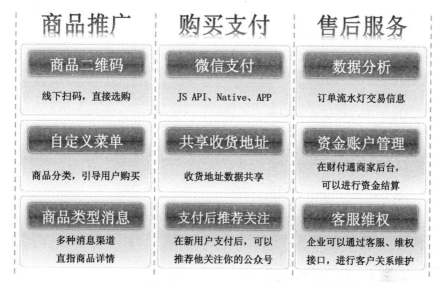

图10-14　微信支付营销方案

　　另外，开通微信支付功能后，企业可以登录公众平台使用商户模块功能，查看交易相关的统计数据，也可使用财付通的商户号，登录财付通企业版，查看订单流水，进行退款、下载对账单等操作。

> **TIPS：**
>
> 　　拥有良好体验的微信支付，因其日渐丰富的多元应用场景和海量用户基础开始显现其商业价值。笔者认为，微信支付最终的使命并不是要去替代传统零售业或是替代银行卡，而是为用户提供一种更为轻便的消费体验。

10.1.5　财付通

　　财付通（Tenpay）是腾讯公司于2005年9月正式推出的专业在线支付平台，其核心业务是帮助在互联网上进行交易的双方完成支付和收款，为互联网用户和企业提供了安全、便捷、专业的在线支付服务。

　　财付通构建全新的综合支付平台，业务覆盖B2B、B2C和C2C各领域，提供卓越的网上支付及清算服务。针对个人用户，财付通提供了包括在线充值、提现、支付、交易管理等丰富功能；针对企业用户，财付通提供了安全可靠的支付清算服务和极富特色的QQ营销资源支持。

　　财付通是面向广大拍拍网卖家、第三方商户提供的一项增值服务，主要是用来付款的。用户可以选择"快捷支付充值"、"话费充值卡充值"、"手机银行充值"以及"刷卡充值"4种充值方法，如图10-15所示。

移动支付是财付通未来的核心战略之一，在此之前，财付通发布了新的手机客户端版本，新增手机银行充值、信用卡还款、彩票卖场、邮政汇款等应用，并提供证书管理及便民小助手"航班动态"供用户使用，而且还实现了与其他腾讯手机应用的无缝衔接。

财付通APP为用户提供了方便快捷的在线缴费服务，避免了用户去营业厅或银行排队等候的痛苦。例如，在财付通APP主界面点击"水电煤缴费"按钮，进入其功能界面，用户可以在此缴纳水费、电费、燃气费、宽带费、通信费以及暖气费，如图10-16所示。

图10-15 财付通充值方法　　　　　　图10-16 水电煤缴费

在获得第三方支付牌照后，腾讯旗下第三方支付公司财付通的拓展步伐进一步加大，网上金融和移动支付是财付通未来发展的两大重心。在获得《支付业务许可证》后，财付通正在等待国家相关部门的准许，以进入基金、保险等网上金融业务。财付通将涉足股票和基金等几大业务，财付通与南方基金、鹏华基金等数家基金公司，以及国泰君安证券、中投证券，已建立合作关系。届时，财付通的用户在线即可获得理财信息，进行购买基金等交易。

财付通未来在这方面的目标是打造一个集资讯、理财、交易为一体的平台，让即使从未接触过网上理财的人，也能轻松、快捷地在网上进行理财。

10.1.6 手机钱包

手机钱包是手机与电子钱包的结合：电子钱包包括智能储值卡式电子钱包

和纯软件式电子钱包；手机既可以通过与智能储值卡的物理融合成为电子钱包，也可以作为移动终端通过使用电子钱包软件成为手机钱包。

如今，各大运营商们纷纷将移动支付作为业务转型的立足点和发展方向，不断推进了手机钱包系列应用的开发。例如，中国移动、中国联通、中国电信、联动优势科技有限公司联合各大银行在我国推出软件式手机钱包服务，通过把客户的手机号码与银行卡账户进行绑定，为手机用户提供移动支付通道服务。

1. 中国移动手机钱包业务

中国移动和包（原名"手机支付"、"手机钱包"）是中国移动面向个人和企业用户提供的一项领先的综合性移动支付业务，可以让用户享受到方便快捷、丰富多彩、安全时尚的线上、线下支付体验。用户开通和包业务，即可以享受方便快捷的线上支付（互联网购物、充话费、生活缴费等）；持NFC手机和NFC-SIM卡的用户，更可享受和包刷卡功能，把银行卡、公交卡、会员卡装进手机里，实现特约商家（便利店、商场、公交、地铁等）线下消费（业务功能费全免），如图10-17所示。

"和包"手机客户端是综合了支付类业务的各种功能的一项全新服务，它是以银行卡账户为资金支持，手机为交易工具的业务，就是将用户在银行的账户和用户的中国移动手机号码绑定，通过手机短信息、IVR、WAP等多种方式，用户可以对绑定账户进行操作，实现购物消费、代缴费、转账、账户余额查询并可以通过短信等方式得到交易结果通知和账户变化通知，如图10-18所示。

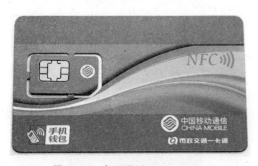

图10-17 中国移动NFC-SIM卡

图10-18 "和包"手机客户端

2. 中国联通手机钱包业务

中国联通发展移动支付的历程主要分为两个阶段：第一阶段是2004年至2008年，以短信支付为主要特征；第二阶段是2008年后，在发展远程支付的同时，重点推广近场移动支付。联通支付有限公司在业务发展过程中，持续关注并完善移动支付产品，并使其与移动电子商务相融合，为用户提供远程（WEB/WAP、客户端）和近场的多平台支付服务。

"沃支付"手机钱包是中国联通支付服务品牌，用户开通"沃支付"账户并储值后，即可在中国联通联盟商家和合作商家使用该账户，并通过网站、短信、语音等方式进行远程支付，办理"沃支付"业务后还可通过刷POS机方式进行现场支付。中国联通"沃支付"手机钱包为个人用户与企业用户提供了一系列支付工具与服务，可以帮助用户利用不同网络、多种途径，方便、快捷、安全地进行支付交易和资金管理，如图10-19所示。

3. 中国电信手机钱包业务

中国电信在三家运营商中是最后一个获得移动网络牌照的，在发展移动业务过程中，属于后进入者，其发展用户和拓展用户的难度比另外两家运营商更大。随着3G、4G牌照的发放，中国电信将移动支付作为一项重要的移动互联网战略型业务来推进。在拓展业务的过程中，中国电信把移动支付业务，尤其是手机钱包、"翼机通"和"翼支付"作为增强用户黏性、快速发展用户的手段之一。

例如，"翼支付"是中国电信推出的一项服务或者叫产品，以手机替代传统的银行卡进行消费，如图10-20所示。

图10-19 "沃支付"手机钱包

图10-20 "翼支付"手机钱包

10.1.7 NFC支付

NFC技术是通过RFID演化过来的一种近场通信技术，而移动支付则是NFC的一个最主要的功能。NFC移动支付可以让人们完全抛离POS机，通过手机或NFC设备近距离完成支付过程，如图10-21所示。

图10-21 支持NFC的手机

NFC本质上和目前存在的Wi-Fi以及蓝牙的通信样式是类似的，但是NFC采用的是13.56MHz的频率，与目前广为流行的非接触智能卡ISO14443所采用的频率相同，所以移动支付市场是NFC技术所要主打的领地。并且NFC本身具备主从两种操作模式，嵌入NFC芯片（如图10-22所示）的设备既可以作为支付工具代替卡片，又可以作为支付终端起到POS的作用。

NFC智能卡芯片可以封装进多种形式的介质中，但若与移动支付结合，安全芯片存在的方式则主要依赖移动终端的支持能力。目前主流的形式有以下4种：

（1）全终端：直接固化在手机芯片中，或存放在独立的卡片槽。

（2）智能SD卡：存放在移动终端的SD卡槽，如图10-23所示。

（3）SIM卡模式：复用SIM卡的功能。

（4）终端附件：如通过音频口或者USB口与移动终端结合。NFC芯片具有相互通信功能，并具有计算能力，在Felica标准中还含有加密逻辑电路，MIFARE的后期标准也追加了加密/解密模块（SAM）。NFC标准兼容了索尼公司的FeliCa TM标准，以及飞利浦的MIFARE标准，在业界简称为Type A、Type B和Type F，其中A与B为MIFARE标准，F为FeliCa标准。

图10-22　NFC芯片

图10-23　NFC智能SD卡

　　NFC具有成本低廉、方便易用和更富直观性等特点，这让它在某些领域显得更具潜力。NFC通过一个芯片、一根天线和一些软件的组合，能够实现各种设备在几厘米范围内的通信，而且成本非常低。如果NFC技术能得到普及，它将在很大程度上改变人们使用许多电子设备的方式，甚至改变使用信用卡、钥匙和现金的方式。

　　随着NFC技术及业务的日渐成熟及运用推广，NFC技术不仅给各方产业及企业带来了发展机遇，同时也对电信运营商的市场运作能力、信息整合能力及运营模式带来了新的挑战。作为一种新兴的支付手段，NFC支付跨越电信、金融、第三方支付、移动互联网、微营销几大行业，它无疑是一项具有打造产业链能力的全新业务。

> **TIPS:**
> 　　与国外相比，我国移动支付产业具有产业链参与成员数量多、产业协作形式复杂等特点，这就需要不断创新更适合的商业模式，要让各方成员在移动支付产业链上共同开展移动支付业务，可通过采用协同合作的方式实现各种信息资源共享，最终达到优势互补，促进整体移动支付产业价值链的快速发展。

10.1.8　手机POS机

　　在一些传统POS机曾经一统天下的交易领域，手机POS刷卡器也以费率更低、申请手续更加简便、支付使用更加便捷，更加绿色环保等优势逐渐获得用户的认可，并逐渐取代传统POS机的统治地位。

　　手机POS机是一种RF-SIM卡终端阅读器，阅读器终端机通过CDMA、GPRS、TCP/IP等方式与数据服务器连接，它的主要功能是完成现金或易货额度出纳、会员消费积分的记录统计、对服务网点商品销售情况进行控制管理、财务管理等，通过以上功能最终达到轻松支付、吸引顾客、优化管理提升竞争力的目的。

随着Square在美国的大获成功，手机移动支付已成为当下国内热门的产业。Square正是通过增加手机外设，并开发手机安全支付应用，达到银行卡可以在手机上支付的目的。简易理解，Square就是一个以智能手机为信息处理终端的简易POS机，将外设插入音频接口，达到Square与手机合二为一的效果，如图10-24所示。

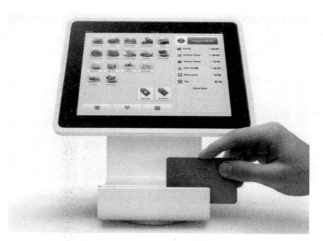

图10-24　Square移动支付产品

国内也有许多第三方支付平台推出了小型的移动POS设备，如拉卡拉手机刷卡器就是由拉卡拉支付有限公司推出的自主知识产权的个人刷卡终端，它是一款通过音频进行数据传输的刷卡外设终端，支持各类主流手机以及平板电脑产品，如图10-25所示。

图10-25　拉卡拉手机刷卡器

使用拉卡拉手机刷卡器之前，用户还需要安装手机客户端软件，可以在拉卡拉官方网站按照指引进行下载，也可以通过苹果App Store、谷歌Google Play搜索"拉卡拉"进行下载，如图10-26所示。

图10-26 拉卡拉手机客户端主界面

另外，拉卡拉还推出了手机收款宝，可连接Android和IOS系统的智能手机，并能完成收款、支付功能的便携终端，可以满足国内中小微商户对小额收款的需求，如图10-27所示。

图10-27 拉卡拉手机收款宝

10.2 移动支付，形成微营销闭环

移动支付说到底就是金融业务与传统电信业务领域融合的产物，一方面推进了电信市场朝更加开放和多样化的阶段发展，另一方面让每一个人都向顺畅沟通和电子交易迈进了一步，甚至从根本上改变了人们的沟通和支付方式。这样，金融机构、电信运营商及第三方服务商优势互补，协力前行，共同掘金移动增值领域。

在微营销领域，一方面，移动支付业务可刺激用户产生更多的数据业务需求，从而促进其他移动互联网业务的发展；另一方面，移动支付有利于企业稳定现有用户并吸纳新的用户，提高企业竞争力。

随着移动支付时代的到来，传统企业也开始转型，抢滩移动支付市场。新潮的手机付款，给传统线下企业带来品牌提升效应，同时也将方便用户购物消费，形成微营销闭环，如图10-28所示。

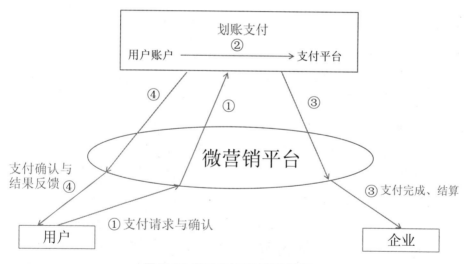

图10-28 移动支付下的微营销闭环

10.2.1 移动支付的业务模式

目前，我国的移动通信已经初步形成了由移动运营商、金融机构、第三方移动支付服务提供商（或移动支付平台运营商）、设备终端提供商、最终用户等组成的移动支付产业价值链，如图10-29所示。其中，独立的第三方移动支付服务提供商具有整合移动运营商和银行等各方面资源并协调各方面关系的能

力，能为手机用户提供丰富的移动支付业务。

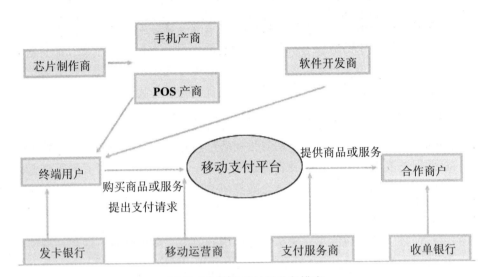

图10-29 移动支付的业务模式

其中，金融机构和移动运营商在其中具有较高的谈判能力。因此，可以按照这两者在产业链中的参与程度，划分移动支付的商业模式。

- 金融机构管理着广大用户的资金账户，拥有完善的支付体系，在支付领域具有天然的用户信任。

- 移动运营商拥有完备的网络设施和先进的IT系统，通过定制终端，运营商可以将各种先进的移动应用提供给用户，使用户获得良好的移动化生活体验。因此，运营商在这方面具有较好的用户资源和营销渠道。

笔者认为，要形成良性循环的移动支付产业链，需要这些参与者的共同努力。未来，在移动支付市场上，随着标准之争达成一致，以及移动电商带动的远程支付发展，移动支付市场的发展将会加速。易观智库预计，2015年，中国移动支付交易规模将达到7 123亿元，第三方互联网支付交易规模将达到13.9万亿元，互联网支付注册账户规模将达到13.78亿。

移动支付在让我们的生活更加便捷之外，其庞大的潜在市场规模也吸引了包括金融机构和运营商以外的大量参与者。而从上游的芯片制造，到中游的支付平台设计、安全服务，再到下游专用读卡器如POS机制造商，都有望在即将到来的移动支付浪潮中分得一杯羹。

TIPS:

第三方支付企业一般是从互联网电子商务做起，在电子商务领域占领了主导优势，并聚集了大量商家和用户，形成使用习惯，同时，它的营运体制灵活，支撑系统功能完备。例如，支付宝、财付通就是由独立的平台运营商运营的电子支付平台，通过这些支付平台，用户可以轻松实现跨银行的移动支付服务。

第三方支付行业的快速发展主要源于以下因素：

●传统企业的电子商务化加速，推动第三方支付市场发展。

●新兴细分应用市场得到不断拓展和深化，保险、基金、高校、跨境支付等新兴市场不断被开拓。

●移动支付标准之争从市场层面达成一致，银行金融机构纷纷加入移动支付市场，都将对移动支付市场的发展起到积极的推动作用。

●支付牌照发放以后，第三方支付行业出现多元化发展趋势，各家支付企业纷纷开始多业务布局，互联网支付、移动支付、银行卡收单等众多业务纷纷开始发展，并相互补充。

10.2.2 微营销为移动支付搭建平台

1999年，中国移动与中国工商银行、招商银行等金融部门合作，在北京、广东等地开始进行移动支付业务试点。但一直以来，受限于技术、政策、商业模式等原因，手机支付发展缓慢。

2004年下半年，若干主要第三方移动支付运营商的业务有放量增长的趋势，使得移动支付业务的地域覆盖范围越来越广，产业链的其他环节也越来越积极地寻求合作机会，移动支付进入地域快速扩张的阶段。

2005年，移动支付用户数达到1 560万人，同比增长134%，占移动通信用户总数的4%，产业规模达到3.4亿元。

2007年，由于产业链的成熟、用户消费习惯的形成和基础设施的完备，移动支付业务将进入产业规模快速增长的拐点。

2009年，随着3G通信技术在中国投入运营及其市场规模的不断扩大，以及手机支付技术的不断成熟，移动支付变得更加便利。这一年，我国正式将移动电子商务试点示范工程（手机支付）列为《电子商务发展"十一五"规划》部署的六大重点引导工程之一，为移动支付的发展奠定了基础。

2010年，中国手机支付市场规模首次突破百亿元大关，同比增长率为312.0%。

2013年，中国第三方移动支付服务的总交易量达1.22万亿元，同比2012年增长707.0%。这一数据不包含传统银行和中国银联、中国银行卡的支付处理，而且不区分移动支付的销售来源，包括网银支付、信用卡支付或移动购物。

上面的数据似乎表明，中国的手机支付发展已经开始了。但是从中国的用户群、中国互联网的支付量以及手机支付的发展模式来看，无论在业务量还是在业务模式上，中国的手机支付还处在发展的初期。可以预计，未来十年是移动支付行业的黄金十年。未来几年是移动支付产业取得突破式发展的关键时期，其整体将会迎来3个浪潮，如图10-30所示。

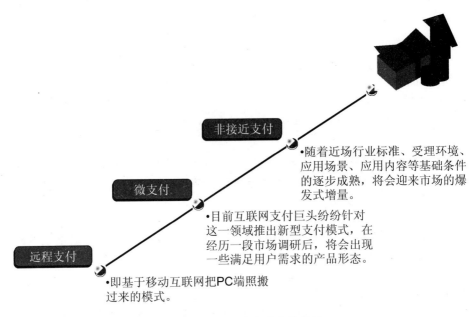

图10-30 移动支付产业的发展

只是移动支付并非如一款APP一样，单一开发者或是几位合作者就可以决定和控制。移动支付需要一个平台为其提供服务，这在传统的互联网交易中是不存在意义的，尤其是用户目前还存在对移动支付安全性的担忧。而只有在移动互联网诞生后，移动支付才真正地发挥了作用，微营销模式则恰好为移动支付提供了这样一个平台。

微营销平台为企业提供展示和沟通的服务，并连接移动支付平台完成移动支付的功能，将彻底冲破线上线下在时间和空间上的限制，人们可以在公交车、电影院等地方，利用手机获取资讯、分享心得和在线消费，充分利用碎片时间来完成消费活动。这种即时、随兴的购物体验是过去无法想象的，不仅提升了用户的消费体验，也将提高用户的生活效率。

10.2.3 移动支付是微营销的助推器

微营销作为电商行业一个重要概念，无论是互联网巨头还是传统企业，都在争夺这一战略要地。2012年是摸索微营销的一年，并无明显突破，2013年才是真正的微营销元年。之所以称2013为微营销元年，是因为其在基于智能手机上的支付突破和SNS、LBS等的应用。

微营销的核心在于在线支付，一旦没有在线支付功能，微营销中的成交节点就无法形成，企业则很难看到自己的营销效果。以微店为例，如果没有能力提供在线支付，仅凭网购后的自身统计结果而同商家结算，则结果必然是双方无法就实际购买的精确人数达成一致而陷入永无休止的纠纷。

微营销在我国还处于起步阶段，其商业模式尚未成熟，企业商家、微营销平台、移动支付平台都要充分发挥各自的优势，通过开展深层次的商业合作，共同探讨建立互利双赢的合作模式。目前，国内移动支付服务的主要商业模式如图10-31所示。

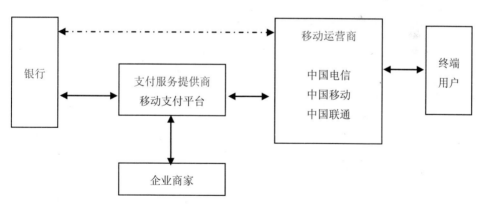

图10-31 移动支付服务的商业模式

总之，移动支付服务市场的主要角色是移动支付服务提供商和他们的终端用户。在市场上承担这些角色的包括：用户、企业、金融机构和电信运营商、手机供应商、软件、网络技术和其他技术提供商等。

移动支付不仅是支付本身的完成，也是某次消费得以最终成交的唯一标志，更是消费数据唯一可靠的考核标准。尤其是对提供线上服务的移动互联网专业公司而言，只有用户在线上完成支付，自身才可能从中获得效益，从而把准确的消费需求信息传递给线下的商业伙伴。无论微营销，还是传统的网络营销，均是在实现用户能够在线支付后，才形成了完整的商业形态。

移动支付解决了传统互联网交易的烦琐程序，把顾客中的冲动型消费转化为真实消费力，提高消费转化率；而微营销为移动支付提供平台，移动支付为微营销将虚拟的消费市场转化为现实的消费力。移动支付与微营销两者相辅相成，形成了一个完整的商业闭环，这都是最具前景的行业，并将为电子商务的新发展带来一片新蓝海。

第11章

全微应用，行业营销案例分享

全微营销实际就是一个由移动互联网组建的微系统，包括微信、微博、微视、微动漫、微官网、微商城、微客服、二维码、APP等多种样式的微营销方式。企业可以有机整合，优势互补，形成一套全面完整的微营销方案，以满足企业的各种营销需求，在微时代挖掘最大的商业价值。

◇ 微店：实现手机创业梦想
◇ 微官网：快速打造超炫移动网站
◇ 微电商：打造微信移动电商
◇ 微商城：更有利于商品的推广
◇ 微客服：随时沟通用户、创造无限商机

11.1 微店：实现手机创业梦想

随着移动互联网的发展、智能手机的普及以及人们花越来越多的时间用在手机上，所以在手机端也可以开店了，这种店被称为微店，它是区别于传统电子商务的、崭新的电商模式。微店在帮助人们实现手机创业梦想的同时，也更加方便人们的生活。

例如，2014年5月29日，微信公众平台宣布正式推出"微信小店"，将形形色色的小店搬进微信里，如图11-1所示。登录微信上的服务号，即可获得轻松开店、管理货架、维护客户的简便模板。这不但让曾经的那句"微信，不仅仅是聊天工具"成为现实，也让移动电商大战正式拉开战幕，"微信小店"一经推出便引发热议。

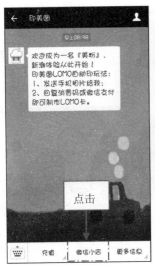

图11-1 微信小店

不过，想做微信小店，必须满足几个先决条件：必须是服务号；必须开通微信支付接口。其中，服务号和微信支付都需要进行企业认证。

"微信小店"的开通方式很简单，只要已经获得微信认证的服务号，即可自助申请。"微信小店"基于微信支付来通过公众账号售卖商品，可实现包括开店、商品上架、货架管理、客户关系维护、维权等功能。商家通过"微信小店"功能，也可为用户提供原生商品详情体验，货架也更简洁。

有了"微信小店"，商家即使没有任何技术开发能力，也可以开启电商模式，对商品进行分类、分区陈列，真正实现"零成本"开店。另外，具备开发能力的商家，可基于API接口实现更灵活的功能。例如，通过API接口的方式，商家可以自行开发商铺系统，通过相关的接口权限更方便地管理商品数据等内容。

11.2 微官网：快速打造超炫移动网站

微官网是为适应高速发展的移动互联网市场环境而诞生的一种基于Web App和传统PC版网站相融合的新型网站。微官网可兼容iOS、Android、Windows Phone等多种智能手机操作系统，可便捷地与微信、微博等网络互动咨询平台链接。简言之，微官网就是适应移动客户端浏览体验与交互性能要求的新一代网站。

企业微官网不仅是一个手机网站，更是移动互联网时代的企业应用与商业服务平台，创新性地结合了移动互联网技术与企业信息化建设，实现了企业品牌展现、互动营销、商业交易与服务功能。

例如，同程网微信公众账号借助自定义菜单和微官网，向用户提供了订门票、查攻略、查航班、查天气、热门行动以及自助预订等功能。用户可依据自己的需求迅速通过微官网打听各类旅游消息，如图11-2所示。

图11-2 通过同程网微官网快速查找周边旅游信息

过去，企业在互联网上做营销，就必须拥有基本的PC版网站；如今，企业要想到移动互联网上做营销就必须要有微官网，这是微营销成功的第一步。

微官网的网站页面完全适合手机、平板，而且能够自动识别客户屏幕大小，网站内容精简，页面资源小，加载速度快，用户体验好，尤其是对于拥有广大用户的微信市场来说，微官网的开发与推广蕴含了不可估量的商业价值。总之，谁占领了用户手机，谁就占领了市场，微官网为企业微营销之战打好基础，快速进入用户手机，让你的企业在目标用户的手机里安家落户，从而把握住一对一的精准营销。

11.3 微电商：打造微信移动电商

如今，国内的电子商务市场发展如火如荼，几大电商巨头（如淘宝、腾讯、百度等）瓜分了大部分的市场份额。用户想要从电子商务创业仍然是有机会的，因为电子商务仍然有众多巨头照顾不到的暗角。在竞争对手空前强大，资金逐渐向优势企业集中的情况下，微电商（又被称为精细化电子商务）越来越受到人们的关注。

例如，由来自NASA的Ara Nefian领导的团队正在致力于研究开发一项新的APP应用，这个APP有着一项非常特殊的使命：用手机即可完成女性胸部的精确测量，并以此实现为所有女性选择完美文胸的终极目标。

这个APP应用的名称为"ThirdLove"，它由特色鲜明的两个部分组成——零售和技术。内衣设计、供货和制作全部由公司完成，并通过移动APP销售。而最引人注目的，还要数"ThirdLove"APP卖内衣和匹配每位女性客户内衣尺码上的移动技术。"ThirdLove"APP可以将带有拍照功能的智能手机变为一台精密的测量仪器，用户需要按照软件指示，从不同角度对自己的胸部进行拍照。

使用"ThirdLove"APP，只需要一面全身镜，一部iPhone手机，还有一件随意的打底衫vca即可。把手机放在肚子的位置，摄像头对着镜子，按照Siri语音的提示，从不同的侧面拍照。

"ThirdLove"APP会计算出胸围，然后自动配对并推荐3款合适的胸罩，整个过程不到15分钟，如图11-3所示。

图11-3 "ThirdLove"APP

　　ThirdLove的联合创始人在接受采访时表示，"女性用户网购内衣退货的最大原因就是尺码不合适。而ThirdLove的线上尺码选定技术能帮顾客解除这类麻烦。将用户自行测量的一些尺码带入我们的算法，就能提供最适合客户的尺寸。"

　　同时，通过智能手机拍摄的用来测量数据的照片，将不会被程序在非授权的情况下记录并传播。被记录在案的仅是用户的胸围数据等，然后将数据上传至网店，网店将根据每位用户自己的数据制作完美文胸。

　　显而易见，"ThirdLove"APP统计到更为确切可靠的终端消费数据，并在产品设计中充分运用所收集的数据，以此提供更加贴身的内衣，为消费者提供了绝佳的个性化购物体验。简而言之，"ThirdLove"APP就是利用数据对客户进行细分，然后开展针对性营销。

TIPS：

微电商包含两个层面的意思：

（1）所销售商品的细分化：销售策略的差异化，例如京东几乎卖所有的数码3C产品，但是你却只卖单反数码相机，因此更小的覆盖人群和更集中的资源让你能更容易吸引到目标用户。

（2）商品附加服务的细化：大型网上卖场因为需要兼顾到各种商品与各种用户的需求，如果你能够提供一些用户渴求的细致功能，自然能够事半功倍。例如提供商品签收短信，提供微博、IM客服等。

11.4　微商城：更有利于商品的推广

　　微信商城（又被称为微商城）是在腾讯微信公众平台推出的一款基于移动互联网的商城应用服务产品。

　　微商城是基于微信的一种传媒方式中的一种商业运用。微信当前的火热是一个商机，基于微信的传播速度快及简便等优点，为商家提供了一个平台，在这个更简便的、方便的平台里进行更为现代的营销活动。同时，利用微信的这个平台也可以为商家提供更有效的宣传方式，更有利于商品的推广。

　　例如，天虹商场通过打通PC端的自建电商平台"网上天虹"，消费者可以直接在微信中搜索这个微商城的商品下单购买，这种既对接PC电商，又对接实体门店的整合方式绝对开创国内百货零售的先河，相当于线下在给线上导流，如图11-4所示。

微商城系统是基于微信而研发的一款社会化电子商务系统，同时又是一款传统互联网、移动互联网、微信商城、易信商城、APP商城五网一体化的企业购物系统。对传统企业来说，可以把企业的商城开到每个人的手机里；对消费者来说，可以随时随地购物。

11.5 微客服：随时沟通用户、创造无限商机

图11-4 天虹商场的微商城

随着互联网的发展及网络营销模式重要性的凸显，在线客服系统会成为网络营销的重要工具，也是提升企业形象、加强企业与访客互动的必备工具；如今，微信迅速崛起，商家都把店铺搬进了公众账号中，而微客服系统就是一款为微信商家打造实时沟通的软件，可以让商家分享微信6亿用户，创造无限商机。

例如，2013年4月9日，中国电信正式推出首个全国微信客服官方平台。据了解，搜索微信号：中国电信客服、zgdxkf，或扫描中国电信客服二维码，即可关注中国电信客服，享受贴心克服。

只要是绑定了中国电信客服平台的用户，除了可以通过中国电信微信客服了解中国电信热点活动信息、常见问题解答、在线帮助外，还可以通过微信登陆中国电信掌上营业厅进行手机业务办理。

"微信是个好东西，我现在很喜欢在中国电信微信平台咨询很多问题，很方便简单，而且很好玩，挺不错的。"有用户在体验之后表示，已经被电信微信的方便快捷俘获，成为它的忠实粉丝。图11-5展示的就是中国电信开通的微信服务。

在客户服务方面，微信"一对一"私密互动性具有绝对的优势，一方面可安全高效地完成用户大多数业务办理需求，另一方面让用户能感知自己互动的对象是实实在在的人，而不仅仅是一款产品，因此主动传播欲更高。

图11-5 通过中国电信微客服查询附近营业厅

11.6 微团购：将优惠装入客户口袋

微团购（Wechat Group Purchase），又称微信团购，是一种新型便捷的移动网络团购方式。依次进入微信中的"我"→"我的钱包"→"吃喝玩乐"界面，即可在此查找相应的团购活动，点击相应的商家即可进入查看团购活动详情，如图11-6所示。

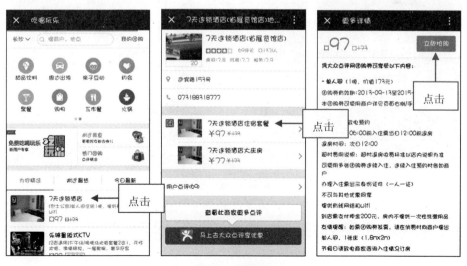

图11-6 微团购

　　点击"立即抢购"按钮，即可直接通过微信支付付款，完成团购操作。与传统的传统团购模式不同的是，微团购用户不需要先购买团购凭证（卡券），而是直接通过微信公众平台确认用户的团购资格，之后可在确定的时间范围内主动前往商品供应商处购买商品的一种购买行为。

　　随着在实践中不断的完善，微团购会变成广大微信用户掌中的珍宝。从商业的角度来说，微团购是一个从超过6亿的微信用户中攫取商机的工具，其可带来的商机不可估量。

11.7 微房产：360度全景看房

　　微房产是利用移动互联网打造的全新超炫酷的房产官方网站，可为用户提供楼盘介绍、子楼盘管理、户型介绍及户型图、楼盘相册、房友印象以及专家点评等功能，更有360度全景看房的强大功能。

　　例如，北大资源山水年化在移动端推出微楼书功能，用户可以通过项目简介、周边配置、产品户型等方面查看楼盘的详细情况，如图11-7所示。

图11-7 微楼书

11.8 微汽车：车主关怀应有尽有

　　微汽车是指采用移动互联网平台进行汽车的销售管理、预约保养、预约试驾、保险计算、车贷计算、车型比较、违章查询、360度全景看车、车主关怀等功能，整个过程非常便捷，省时省力省心，并可通过与移动平台有交互能力的手机客户端，快速便捷地实现商家的销售管理与预约过程，同时也可实现客户无需进入4S店就能进行预约保养和试驾的功能。

众所周知，在如今这个"速读"的年代，人们停留在一个网页上的时间会很短，在浏览网站时会以看图为主。微汽车就准确地抓住了这一特性，在"配置参数"栏中以可视化的图标形式为消费者们呈现汽车内容，打破了常规的表格文字式惯例。图11-8所示，为济宁亚飞奇瑞4S店推出的微汽车平台。

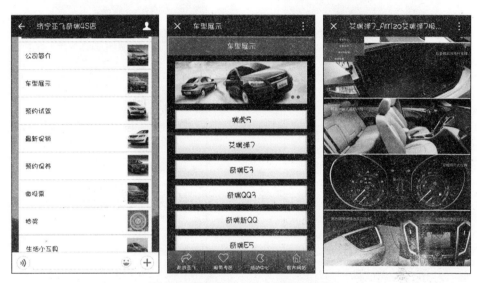

图11-8 微汽车平台的车型展示功能

11.9 微酒店：一键点击，轻松订房

微酒店是指通过移动互联网平台为用户提供在线预订、在线支付、库存管理、消息管理、门店管理、用户管理、数据统计等功能，不仅方便商家快捷的管理用户信息，也全面提升了用户在线预订、在线查询的用户体验。

例如，维也纳酒店通过升级服务号、微信精准定位，多了很多高级接口，如openid获取、模板消息、微信支付等，为1 500万会员提供微信订房服务，例如订房、会员关系、客服、微信活动、模板消息、微信支付等服务。

移动端更多注重的是客户体验，维也纳酒店通过自定义菜单的深度优化和闭环管理思维，不断地提升平台的客户体验，有效激活了平台会员的消费黏性和活跃度。

（1）预订系统：酒店的预订系统，与PC官网进行打通，实现了微信预订，通过"微信预订立减20元"差异待遇进行流量引导和转化，如图11-9所示。

（2）互动体验：每日签到的闭环设计，娱乐和让利的双重驱动，让维也纳的会员留在微信平台上，并感到愉快和实惠，如图11-10所示。

图11-9 微信酒店预订系统

图11-10 每日签到活动"砸金蛋"

维也纳酒店微信增加粉丝主要通过线上线下结合的方式进行，线上的会员邮件、官网、微博、全部打上微信二维码，线下的店内海报、宣传单、会员卡、床头、电梯、网线处也标注微信二维码，让更多人添加维也纳微信账号，实现微信粉丝数量的增加。

另外，维也纳酒店也积极采用微博活动给微信导入流量，微博做大传播为主、互动为辅，同时将维也纳微博分店账号全部纳入管理，微信有了粉丝之后将会展开各种活动促销。由于很多粉丝多为老用户，因而有良好的驱动方式让大家参与和使用微信订房系统。

微信的自助服务使维也纳订房各环节实现信息一体化和智能化，有效提高了客户体验和平台消费黏性。据悉，"维也纳酒店"微信服务号每日增加粉丝数量800左右，其中男性用户占70%，女性用户占30%左右。移动时代，微信订房一定是刚需而且也更便捷的。目前，维也纳酒店订房量已经由上线时的每日几十间上升到现在的每日1 000余间，订房量效果提升1 200%，在将来借助4G的大背景下，未来增速会更快。

11.10 微餐饮：实时点餐、实时预订

微餐饮是指通过移动互联网平台为用户提供在线点餐、在线订位、智能选餐等功能，方便用户点餐、订位，同时移动平台的后台为商家提供菜品管理、订单管理、餐台管理，不仅可以帮助商家快速处理订单，还可以动态、实时地监控餐厅餐位空闲情况，成为商家的好帮手。

例如，"到家美食会"APP是一个典型的微餐饮平台，主要为城市家庭用户提供一站式订餐及配送服务。用户通过"到家美食会"APP，可以方便地从周边知名特色餐厅订餐，并由"到家美食会"的专业送餐团队配送到家，如图11-11所示。

图11-11 通过"到家美食会"应用订餐

"到家美食会"不仅是一个手机订餐应用，还有一流的地面送餐团队做支持，并通过信息化管理实时追踪每一张订单。目前，"到家美食会"已经和数百家知名餐饮企业建立了合作关系，并计划把到家餐饮服务推广到全国重要城市。

"到家美食会"的定位决定了它并非纯粹的餐饮快递，它一面为用户提供优质的外送服务，另一面则为合作商户提供互联网营销服务。目前看来，无论

线上消费者下单，还是线下送达，或者是商家覆盖，"到家美食会"都能把整个外卖流程牢牢掌握在自己手中，但笔者觉得用户体验最好采用"娇惯消费者"的做法，以逐渐形成口碑，积累用户数据。

11.11 微外卖：省时、省力、更省心

微外卖是指通过移动互联网平台为用户提供手机在线下单、智能订单处理、便捷在线支付、自动小票打印、精准LBS智能定位等功能，让商家的接单、送餐变得更容易。除此以外，微外卖还可以提供订单数据统计、菜品实时更新、门店自由管理等管理功能，更可以推出团购、会员卡、优惠券等多种促销活动来帮助商家轻松营销和宣传。

例如，"小农女送菜"案例绝对堪称微信营销的经典案例之一，三个年轻有为的青年聚在一起卖菜，与传统卖菜不同的是，他们通过微信来进行接单。

小农女团队选择的送菜地点目前主要在深圳科技园附近，他们提供的是半成品（也就是净菜）。微信用户可以在前一晚用微信预订，小农女团队会在早上5：00采购菜品，并在15：00以前完成对食材的装配，通过自建物流在16：00~18：00完成配送。而用户这边则可以在下班前收到送来办公室（或是家里）的新鲜菜品，回家后就能做饭。下面就分析一下"小农女"成功的几个要点：

（1）名字有创意：虽然创业团队是三个小伙子，但他们的思维够突破，从"卖菜"、"小龙女"想出"小农女"，吸引力十足，让人叫绝。

（2）传单有创意：传单的成功就在于传单上有什么内容，从发的人手里到看的人手里，那1至2秒能否抓住用户眼球，关键就在于内容。而他们在传单上印有明显的大字"微信送菜"，肯定能吸引人们去拿手机扫一扫。

（3）前期试运营：小农女团队每天送出30个特价单，每单赔10元，售价9.9元，但是用户必须要把图文信息分享到自己朋友圈才有机会获得特价菜；

（4）信息无广告：虽然小农女团队是卖菜的，推送的内容主要以菜品为主，但是从用户的角度出发，谁都不希望每天收到广告信息。于是小农女团队想办法在消息内容上做文章。他们经常会发一些有关饮食人文、创业想法的交流等文章，兼具了趣味性和实用性，也拉近了与客户之间的距离。

外卖服务的用户群体主要是白领和工薪阶层。根据市场调研，60%左右的

订外卖用户实际还是通过电话订餐，而非网上订餐。微信原本就是一个基于手机的通信工具，而且微信也很好地覆盖了这群用户。可以说，用微信送外卖，符合这类用户的使用习惯。

11.12 微拍：在体验中感受品牌魅力

"微拍（Micro photo）"是指将中心点、重点、特点、优点等一系列突出或者与众不同的地方加以放大或者延伸，将其以图像的形式记录下来的一种拍摄方式。在微博、微信、微电影、微音乐等"微"元素的促使下，"微拍"概念也应运而生。

通过"微拍"产品将可轻松地打印时尚美照、给微信加粉、对企业进行品牌推广，让用户在体验中感受企业魅力。

例如，"趣拍"APP是一款支持手机视频即时分享功能的应用软件。在"首页"界面里，可以及时了解朋友们的动态，看到朋友所拍摄、转发的视频和拍摄位置，轻松地与他们进行互动，留下评论或@他们，他们会马上收到提醒，如图11-12所示。点击右上角的拍摄图标 即可直接进入拍摄页面录制视频，同时"趣拍"的视频编辑功能，可以为用户的视频锦上添花，如图11-13所示。

图11-12 "趣拍"APP界面

图11-13 编辑视频

当用户看到有意思的新鲜事，还可以将其拍摄下来制作自己的原创视频。

如果用户坚持分享有趣的视频片段，没准某天你就会发现自己突然拥有了数万粉丝。

当用户在社交平台中评价某一微视频的时候，同时也传播了该微视频的内容，让其他用户"所见即所得"。这种"口碑＋内容"的传播组合形式，很容易诱发其他用户的主动观看：点击一下就可以了解大致内容，有兴趣可以接着看，当前页面不理想可以直接链接到视频网站上。多层次的选择为用户提供了良好的体验。当网络视频被传播得更广时，那么其营销价值就越为明显，也就更能得到发展。

11.13 微家居：家居移动互联网营销

家居行业营销模式的多元化，将给消费者带来更加个性、差异化的用户体验。在这种差异化的精准营销模式下，商家和消费者将实现共赢。

例如，蜗牛家装网是江苏德佳集团旗下自主开发的专业装修门户网站，采用虚实相结合的新的商业模式，即"生产基地＋手机平台＋实体整体家装体验馆＋城市运营商O2O电子商务模式"。

"蜗牛装修"APP是由蜗牛家装网开发的一款手机装修设计应用，提供设计师装修作品分享，并且提供所有商品的导购服务，用户可以一站式轻松完成高质量装修需求，如图11-14所示。另外，蜗牛家装网还在某些地区推出了装修团购、施工队报价和比价功能，如图11-15所示。

图11-14 展示家居设计师的作品

图11-15 查看装修信息

（1）支持单独购买。每个作品中都有设计师的图像，可以点击进去看到此设计师更多的作品，并且还配有设计师电话，用户可以使用电话直接和设计师沟通。与其他家居类APP最大的不同在于，蜗牛装修上的每一件设计作品所搭配的商品都可以在应用里直接购买，省掉了用户心动后找寻的麻烦，从展示到购买，完成闭环。

（2）提供全包施工方案。支持将整套的装修作品搬回家，也就是用户只需提要求、选方案，其他的各种事项全部交给设计师完成，并且蜗牛装修会帮用户从装修风格到家具选择等各种事情上全部搞定，并且提供优惠的团购价格。

（3）提供申请量房的订金支付功能。用户通过手机预约成功后，施工方会在24小时内电话约定上门量房时间。整套的方案会经设计师和施工单位优化、压缩预算，采取优质价廉的品牌材料，折合成套餐价，材料清单会一目了然。这样做很适合初次无装修经验的年轻人。

"蜗牛装修"APP是一款单点突破的家居应用软件，最大限度地解决了装修过程里新人的学习成本和信任成本。而且在装修链条上，从开始到结束，蜗牛装修网打通了整个闭环。不过，笔者认识，如何以消费者的位置信息、手机硬件、时间信息为基础，结合个人消费习惯，再现其状态、分析其需求，是每一个想要实现精准营销和互动传播的家居企业所必须考虑的事情。

11.14 微动漫：一种独立的艺术形态

微动漫诞生于移动互联网时代，诞生于以草根为主体的微言全民传播时代。微动漫由上海贺禧动漫有限公司的创始团队首次提出，并对其概念与内涵做了完整的阐述，如图11-16所示。目前，《微动漫》与《MICRO ANIMATION》已经成为上海贺禧动漫有限公司的注册商标。

微动漫的主要特点如下：

（1）内容构成：微动漫的内容都是紧扣社会脉动、以社会热点话题为题材，嫁接以国学经典与百科知识，常运用变形、夸张、比喻、象征、暗示、影射、调侃，以及跨越时空的人物嫁接与互动的方法来揭示、演绎社会现象及人性的复杂、矛盾与多重性，使观众在娱乐的同时领悟幽默中隐藏的悲剧、搞笑中蕴含的荒谬。

图11-16 贺禧动漫推广的微动漫作品

（2）主流受众：有别于少儿动漫，微动漫的主流受众是成年人，他们必须具有独立思考和分析能力。微动漫不仅以视觉形态上的奇妙、夸张、怪异等取胜，而更注重对人物世界观和心理变化的阐述，并以此激发与读者情感和思想上的互动。

（3）传播形态：微动漫在传播形态上与博客和微博相似，其专业制作团队不同于传统动漫大团队细分化作业，而是由个性化、风格化强烈的小团队组成。手机和平板电脑为终端的移动互联网即将成为社会传播力和影响力最大的互动媒体。而服务于该媒体的动漫内容依然处于空白，微动漫的发展空间难以估量。

在移动互联网时代，大众的分化形成了无数纷飞的消费者"碎片"，用户可随时随地地任意进行检索或浏览内容。但我国移动互联网现行传播内容大多是从其他媒体平台上的内容改编转制而来，适合移动互联网消费特征的内容奇缺。因此，微动漫的应用优势在于适宜碎片消费特征的艺术形态和内容构成。

11.15 微旅游：随时可以出发

当人们越来越习惯在微博上记录生活、在微电影中体会情感，旅游的微时代也正悄然到来。微旅游是指短小的旅行，随时可以出发，不需要太多的行装，不需要长时间精心计划和刻意安排。

微旅游带来的商机正吸引越来越多商家的关注。途牛旅游网的监测数据显示，自助游出游人数和同期相比上涨了3倍，其中"微旅游"或通过微博互动最终达成的出游体验日益增加。此外，传统旅行社也开始关注微旅游市场，一些旅行社在网站上推出了短途"微旅游"套餐，把原来固定的旅游线路改成组合式、菜单式、可选择的线路，如图11-17所示。旅游者可以选择门票加酒店的自驾游，也可以选择大巴或短途动车加门票、酒店的半自助旅游。

无论你是从事旅游产业的相关单位，还是热爱旅游的驴友、摄友，只要你拥有一个微博或者微信账号，就可以从事相关信息的发布，宣传自己的旅游资源或者和广大旅游爱好者分享自己的旅游经历、旅游过程中拍摄的精美图片、精彩视频、有趣见闻、相关感受，甚至还可以提供航班查询、火车时刻表、天气查询等工具以及特价线路、限时抢购、抽奖等活动，如图11-18所示。

图11-17 菜单式线路

图11-18 微旅游工具

如今，微旅游已经不仅是一种生活态度，而是一种不可忽视的营销平台和手段，它既是繁忙的现代人减压、获得知识的一种方式，更是低成本宣传旅游景点、多角度分享旅游体验的现代营销举措。

11.16 微社区：建立移动社交平台

微社区是基于商家微信公众账号的社交平台，如图11-19所示。社区虽小，但商家互不相识的粉丝，可以在社区内进行互动，在互动中共同创造内容发生传播，并且支持图片、视频、文字、表情等方式，让交流无限。

图11-19 微社区

微社区正在打造一个连接微信与手机QQ，以传统社区站长、公众号运营者、移动开发者为主要服务人群的全新移动创业平台，以帮助社区站长开创移动互联网新时代，助力微信公众号运营者、移动开发者成就移动创业梦想。

社区的出现极大地增加了微信朋友圈的局限性，提高了用户的粘性，交流区域范围不断增大，这就使得我们在手机客户端中的朋友圈已经开始建立起来。

你可以把微社区当成移动互联网时代的网上家园，或者是平行于现实生活轨道的虚拟空间。每个人眼里都有一个不同的微社区，并都在不断发现、创造着新的微社区。目前，已经有数十万移动创业者、传统社区站长、微信公众号开通微社区，并且有百万用户加入微社区。

11.17 微教育：移动在线教育平台

新时期，以网络、手机为代表的新兴媒体改变了人们信息发布和社会生活的参与方式，也为创新教育机制的建设，加强教育管理提供了新的机遇。

其中，微教育是目前比较流行的一种教育方法，与传统教育不同之处在于，微教育主要靠父母来实现，通过日常生活中的碎片时间来进行点滴积累，以满足孩子随时随地的教育需求。

（1）微教育方式方法：微教育更多具有情境性、娱乐性、互动性，在满足孩子知识需求的同时体现教育的娱乐、互动等方面的多样性。

（2）微教育表现手段：由于微教育要满足孩子随时随地的教育需求，因此微教育在表现手段上更多地利用一些现代化的工具，比如计算机、平板电脑、手机、点读笔等。同时，微教育还可以提供笔记分享、课程问答等互动交流平台。

（3）微教育表现形式：微教育通过互动式的**Flash**课件游戏、有声故事、Html 5课件教育包来承载，可以让孩子马上接触所有教育的内容。

例如，"微客来"依托微信公众平台，专门根据教育行业在管理上存在的不足，开发设计出的一款微教育解决方案。"微客来"微教育方案主要针对特长培训、驾校、英语等教育类企业，将学员、课程、老师进行在线管理，及时与学员互动，更好地为会员服务，并通过会员将品牌口碑传播出去，从而带来新的学员，如图**11-20**所示。

图11-20　"微客来"微教育平台

11.18　微政务：专业的政务智能平台

政府部门通过把工作中的指挥、调度、展示、督查等职能搬到微信平台上，让"微政务"挑起了大服务，这样既解决了工作效率、占领舆论阵地、整治文山会海等问题，又为微信时代政府服务的改进作出了新探索。

（1）微政务门户：打造基于微信的政府服务门户，响应国家政务公开号召，展示公务机关形象，加强政策透明，及时公布政务信息。图11-21所示为江苏省连云港地方税务局的微政务平台。

（2）便民微预约：提供基于移动互联网的便民预约服务，预约办事、报名，让排队办事的方式一去不复返，真正提供便民服务，共享移动互联时代的便利。

（3）微反馈：及时掌握舆情，收集舆论热点，了解舆论方向，更好地掌握百姓反馈的意见和建议。利用微信留言板，可提供最好的舆论讨论阵地。

（4）微互动：加强用户与政府部门的互动，增进互信和了解，提升政府部门的公信力。图11-22所示为湖北省宜昌市人民政府的微政务平台。

图11-21 微政务门户　　　　　　　图11-22 微互动

（5）服务机构：通过遍布全城的服务网点，可让市民快速找到办事地点，这是基于地理位置的服务和地图应用轻松导航的结果。

（6）微调研：新的政策是支持还是反对。政府调价前的征求意见，可通过微调研将"听证会"搬到手机来。

11.19 微医疗：移动互联网时代的医疗助手

用户可通过微医疗平台实现在线挂号、内容设置、预约查询、预约统计等一整套服务体系，能够有效解决患者挂号难、排队累、就医不方便等一系列难题。

例如，蒙恩牙科的微医疗平台可以帮助医院发布医院简介、海报、分院信息等医院资料，如图11-23所示。医院开发了微信预约挂号系统，用户不止可以简单地选择科室、挂号，还能看到每个医生的详细资料、照片、开诊时间，进行挂号订单处理，预约挂号资料配置，让挂号系统更加人性化、完善化。这样可以将医生详细的资料展示给病人，使病人挂号更加清晰明了，如图11-24所示。

图11-23 蒙恩牙科的微医疗平台

图11-24 微信挂号

通常大医院都会有分院，蒙恩牙科也在微医疗平台中添加了"微门店"功能，让患者知道还有其他地方的分院可以看病，如图11-25所示。

图11-25 微门店导航

11.20 微婚庆：让顾客成为你的品牌推广员

随着经济的发展和人们生活水平的提高，新一代年轻人对婚庆的要求也越来越高。因此，婚庆企业除了以追求利润的合理化之外，还应该通过特色的产品和优质的服务，使企业在移动互联网的婚庆市场中站稳脚跟；并且通过整合营销，进一步打造企业品牌。

例如，微婚庆是微巴信息首创的一款基于微信平台的行业营销解决方案，产品包含"微信喜帖"、"微信相册"、"婚礼微信墙"等，目的是给婚庆和影楼行业更好地在微信上获得免费推广资源。

（1）微信喜帖：喜帖内置公众平台一键关注代码，每一次转发都将展示企业公众号，用户一点即可直接关注该企业公众号。

（2）微信相册：平台自动生成专属精美动态相册，收到相册的新人通常会将相册转发给亲朋好友，而且还可以将其整体分享到微信朋友圈。他们的每一次转发都将为企业带来潜在的精准客户。

（3）婚礼微信墙：可以实现婚宴微信签到、现场大屏幕微信互动、宾客向新人发送祝福、现场互动抽奖游戏等功能，如图11-26所示。

图11-26 婚礼微信墙

微信 营销实战

要占领年轻人的市场，就必须占领微信、微博这块营销阵地!!

- 谁先吃透微信微博营销，谁就占领了3亿人！
- 无实战，不营销！不讲空话，只说干货！
- 从人气积聚到营销开发，从客服设计到粉丝心理分析，几招搞定微营销！

书名：玩转微信营销实战手册
ISBN：978-7-113-16867-4
熊涛 张兵 编著

书名：微信、微博立体营销：六天完成
ISBN：978-7-113-17892-5
张兵 编著

读者意见反馈表

亲爱的读者：

感谢您对中国铁道出版社的支持，您的建议是我们不断改进工作的信息来源，您的需求是我们不断开拓创新的基础。为了更好地服务读者，出版更多的精品图书，希望您能在百忙之中抽出时间填写这份意见反馈表发给我们。随书纸制表格请在填好后剪下寄到：北京市西城区右安门西街8号中国铁道出版社综合编辑部 张亚慧 收（邮编：100054）。或者采用传真（010-63549458）方式发送。此外，读者也可以直接通过电子邮件把意见反馈给我们，E-mail地址是：lampard@vip.163.com。我们将选出意见中肯的热心读者，赠送本社的其他图书作为奖励。同时，我们将充分考虑您的意见和建议，并尽可能地给您满意的答复。谢谢！

- -

所购书名：_____

个人资料：

姓名：_____ 性别：_____ 年龄：_____ 文化程度：_____

职业：_____ 电话：_____ E-mail：_____

通信地址：_____ 邮编：_____

- -

您是如何得知本书的：

□书店宣传 □网络宣传 □展会促销 □出版社图书目录 □老师指定 □杂志、报纸等的介绍 □别人推荐
□其他（请指明）_____

您从何处得到本书的：

□书店 □邮购 □商场、超市等卖场 □图书销售的网站 □培训学校 □其他

影响您购买本书的因素（可多选）：

□内容实用 □价格合理 □装帧设计精美 □带多媒体教学光盘 □优惠促销 □书评广告 □出版社知名度
□作者名气 □工作、生活和学习的需要 □其他

您对本书封面设计的满意程度：

□很满意 □比较满意 □一般 □不满意 □改进建议

您对本书的总体满意程度：

从文字的角度 □很满意 □比较满意 □一般 □不满意
从技术的角度 □很满意 □比较满意 □一般 □不满意

您希望书中图的比例是多少：

□少量的图片辅以大量的文字 □图文比例相当 □大量的图片辅以少量的文字

您希望本书的定价是多少：

本书最令您满意的是：

1.
2.

您在使用本书时遇到哪些困难：

1.
2.

您希望本书在哪些方面进行改进：

1.
2.

您需要购买哪些方面的图书？对我社现有图书有什么好的建议？

您更喜欢阅读哪些类型和层次的计算机书籍（可多选）？

□入门类 □精通类 □综合类 □问答类 □图解类 □查询手册类 □实例教程类

您在学习计算机的过程中有什么困难？

您的其他要求：